陕西高等学校继续教育

发展研究

2019

许春霞　主编

西北大学出版社

图书在版编目（CIP）数据

陕西高等学校继续教育发展研究 . 2019 / 许春霞主
编 .–– 西安：西北大学出版社，2021.1
ISBN 978–7–5604–4704–9

Ⅰ . ①陕… Ⅱ . ①许… Ⅲ . ①高等学校—继续教育—
研究—陕西—2019 Ⅳ . ① G72

中国版本图书馆 CIP 数据核字（2021）第 029429 号

陕西高等学校继续教育发展研究（2019）

主 编	许春霞	
出版发行	西北大学出版社	
地 址	西安市太白北路 229 号	
邮 编	710069	
电 话	029-88303059	
经 销	全国新华书店	
印 装	西安华新彩印有限责任公司	
开 本	787mm×1092mm 1/16	
印 张	21.5	
字 数	440 千字	
版 次	2021 年 1 月第 1 版 2021 年 1 月第 1 次印刷	
书 号	ISBN 978-7-5604-4704-9	
定 价	60.00 元	

本版图书如有印装质量问题，请拨打电话 029-88302966 予以调换。

陕西高等学校继续教育发展研究（2019）

编 委 会

前言
PREFACE

党的十九大提出要"办好继续教育，加快建设学习型社会，大力提高国民素质"。国务院印发的《国家教育事业发展"十三五"规划》，把"全民终身学习机会进一步扩大"作为一项"主要目标"，提出要形成更加适应全民学习、终身学习的现代教育体系。这既是对继续教育工作的充分肯定，又对继续教育提出了更高的要求。高校继续教育是学校履行人才培养、科学研究、社会服务和文化传承职能的重要组成部分，是建设学习型社会和构建终身教育体系中坚力量，办好高校继续教育，对学校的发展具有十分重要的意义。

数十年来，在党和国家发展继续教育宏观政策的指引下，我省高校继续教育适应经济社会发展对人才的迫切需求，得到了迅速发展，为社会培养了一大批应用型人才。学历继续教育以其较强的灵活性和适应性，丰富了学校的办学内容。学历继续教育紧密结合国家经济社会发展需求，充分利用行业、企业与其他社会教育资源，面向从业人员开展了普遍持续的文化知识、科学技术、能力素质教育和培训，学校教育资源得到了充分利用，提高了办学质量和效益，实现了普通高等教育与高等继续教育的互补，为完善高等教育体系做出了积极贡献。近年来，随着中国特色社会主义进入新时代，全省高校继续教育以提高质量和规范办学为主要任务，进一步明确办学目标、发展方向、教育特色、办学规模、管理机制和办学定位，坚持继续教育内涵发展与质量提升，坚持继续教育改革与创新，坚持继续教育信息化建设，坚持转变办学理念，开放转型开展教育培训，推进继续教育取得了新的发展。

本书中编印的《陕西省 2019 年高等学校继续教育发展报告》，概括总结了全省高校继续教育办学基本情况、工作成效、存在问题和今后的工作思路，数据及内容仅供参考。书中汇编的 68 所高校《2019 年学校继续教育发展报告（摘编）》，从不同方面展示了学校继续教育办学的基本情况、办学特色和办学成果，供大家交流借鉴。

编委会

2020 年 9 月

目 录
CONTENTS

高职高专学校

成人高校

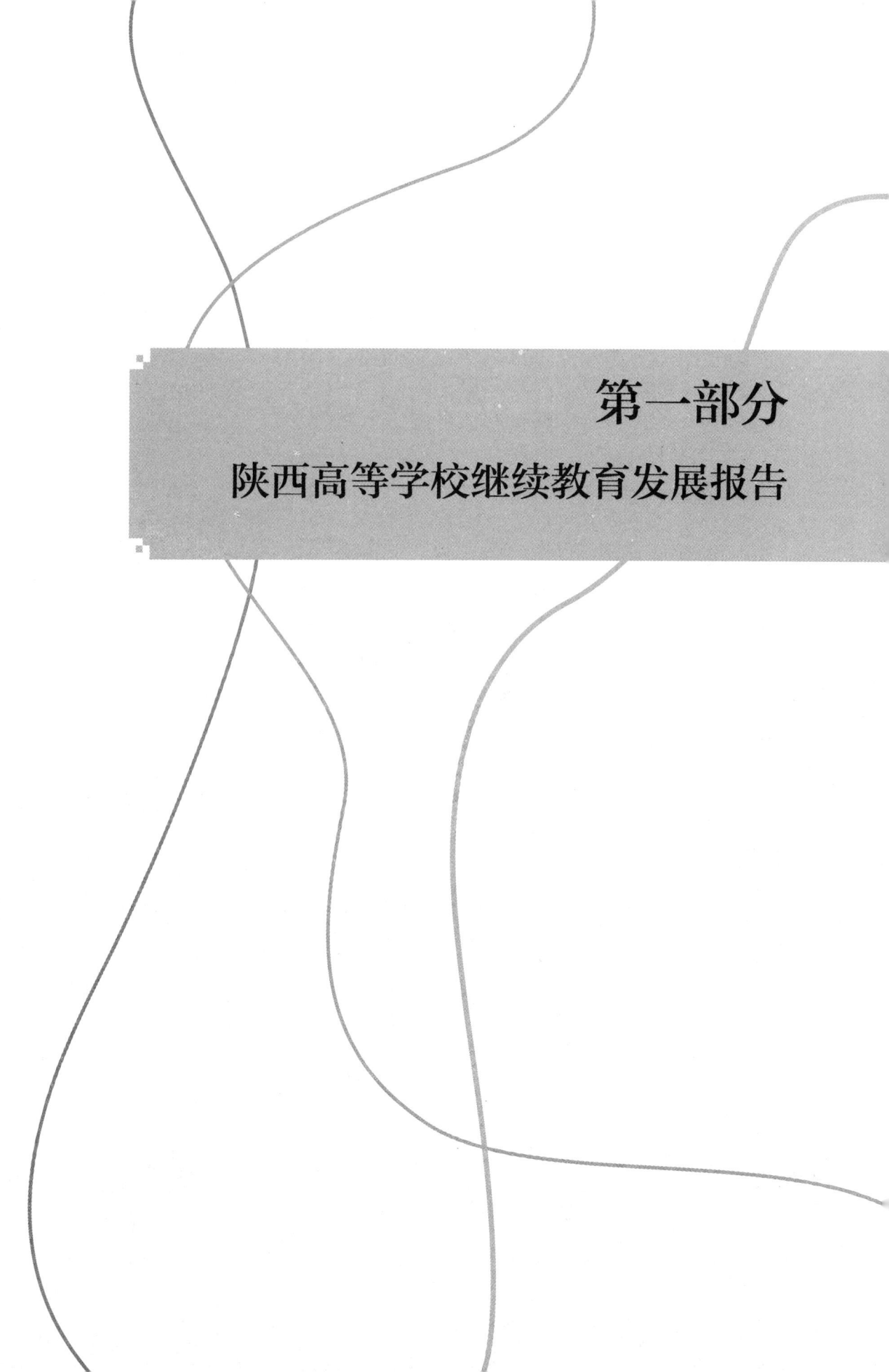

第一部分

陕西高等学校继续教育发展报告

陕西省 2019 年高等学校继续教育发展报告

2019 年是中华人民共和国成立 70 周年，是全面建成小康社会、实现第一个百年奋斗目标的关键之年，是基本实现教育现代化的攻坚之年。陕西省高等继续教育工作以习近平新时代中国特色社会主义思想为指导，深入贯彻党的十九大和十九届二中、三中、四中全会精神，认真落实全国、全省教育大会精神和省委十三届四次全会精神，深入实施教育"奋进之笔"，全面落实《陕西教育现代化 2035》《陕西省加快推进教育现代化实施方案（2018—2022 年）》，坚持高质量发展，努力提升继续教育规范化管理水平和人才培养质量，加快推进我省教育现代化和学习型社会建设。

一、2019 年全省高校继续教育发展基本情况

（一）高校编制报告情况

2019 年，陕西省参与编制高等继续教育发展报告的高校共 72 所，其中普通本科高校 43 所（公办高校 33 所、民办高校 10 所），普通高职院校 20 所，成人高校 9 所（广播电视大学 2 所、职工大学 6 所、教育学院 1 所）。

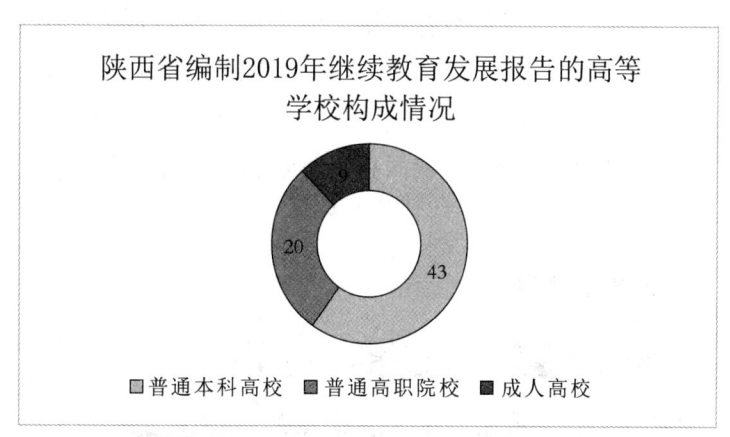

图 1 陕西省编制 2019 年继续教育发展报告的高等学校构成情况

（二）高等学历继续教育办学类型与层次

第一类：成人教育。参加全国成人高考的高等学历继续教育（简称成人教育），包括函授、业余（夜大学）与脱产教育等 3 种形式。办学层次包括高中起点专科、高中起点本科和专科起点本科等 3 个层次。

第二类：网络教育。西安交通大学、西北工业大学、西安电子科技大学、陕西师范

大学等4所普通高校开展的现代远程教育，实行自主招生，办学层次包括高中起点专科、高中起点本科和专科起点本科3个层次。

第三类：开放教育。陕西广播电视大学、西安广播电视大学开展的国家开放大学系统远程开放教育，实行测试注册入学，办学层次包括高中起点专科、专科起点本科2个层次。

（三）高等学历继续教育学生基本情况

表1　2019年陕西省高等学历继续教育学生统计表

办学层次	教育类型	毕业生数	招生数	在籍生数
本 科	成人本科教育	33893	61121	95679
	网络本科教育	74477	86787	290194
专科	成人专科教育	27176	50544	100173
	网络专科教育	115652	130433	393308
合计		251198	328885	879354

1. 在籍学生数量

2019年，陕西省高等学历继续教育在籍学生总数为879354人，比上年增加36184人。其中：成人教育195852人，比上年增加33966人；网络教育683502人，比上年增加2318人。

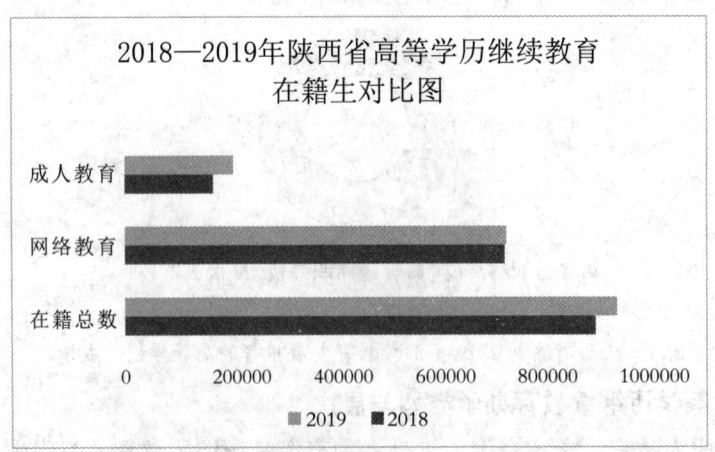

图2　2018-2019年陕西省高等学历继续教育在籍生对比图

（1）按年龄和职业统计情况。

2019年，陕西省高等学历继续教育在籍学生按年龄分层统计结果显示，20岁以内学生 77452 人，占在籍生总数的 8.8%；21 ～ 30 岁的 452293 人，占比为 51.4%；31 ～ 40 岁的 274482 人，占比为 31.2%；40 岁以上的 75127 人，占比为 8.6%。

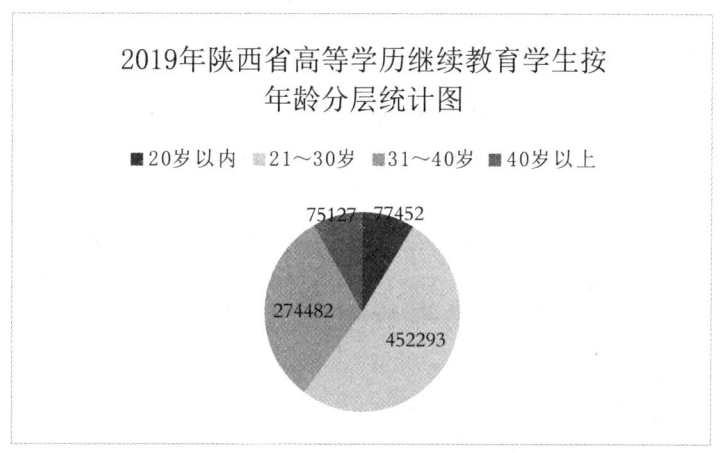

图 3　2019 年陕西省高等学历继续教育学生按年龄分层统计图

2019 年，陕西省高等学历继续教育在籍学生按职业分类统计结果显示，从事行政管理工作的学生有 124715 人，占在籍生总数的 14.2%；从事企业管理工作的有 46748 人，占比为 5.3%；从事专业技术工作的有 141093 人，占比为 16%；从事技术辅助工作的有 167886 人，占比为 19.1%；从事服务工作的有 93997 人，10.7%；一线生产工人有 75995 人，占比为 8.7%；从事其他职业的有 228920 人，占比为 26%。

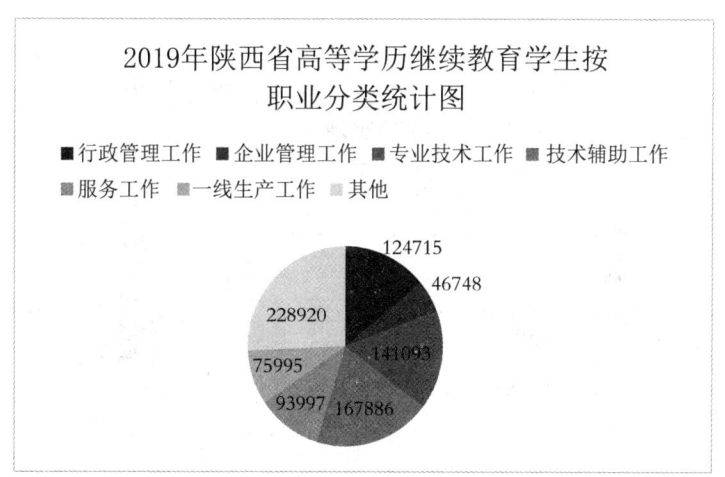

图 4　2019 年陕西省高等学历继续教育学生按职业分类统计图

（2）按学科统计情况。

2019 年，陕西省高等学历继续教育学生按专业学科分类统计结果显示，管理学科学生人数最多，有 349925 人，占在籍生总数的 39.8%；其次为工学类，有 252844 人，占比为 28.8%；教育学科有 66374 人，占比为 7.5%；理学类有 49646 人，占比为 5.6%；

经济学科有 47541 人，占比为 5.4%；医学类有 46757 人，占比为 5.3%；法学类有 36426 人，占比为 4.1%；文学类有 21418 人，占比为 2.4%；农学类有 4425 人，占比为 0.5%；艺术学科有 3656 人，占比为 0.4%；历史学科有 338 人，占比为 0.04%；哲学类最少，共 4 人。

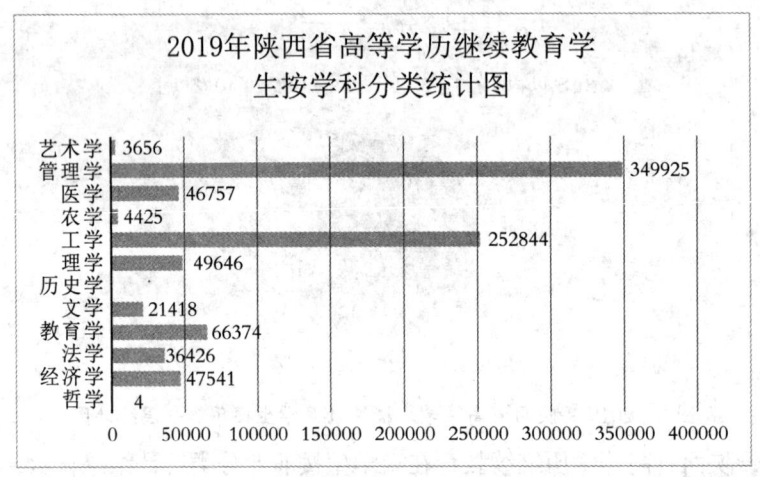

图 5　2019 年陕西省高等学历继续教育学生按学科分类统计图

2. 招生数量

2019 年陕西省高等学历继续教育共招生 328885 人。其中，成人教育本专科共招生 111665 人，比上年增加 22734 人；网络教育本专科共招生 217220 人，比上年减少 34317 人。

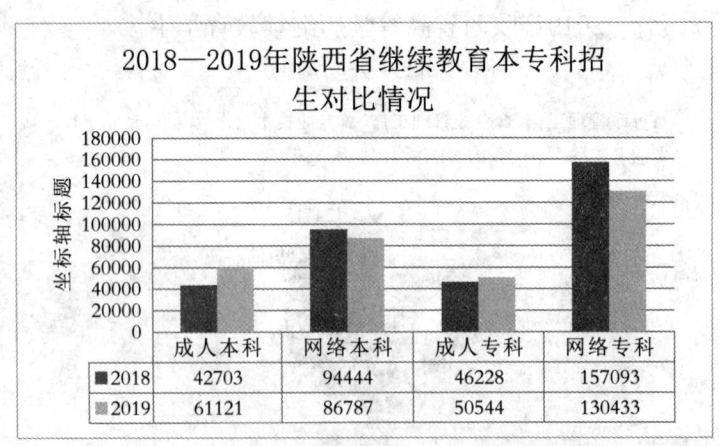

图 6　2018—2019 年陕西省继续教育本专科招生对比情况

3. 毕业生数量

2019 年陕西省高等学历继续教育本专科毕业生总数 251198 人，比上年增加 39714 人。其中，成人教育本专科毕业学生 61069 人，比上年增加 1546 人；网络教育本专科毕业学生 190129 人，比上年增加 38168 人。

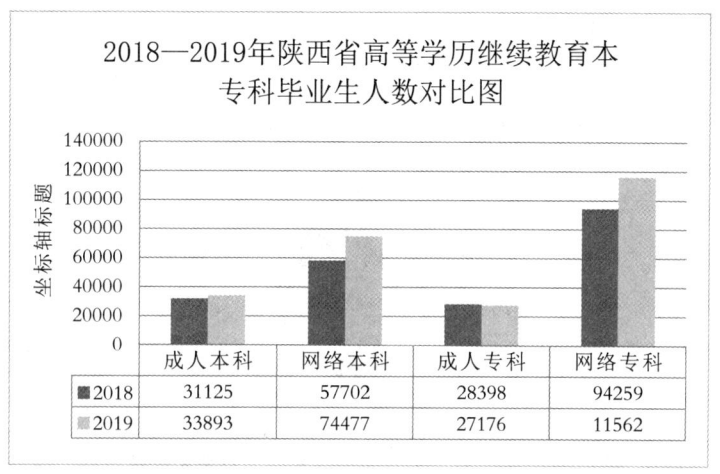

图 7　2018-2019 年陕西省高等学历继续教育本专科毕业生人数对比图

4. 师资队伍

（1）职称结构统计情况。

2019 年，陕西省从事高等学历继续教育的专兼职教师和管理人员共有 24091 人，其中具有正高级职称的 2574 人，副高级职称的 7876 人，中级职称的 10063 人，初级及以下 3578 人。

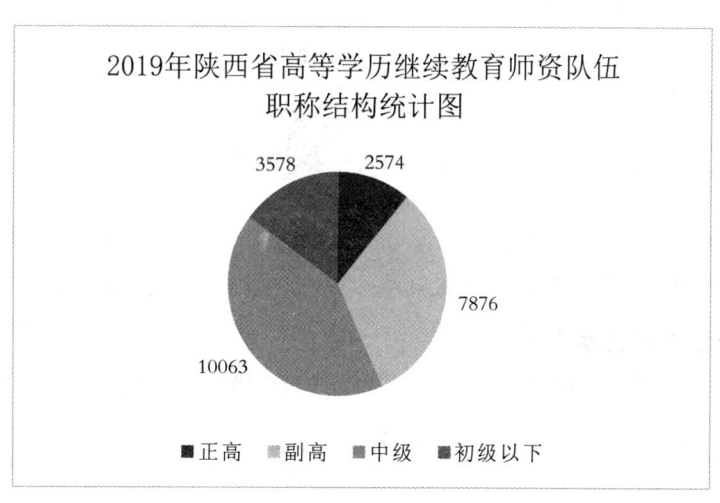

图 8　2019 年陕西省高等学历继续教育师资队伍职称结构统计图

（2）学历结构统计情况。

2019 年陕西省从事高等学历继续教育的专兼职教师和管理人员中具有博士学位的 3155 人，硕士学位的 10393 人，本科学历的 9746 人，专科及以下学历的 402 人。

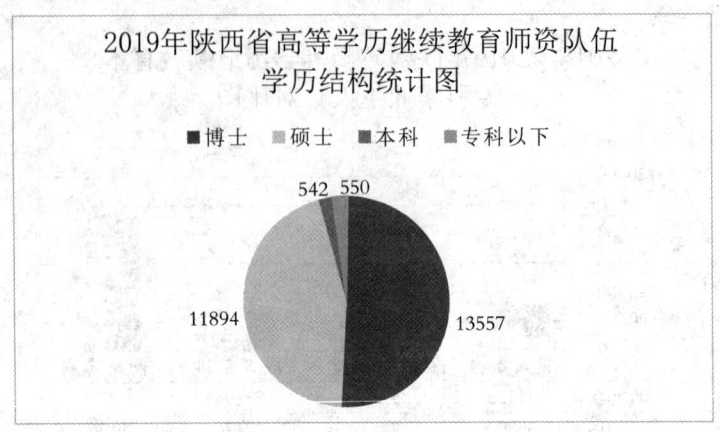

图9　2019年陕西省高等学历继续教育师资队伍学历结构统计图

5. 教学点

2019年陕西高校共设有成人高等教育和网络教育教学点841个，其中省内教学点396个，占47%；省外教学点445个，占53%。

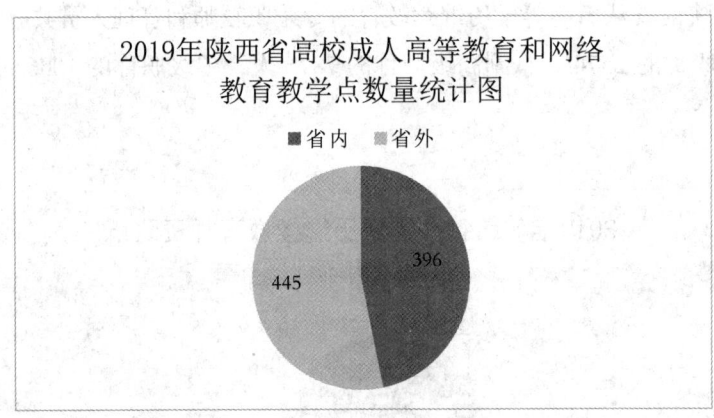

图10　2019年陕西省高校成人教育和网络教育教学点数量统计图

（四）非学历教育基本情况

2019年陕西省高等学校共开设非学历继续教育5597班次，培训学员943168人次。

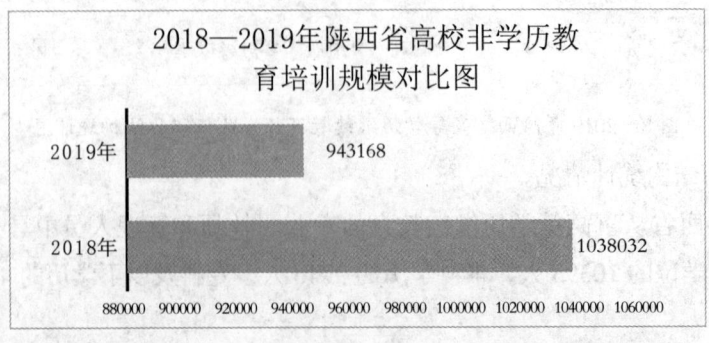

图11　2018—2019年陕西省高校非学历教育培训规模对比图

其中，普通本科学校非学历培训239172人次，占非学历教育培训总规模的25.4%；成人高校培训397458人次，占比为42.1%；高职院校培训306538人次，占比为32.5%。

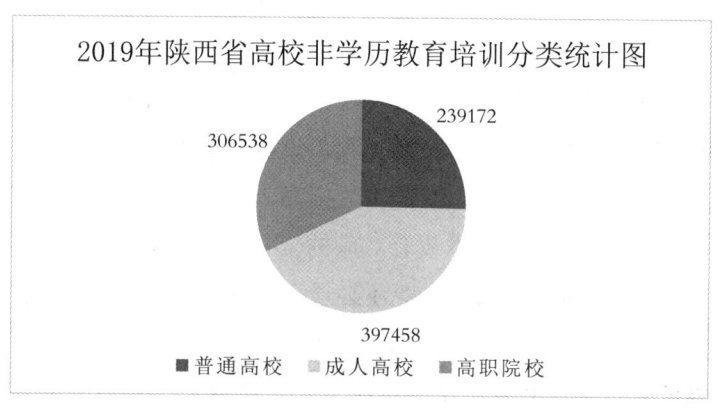

图12　2019年陕西省高校非学历教育培训分类统计图

二、主要举措及成效

（一）规范顶层设计，进一步完善高等学校继续教育管理制度和政策

2019年5月，省教育厅以规范性文件形式印发了《陕西省高等学校继续教育校外教学站点管理办法》（陕教规范〔2019〕8号），为进一步加强全省高等学校继续教育校外教学站点的建设和管理，规范办学行为，保证教育质量，促进我省高等继续教育事业健康发展提供了制度保障。《办法》对主办高校在校外举办的函授教育、现代远程教育、开放教育的站点，规定了设置的资质要求、教学条件、命名规范、备案程序；确定了站点实行设点单位自我约束管理，主办学校承担主体管理责任，省教育厅负责监督管理的管理体制；明确了主办高校、省教育厅、站点依托单位的主要职责；完善了站点年报年检制度。

（二）严把站点设置，积极促进高等学校继续教育校外教学站点管理工作制度化常态化

根据《陕西省高等学校继续教育校外教学站点管理办法》（陕教规范〔2019〕8号）的规定，省教育厅面向全省相关高校和在陕设置继续教育校外教学站点的省外高校，组织开展了2019年度高等学校继续教育校外教学站点年报年检工作，对主办高校在陕设立的校外函授教育、现代远程教育、开放教育教学站点的学生、专业、教师、管理人员等基本情况，招生人数、专业、层次及招生秩序，教学组织及教学过程管理，学生管理与学籍管理，收费及财务管理，建点协议履行情况及办学条件建设，行政、后勤、安全等方面开展学校自检及省教育厅年检，进一步规范了我省高等继续教育办学行为，提高教学质量，促进高等学历继续教育健康发展。

（三）促进专业结构性改革，切实加强高等学历继续教育专业设置管理和指导

认真实施《高等学历继续教育专业设置管理办法》，规范和加强高等学历继续教育专业设置管理工作。根据《关于做好高等学历继续教育 2019 年拟招生专业填报有关工作的通知》（教职成司函〔2019〕7 号）和有关要求，指导各高校结合自身办学实际，依据学校专业建设与发展规划，按照需求导向、条件保障、特色定位、规模适度、持续建设的原则，集中优势资源，有目标、有步骤地设置和调整专业，提高专业设置与学校定位的契合度，提高服务经济社会发展能力，提高人才培养质量。对普通全日制高校新增继续教育专业，严格要求必须在本校有对应的全日制教育本、专科专业且至少有 1 届毕业生；本科专业对应的全日制教育专业还必须已取得学士学位授予权，2019 年共申报新增高等学历继续教育专业 61 个（涉及 25 个院校）。

（四）加强信息技术与教育教学深度融合，持续深化继续教育人才培养模式改革

省教育厅指导各高校积极主动适应信息化发展趋势和全民学习新需求，认真落实《教育信息化 2.0 行动计划》，加强教育信息化建设和教学资源建设，促进信息技术与继续教育深度融合，推动继续教育人才培养模式及相应的教学模式、管理模式和运行机制改革。如：西安交通大学利用现代信息技术积极研发了"网络智能感知系统"，以人脸生物识别＋电子签到为手段针对入学考试、课程考试、论文答辩等环节全面采用"人脸识别"技术，杜绝考试环节可能出现的不规范行为，为保障网络教学质量做出了很大贡献。

（五）强化社会服务，大力推进非学历教育

一是进一步完善制度，强化各级政府举办社区教育的责任，建设社区教育实验区（示范区），促进各地广泛开展城乡社区教育。在开展创建工作的基础上，省教育厅确定了两批省级社区教育实验区共 12 个县区、省级社区教育示范区共 6 个县区，充分发挥改革试点的先行探索和示范引领作用，健全社区教育长效机制，统筹城乡社区教育均衡发展；认定第二批全省社区教育实验项目 30 个、第三批全省社区教育实验项目 75 个，有效推动社区教育载体和方式创新，提高社区教育的参与度和有效性；组织举办了 2019 年全民终身学习活动周、"百姓学习之星""终身学习品牌项目"遴选表彰与展示等系列活动，推动全民终身学习，加快建设学习型社会。

二是大力促进社区教育深入发展。鼓励高校充分发挥人才、技术、资源优势和办学特色优势，开发适应多元化需求的非学历继续教育项目，开展灵活多样的非学历培训工作，提高各类受教育者的创新创业能力。2019 年，全省高等学校开设非学历教育 5597 班次，共计培训学员 943168 人次，涌现出许多特色培训项目。西北农林科技大学的农业农村干部培训及农技推广人员和新型职业农民培训、西安科技大学的煤炭行业人才培训、西安广播电视大学的省市干部网络学院等富有特色的培训项目如火如荼地有序开展，为全面建成小康社会、实现教育强省目标提供了有力支持。

（六）深化教育教学改革，高等继续教育学术研究成果丰富

为深化我省高等教育教学改革，省教育厅制定印发了《陕西高等教育教学改革研究项目管理办法》（陕教〔2019〕266 号），并把高等继续教育教学改革研究纳入《办法》管理范畴，探索继续教育人才培养新机制、新模式、新举措，切实提高人才培养质量。在 2017 年度教改项目结题验收工作中，高等继续教育教学改革研究项目 36 个，占 10%以上。在 2019 年度省级教改立项工作中，继续教育获批项目 43 个（其中重点攻关项目6 个，重点项目 10 个），占立项总数的 10%，研究内容涉及高等继续教育特色专业建设、人才培养模式改革、学分互认及转换机制、质量监控体制机制、校外教学站点管理体制机制、分类招生制度改革、数字资源库建设等各方面。

同时，许多高校在继续教育学术研究方面取得了长足发展。西安交通大学"场景感知的知识地图导航移动学习关键技术及其应用"获陕西省技术发明一等奖；在 IEEE VIS-VAST、DASFAA2019，IEEE Access 等国际会议期刊上发表 3 篇高水平有关互联网智慧教育的学术论文；申请国家发明专利 2 项。陕西师范大学获批省部级项目《精准扶贫背景下陕西省贫困县区高中教师教学能力现状及提升策略研究》，《基于 BYOD 互动课堂系统（简称：锌课堂）》申请了发明专利。西北大学"搭平台·抓精准·助贫困群众'智技双升'——西北大学深化社区学院教育扶贫创新探索"项目荣获 2019 年中国高校远程与继续教育优秀案例奖，有效推动了以高校为主体的继续教育改革发展研究探索。

（七）助力"一带一路"倡议，促进国际交流合作深入发展

2019 年，各高校积极探索国际交流与合作。西安交通大学举办 23 期"丝路工程科技发展专项培训"，其中境外培训 5 期。西北大学承办 2019"一带一路"国家中华文化高级研修班，来自多个丝路沿线国家的 20 位学员参加。西安广播电视大学主动服务国家"一带一路"倡议，继续扩大对外交流传播西安文化，持续优化汉唐华语网平台，采用线上与线下相结合的培训模式开展培训，2019 年度线上学习用户达 4000 余人，累计30 多个国家近 500 名学员参与了特色品牌文化线下活动，持续向海外学子传播最中国的汉唐文化，彰显了西安市在推动国家"一带一路"建设中重要地位和作用。

（八）支持第三方组织建设，发挥行业管理作用

省教育厅积极指导省高等继续教育学会发挥桥梁、纽带作用，委托学会承担了专题调研、政策咨询、检查评估、专业建设、教学改革等多方面的工作，促进了管办评分离改革；指导学会聚焦规范办学、站点管理、特色专业建设、继续教育转型、社区教育发展、学分银行建设、继续教育制度和法律法规建设等改革重点开展工作，开展了调研、研究、讨论、座谈等类活动，撰写了系列报告建议，首次发布教改课题 35 项。此外，高等继续教育充分发挥社会服务职能，以"双百工程""特色产业培训"等专项工作，助力我省追赶超越和脱贫攻坚，取得较好成效。

三、存在的问题

随着中国特色社会主义进入新时代和我国社会主要矛盾的深刻变化，与人民群众日益增长的教育新期盼相比，我省高等继续教育发展不平衡不充分的矛盾和问题仍很突出，集中表现在教学资源、教学手段、教学方式与广大学习者多元化个性化学习需求不适应，教学质量与办学规模不适应，管理机制、管理水平与社会对规范办学的期望不适应等方面。同时，各高校继续教育服务于学校办学定位、特色优势、中心工作的功能发挥得不够充分，多数普通本科院校的非学历继续教育与学历继续教育发展不平衡，非学历培训的规模、质量、品牌需要进一步提升。具体体现在以下几方面：

（一）个别高校对高等继续教育的重视程度还不够

部分高校办学主体责任落实不到位，没有真正把继续教育纳入总体规划、纳入改革领域、纳入保障体系、纳入监管范围。部分学校高等继续教育的办学定位不明确、发展方向不明晰、改革措施不明朗、专业特色不明显，质量、规模、结构与效益不协调。

（二）校外教学站点规范管理仍需进一步加强

2019 年 12 月，省教育厅印发《关于开展 2019 年度高等学校继续教育校外教学站点年报年检工作的通知》，组织开展校外教学站点检查，检查中发现，部分校外站点仍然存在设站不严格、管理不到位、投入跟不上、师资条件弱、教学条件差、有专业无学生等情况，未经审批备案的站点违规招生现象依然存在。

（三）教育教学质量有待进一步提高

总体来看，相比东部地区，陕西高等继续教育办学观念仍然相对滞后，办学模式比较单一，缺乏创新活力，还没有形成开放灵活、规范有序、适应需求的办学体系，教育教学手段落后、教学条件不足、信息化教学与现代远程教育发展仍需持续推进等问题较为突出，还不能很好适应经济社会发展需求。

（四）专业设置与管理有待规范

目前，我省继续教育专业建设重申报、轻建设，重数量、轻质量，重管理、轻服务，重常规、轻特色的现象较为普遍。一方面，专业特色不突出，一些专业的人才培养目标定位模糊，继续教育特点不突出。另一方面，盲目新增专业，专业层次和招生区域设置不合理，一些学校为了经济利益，无视现有的办学条件和资源，盲目争办热门专业的现象依然存在。

四、下一步的工作思路

下一步，我们将坚持问题导向，进一步加大对高等继续教育工作的引导、管理和监控力度，努力推进我省高等继续教育高质量发展。具体从以下几方面入手：

（一）深入推进新时代继续教育专业建设

专业是高校人才培养的基本单元，是质量建设之本。省教育厅将持续加强专业申报事中事后管理，加强专业评估检查。一方面，去库存，对"同质化"专业、老旧专业、"跟风专业"，要及时淘汰；对夕阳产业相关传统专业，要控制规模，并通过科教协同提升改造教学内容；对基础性强、设置率高、招生量大的专业，要凝练专业方向。另一方面，育动能，统筹设置新专业。指导省内新增专业扎实细致做好市场调研，加强专业建设规划，杜绝跟风现象，对于个别培养方案偷工减料，甚至开不齐专业核心课的专业予以撤销。

（二）扎实落实继续教育教学环节各项工作

落实教学质量标准是提高教学质量的基本前提。省教育厅将指导各高校严格执行教育部高等学历教育的有关规定，建立教学标准，完善教学环节评价机制，将教学环节落实落细落好，办负责任的教育；指导省高等继续教育学会发挥行业职能，组织专家力量定期开展对各高校继续教育教学质量调研和监测，持续提升教学质量。

（三）大力加强继续教育教师队伍建设

教师是教育工作的组织者和领导者，在教育过程中起主导作用。省教育厅将指导各高校更新观念，通过完善教师教学考核评价标准和正向激励制度，在继续教育师资队伍建设上再下功夫，逐步建设一支相对稳定、内外结合、专兼结合、校企结合的，熟悉和热爱继续教育教学工作的师资队伍。

（四）推动现代信息技术与教育教学深度融合

省教育厅将指导各高校积极应变、主动适应信息化发展趋势和全民学习新需求，认真落实《教育信息化 2.0 行动计划》，加强教育信息化建设，促进信息技术与继续教育深度融合，推动继续教育人才培养模式及相应的教学模式、管理模式和运行机制改革。引入人工智能、云计算、大数据、区块链、VR/AR 等技术，扩大继续教育优质资源开发和共享，以精品在线开放课程、虚拟仿真实验等为重点，研究、制定数字化资源的建设规范和认证标准，开发数字化课程资源，加强数字化教学平台建设，构建全方位、全过程、全天候的继续教育支撑体系，助力教育教学、管理和服务的改革发展。

（五）加强违规办学行为治理，提高继续教育社会认可度、满意度

规范办学是继续教育在发展过程中面临的主要任务，是影响继续教育社会认可度、满意度的重要因素。一方面，要依法依规，规范办学行为。2019 年，教育厅印发了《陕西省高等学校继续教育校外教学站点管理办法》，这是进入新时代我省高校继续教育校外站点规范办学的最新指导性文件。省教育厅将持续组织开展站点检查评估，并将此项工作纳入年度常规工作，以规范办学为重点内容，通过行政、经济、法律等手段，不断加大对虚假宣传、违规设点、违规招生等各类违法违规行为的查处力度，落实和提升办学规范性。另一方面，要落实主办高校的主体责任，指导主办高校以高度责任感、使命

感和担当意识做好这项工作，特别要把好五关：设点关、宣传关、招生关、教学环节关、考试关，要关关设防，严防死守，确保办学行为规范、有序、健康。

（六）发挥行业协会职能，建立广泛参与、多方协作的继续教育大格局

省教育厅将指导省继续教育学会充分发挥咨询、平台和纽带的职能，切实抓好决策咨询服务、指导实践服务和党政部门委托的工作等三项重点任务，为政府部门决策提供更加丰富的咨询、研究服务，为办学单位特别是基层教学站点教育教学工作提供更有价值的理论和实践指导，为行业管理承担更多第三方检查、评估、评审等业务工作。积极搭建高校、行业、企业继续教育联盟，引进行业、企业参与专业建设，推进校企合作，发挥行业企业和社会优质资源，共建继续教育实践基地和产学研基地，打造贴近企业、服务行业的继续教育大格局，为继续教育增添活力。

（七）建立健全资源共建共享机制

资源建设是继续教育，特别是网络继续教育发展的前提和基础。我省各继续教育高校都积极致力于资源建设工作，也出产了一批优质的学习资源。下一步我们将协调各高校，根据各高校的专业和课程发展特点，统筹规划，以财力物力支持各高校建设优势学科、优势专业的课程资源。建立健全资源共享机制，争取实现课程资源高校共享、省内共享、行业共享，减少重复投入。

五、政策建议

（一）完善高等学历继续教育法规政策，指导规范高等学历继续教育办学行为

建议进一步完善高等学历继续教育管理相关立法和政策，从设站招生、人才培养、经费保障、毕业就业等环节，为省级教育行政部门持续规范全省高等学历继续教育发展提供更多上位文件指导，促使开展高等学历继续教育的高校合法合规办学、各类继续教育机构合法有序正当竞争，维护受教育者的合法权益。

（二）加强对高等学历继续教育专业建设的指导

专业人才培养的最基本单元，是提升人才培养质量入口关的关键环节，建议教育部持续规范高等学历继续教育专业申报及设置标准，特别是对拟招生专业数量、规模、区域等方面予以明确，实现高等学历继续教育专业规范化、高质量建设。

（三）加强对陕西继续教育的指导支持

我省长期立足国家中西部等经济欠发达地区办学，占据西部经济社会发展的首要位置，是"一带一路"倡议的"桥头堡"。目前，我省高等教育学生总人数168万人，其中64%的毕业生面向西部就业，为区域经济社会发展做出了重要贡献。建议进一步加强对我省继续教育发展支持力度，特别是拟招生专业数量、规模、区域等方面加强指导，推动我省继续教育内涵发展，实现新时代陕西继续教育追赶超越。

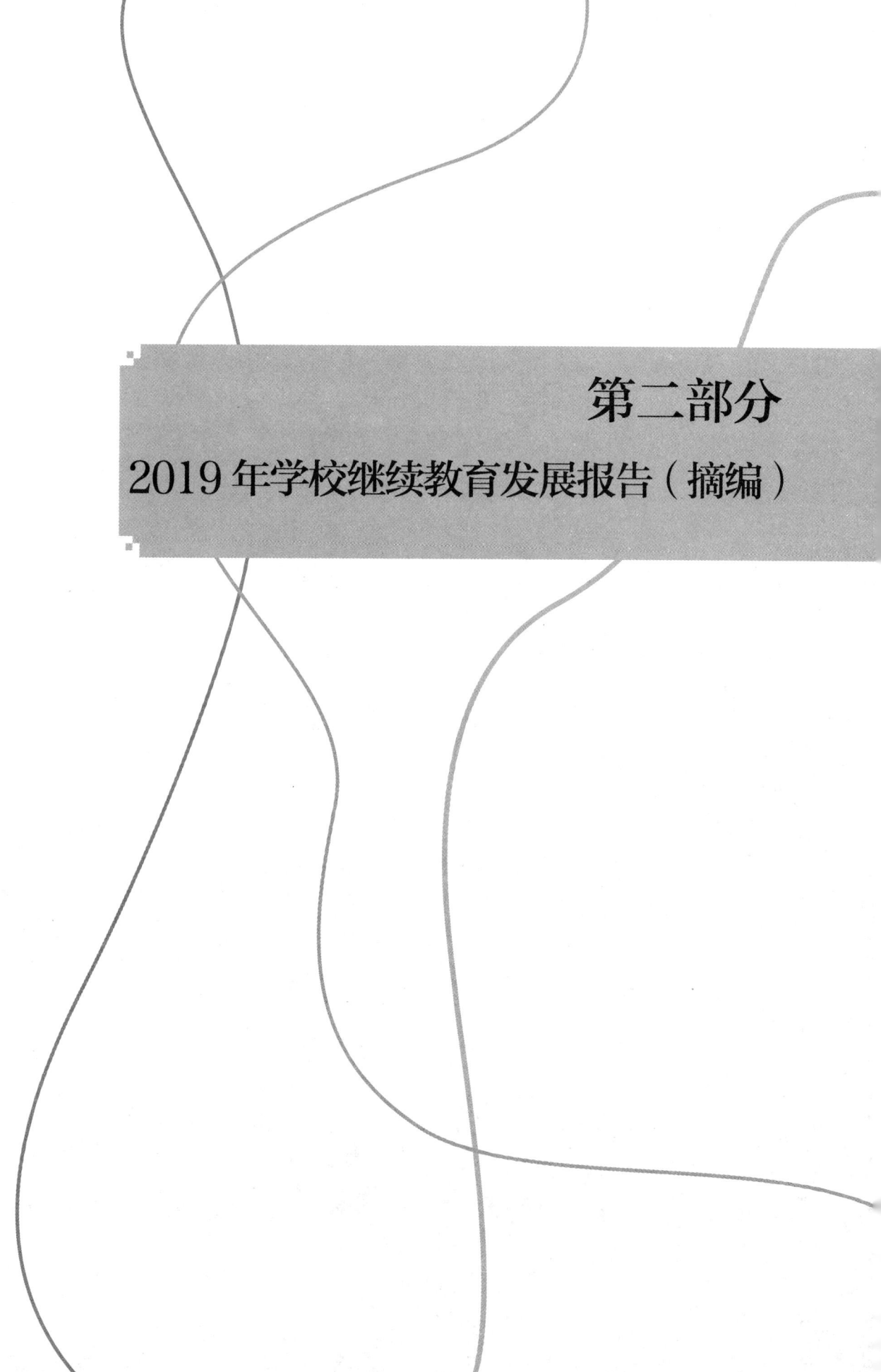

第二部分
2019 年学校继续教育发展报告（摘编）

西安交通大学继续教育发展报告

一、 总体情况

西安交通大学是教育部直属重点大学，始建于 1896 年，为我国最早兴办的大学之一。2017 年 9 月入选国家"双一流"大学 A 类建设高校名单，是一所具有理工特色，涵盖理、工、医、经管、文法等 10 个学科门类的综合性研究型大学。

交大自 1956 年从上海迁校至西安后就积极开展函授教育。六十四年来，始终重视发展继续教育。按照立足陕西、面向西部、着眼全国、连通海外，全面推进和构筑终身教育体系的办学思路，以规范办学、特色发展、服务社会、传承文化为宗旨，已累计为社会培养了 40 余万名各类实用型人才。

二、专业设置

2019 年，我校继续教育招生专业以学校优势特色专业为基础，结合社会人才需求，重点布局在理工、经管、医学三大类。2019 年现代远程教育和成人高等继续教育共计开设高起本、高起专、专升本 3 个层次 77 个专业方向。其中，临床医学、工商管理、电气工程及其自动化和护理学四个专升本专业为陕西省高等继续教育特色专业。

三、学生情况

我校坚持规范办学，在省教育厅的安排指导下进行学历学生的招生工作。截至 2019 年底，我校成人高等学历继续教育在籍学生 19343 人，现代远程学历继续教育在籍学生 163337 人，（其中含往届遗留未到最长毕业年限学生 27305 人），各类在籍学生总规模为 182680 人。我院学历生以专升本为主，约占招生总人数 85%，专科人数逐年减少，2019 年底占比不足 13%。

由于医学及相关领域学生较多，因此女生占比略多，约 51%。年龄集中在 21 岁 ~ 30 岁。陕西省内学生占 53%，略多于其他省市。绝大多数学生是基层一线工作人员。极少量学生为已具有本科或硕士学历（学位），再修读其他专业。2019 年有 30 名在读学生经审查合格后，成为光荣的中国人民解放军战士。

四、人才培养特色

（一）坚持立德树人，持续加强人才培养中的思政教育

我校继续教育始终坚持立德树人的办学宗旨，积极践行社会主义核心价值观，积极开展传承"西迁精神"活动。①先后聘请西安交大校史研究所资深研究员为学生开设了《西迁精神主题教育》课程及"最美奋斗者薛莹校友——最美的国，奋斗的我"等思政课堂，大力弘扬西迁精神，激励学生爱国奋斗的正能量。②把学生思政教育贯穿教育教学全过程。以主题日为抓手，贯彻落实全国教育工作会议精神。2019年组织学生开展了多个主题日活动。③举办丰富多彩、昂扬向上的线上线下校园文化活动。2019年，各类活动累计参与人数达到36000人次。

（二）持续加强质量保证措施，培养合格专业人才

1. 持续加强师资及管理支持服务队伍建设与保障

坚持标准不放松，培养一支高水平的、适合成人高等教育的师资队伍。2019年，我校继续教育的授课教师共计1198人。其中专职教师519人，兼职679人，副高级职称以上人员占71.12%，博士、硕士以上学历占78.96%；辅导教师共计1383人，其中副高级职称以上人员占41%，博士、硕士以上学历占78.96%。

2. 全面规范合作办学及校外教学站点建设和管理

进一步完善学习中心和函授站设置及管理规章制度，规范了校外站点的设置原则、申请流程、考察原则、审批流程和退出机制等。建立函授站工作月报制度。截至2019年底，我校继续教育在全国28个省市、自治区共计设立172个校外学习中心、函授站。2019年5家学习中心被评为校级示范性学习中心，15家学习中心和10个函授站被评为优秀；同时，因管理不规范撤销2个函授站。

3. 全面健全完善内部质量管理监控机制，确保教学高质量

2019年继续推进、完善内部管理与质量监控机制。①修改与完善教学质量监督和检查的规章制度，坚持函授站教学工作月报告、零报告制度。②严试卷印刷采用了数码印刷动态填充技术，保证考试过程的公正性。③试行毕业论文查重制度，保障毕业论文质量。④利用学院自行开发的"学习过程跟踪"系统，监控校外学习中心各类教学和学习行为，针对所有学习中心每月公布一次学生学习行为监控报告。

（三）持续推进信息化建设，发挥技术在提高人才培养质量中的作用

2019年，我们完成了三层网络改造，实现功能区隔离及内网横向安全隔离，实现对数据库行为的合规审计。升级了教学平台账户管理办法，增加了账号手机实名认证功能，使得远程教学与管理系统安全性更高。

完善了成教管理系统并拓展信息系统新功能，使招生、教学及学籍管理等全部实现

网上管理,更加规范、高效;实现了电子发票、网银缴费对账、信息通知、网络课程学习、学习进度管理与监督等实用功能,增加学生使用系统频率,提高管理效率。合作开发的人脸信息采集与识别系统,保证了学生入学后信息的准确性和考试的严肃公平。

现代远程教育部署并启用全新的学生学习系统,实现了桌面版与移动版跨平台课程学习、数据同步,同时支持多应用终端任意切换。改进传统考务模式,开发应用了期末考试自动预约、学生自主预约、学习中心补考预警等模块。利用我校自主研发的"网络智能感知系统"实现了笔试考试入场环节的人脸识别,电子签到。开发完善了笔试试卷印刷的数码印刷动态填充技术和带有人脸识别、过程抓拍的机考系统。

(四)成教网教相互借鉴,融合发展

为了兼顾成人学生的特点,解决成人学生的工学矛盾,我院成教积极探索网络课程建设和应用。2019年精选并建设了11门课程录制了优质网络课程,引进超星学习通平台25门公共基础课和文化素质课程,让学生能够自由选学,弥补部分学生因工作原因导致缺课的遗憾。

(五)大力发展特色非学历培训项目

2019年,学院的非学历培训得到长足发展,除普通专项干部培训、专技人员培训外,还开发了新的特色培训项目。①召集成立陕西省退役军人教育培训联盟,汇集西安交通大学等138家成员单位。全年军转干部特色培训3000余名,学院"陕西省退役军人"教育培训服务平台被评为2019年"陕西省终身学习品牌项目"荣誉称号。②陕西省纪检监察干部培训基地在交大中国西部创新港揭牌,全年共培训约2000余名纪检监察干部。③全年继续举办IKCEST丝路工程科技发展专项培训,其中在境内成功举办5期,在乌兹别克斯坦撒马尔罕国立大学、吉尔吉斯斯坦国立民族大学、泰国的兰实大学、清迈大学以及瓦莱拉大学举办5期。④经全国专家评选,入选首批国家级职教教师教学创新团队培训基地。

五、问题与对策

(一)明确发展定位,控制学历教育招生规模

稳步发展学历继续教育,逐步取消专科专业。以"一带一路"倡议为契机,以特色专业和精品课程建设为抓手,积极参与学校中国西部科技创新港和国际化发展战略,着力打造与西安交大"双一流"建设目标相适应的高等继续教育办学体系。

(二)发挥"双一流"大学在继续教育领域的创新引领作用,在提高办学质量上下足功夫

继续教育、网络教育担负着我国教育公平和全民终身教育的崇高使命,要着力解决"内容为王,服务为本"这两个根本问题,要从提高改革创新意识,加强教学资源

丰富创新和个性化，加强在线学习的学习支持服务和保障水平，切实在提高办学质量上下功夫。

（三）开发新专业，探索校地、校企协同人才培养新模式

以培养面向新时代社会需求为核心目标，深入分析新时代人才需求，整合学校教学资源和行业优质资源。开发适应社会发展的新专业方向，改革培养方案，改造教学内容，实现线上线下相结合、学历教育与非学历培训相结合的教学模式。

我们将以习近平新时代中国特色社会主义思想为指导，全面贯彻落实党的十九大精神，落实全国教育大会精神，加强党对继续教育工作的全面领导，努力办好人民满意的继续教育。继续不忘初心、牢记使命，强化办学主体责任，不断完善人才培养体系，坚决落实教育部〔2019〕8号文件提出18项具体举措，实现继续教育的提质、转型、升级，并进一步规范发展。

西北工业大学继续教育发展报告

一、学校继续教育总体情况

2019 年度，继续教育学院、网络教育学院按照学校确立的"稳定发展学历继续教育，大力发展非学历继续教育"的发展方向，坚持"提高质量、突出特色、调整结构、控制规模"的基本原则，优化人才培养目标，探索继续教育办学新途径，创新继续教育发展新模式。

继续教育学院、网络教育学院坚持"有教无类、因材施教、规范管理、开拓创新"的办学理念，确立了"面向成人继续教育，提升受教育者职业素养和服务社会的能力，成为国家全民终身教育体系的重要组成部分"的办学定位，坚持立德树人，促进学生全面发展。

二、学历继续教育专业设置及调整情况

依托学校优势学科和特色专业，成人高等教育（函授）开设 1 个专科专业、8 个专升本专业和 7 个高起本专业；成人高等教育（业余）开设 3 个专升本专业和 3 个高起本专业；网络教育开设 12 个专科专业、11 个专升本专业和高起本 11 个专业。

根据教育部"关于做好高等学历继续教育招生工作的通知"要求，2019 年网络教育撤销工业工程技术、汽车检测与维修技术专业，除了在浙江、江西两省开设电力系统自动化技术专科专业外，在陕西以外地区只开设本科层次专业。

三、人才培养

（一）学历继续教育情况

1. 总体规模：学历继续教育包括网络教育和成人教育（函授、业余）

表 1　2019 年学历继续教育总体规模统计表

层　次	招生人数	在学人数	毕业人数
高起专	21043	66380	32459
专升本	18797	56718	19739
高起本	420	1100	3
合　计	40260	124198	52201

2. 生源分析

2019年学历继续教育年度在学124198人。

按性别：男性88274人，71.1%，女性35924人，28.9%。

按年龄：20岁内的学生440人，0.3%；21～30岁54849人，44.2%；31～40岁51640人，41.6%；40岁以上17269人，13.9%。

（二）非学历继续教育情况

非学历培训主要为政府机关、企事业单位服务，以面授教学和现场教学为主，线上培训作为培训的辅助手段，职业教育、扶贫培训均采取面授教学与线上学习混合式教学模式。2019年非学历继续教育培训103班次，共7942人次。

（三）人才培养中的思政教育

学校认真贯彻落实党的十九大精神和全国教育大会精神，加强思政课程建设：一是调整人才培养方案，及时更新内容和升级课件；二是将思政课列为学生的必修课；三是创新思政课教学方式，增加形势政策内容等。积极开展党建活动，将党建工作与业务工作结合，学院两个党支部与校外学习中心开展党支部共建活动。

（四）学生学习效果

为了准确掌握学校继续教育办学成效，在学院微信公众号投票平台对在籍学生进行满意度调查。调查内容涉及教学教务平台使用评价、网络课件质量的评价、教学服务质量的评价、学习中心支持服务评价等20项，调查结果统计显示总体满意度97%以上。

通过校外学习中心向社会用人单位发放对毕业生反馈评价的调查问卷，调查内容涉及毕业生工作胜任能力评价、毕业生专业技术水平评价、毕业生整体素质的评价、与单位需求匹配度评价等18项，调查结果统计显示总体满意度96%以上。

四、质量保证

（一）制度建设

学校继续教育具有较为完整的管理制度体系，2019年先后制定和完善了《继续（网络）教育学院学生手册》《继续（网络）教育学院文化建设方案》等9项制度和办法，有力地保障了继续教育规范有序、健康发展。

（二）师资保障

学校高度重视师资队伍建设，建立以本校教师为主体的稳定的网络教育师资队伍，激励和引导更多优秀教师参与网络教育教学工作，充分发挥专业学院学科、师资及教学资源优势，实现网络教育与全日制教育优质资源共享。学院教师主要由主讲教师和辅导教师组成。专兼职主讲教师295人，其中教授42人，副教授96人，高级职称占比46.8%；本校教师79人，占比26.8%。辅导教师547人，其中正高职19人，副高职162人，中级以上职称占比 79%。教育管理人员 75 人。

（三）资源建设

学院拥有 216 门课程专业网络课件支持在线学习。课件包括历年全国高校网络教育统考辅导、课程考试辅导、入学考试辅导、多媒体课件光盘等。教材每门课程均配有相应的教材，组织编写出版《机械制造装备与设计》等规划教材 41 门，编写的网络教材和配套作业集已经形成体系。精品课程"机械原理"和"机械制造基础"入选"国家网络精品课程"，"机械制造基础"入选"国家级精品资源共享课"。数字图书馆藏书6000 余册。

（四）设施设备

学院完成网站改版升级，新增服务器 1 台，将宽带专线扩容，提升学生在学习和在线考试的网速。建有视频会议室、多媒体教室各 1 个，课件录制室、实时答疑室各 2 个，网络机房、学生机房各 1 个。教学管理系统稳定：服务器群组保证系统运行流畅、效果良好，点播学习课件等高带宽、高并发的业务采用云服务，实现了 CDN 文件分发式服务。设备保护措施安全：采用多组虚拟化服务器组，配备专业杀毒软件、防火墙，教学系统安全稳定。

（五）学习支持服务

坚持以教学质量、服务管理体系为主线，在招生、教学、考试、资源建设等方面，建立了网络、 平台、资源、服务等学习支撑体系。通过电话、RTX、QQ、微信、课程论坛等方式解答在学习中遇到的问题，咨询和反馈渠道通畅，建立了首问责任制。

（六）内部质量管理

1. 规范招生，控制规模

落实招生主体责任，坚持"两禁止、两严格、两不做"红线，坚持"统一宣传、统一计划、统一测试、统一复审、统一录取"五统一要求。2019 年录取学生总数 40260 人，相比 2018 年下降了 23%。

2. 认真组织，严格考试

严格执行考务工作管理规定，依托继续教育学院成立考试工作领导小组，与校外学习中心签订责任书，加强考试监督力度。

3. 完善教学全程管理

规范组织教学，建立线上考核机制，增加线下重点课程和统考课程面授课时。严格统一试卷命题，备有多套试卷；线上考试建立题库，实现随机抽题考试。制定了从命题、印制、运输、交接、保管等标准流程，建成了继续教育学院和校外学习中心两级保密室。严格执行课程考试考务规定，出现违纪违规行为，严格按照相关规定严肃处理。

4. 规范毕业设计管理

严格组织论文选题、中期检查、辅导答疑等毕业设计工作；现场答辩通过实时答疑系统进行监控、录制，并对每位答辩学生进行拍照；建立毕业论文查重机制，确保毕业论文质量。

5. 严格毕业资格审查

严格执行学校《网络教育学籍管理规定》和《授予成人高等教育本科毕业生学士学位工作细则》，2019年毕业学生52201名，其中1185人获得西北工业大学成人学士学位。

6. 坚持监督评估，确保质量

继续教育学院评估与发展研究中心围绕人才培养实践与创新，积极开展教学监督、检查和质量评估与研究工作，根据教育部相关规定和学校"双一流"建设要求，构建了包括8个一级指标、32个二级指标、72个主要观测点的"西北工业大学继续教育评估指标内容和评估方法体系"。

（七）信息化建设

学习支持服务软硬件完全能够支持开展远程交互，满足在线学习和管理服务的要求；云技术、大数据以及移动互联网新技术得到充分利用，移动学习APP开启"掌上新时代"；网络负载均衡设备已经实现了多出口网络带宽混合使用，解决了访问速度问题；建有教学教务平台信息管理系统、在线学习系统、现代远程教育入学测试系统、课程在线考试系统等；专用服务器完全适应教学要求运行稳定。2019年在课程机考系统里嵌入了人脸识别系统，实现了考试过程的全面监控。

五、特色创新

1. 实践特色与模式创新

一是开展教育教学改革，促进两教融合。学校继续教育坚持"资源统一、平台统一、标准统一"，实现了两教资源共享、优势互补，推进两教的有效融合。二是坚持教育理论研究，推进继续教育教学改革。开展陕西省高等教育教学改革等项目的研究，完成省部级项目5项，在研项目5项，在陕西日报（理论版）等刊物发表论文4篇，为推进继续教育教学改革和提高人才培养质量，提供了理论支撑和实践指导。三是立足"三航"学科优势，打造特色培训品牌发挥学校科研人才优势，与军工企业集团共建平台，开展"一带一路"项目培训，不断创新非学历教育培训模式，服务国家战略需求，服务地方经济发展，努力打造以"三航"为特色的培训品牌。

2. 国际交流与合作

2019年举办各类海外考试，包括雅思（UKVI）、ACCA考试、ICAEW考试、A-Level考试和俄语等级考试，共计223场，24016人次。举办雅思（托福）培训班29个，培训

740 人次。

2019 年出国留学服务中心为 203 人提供出国留学服务。包括麻省理工学院 22 人，斯坦福大学 36 人，牛津大学 19 人，帝国理工大学 33 人等。

3. 教育教学研究与成果

完成了《军民资源功能拓展路径及制度政策研究》《构建高等继续教育分级评估指标体系研究（重点项目）》《面向以学生为中心的高等继续教育课程建设研究》《西安高校留学生教育现状及对策研究》和《高校思想政治教育网络育人创新研究》等 5 项科研项目。在研项目 5 项，在陕西日报（理论版）等发表继续教育研究理论文章 4 篇。

六、问题与对策

1. 招生规模偏大、招生人数较多

学校将根据教育部文件精神，主动降低继续教育招生规模，持续增大本科招生比例，减少专科比例，同时加大监管力度，优化站点设置，加强年检评估工作，以评促管、以评促改，不断促进管理规范化。

2. 人才培养方案有待完善

现有培养方案时间已久，教育资源数量和质量不能满足当前人才培养需求。学校将进一步优化培养方案，坚持教育教学改革，发挥学科和科研人才资源优势，丰富教学资源，充分发挥学校优质资源在继续教育中的作用。

3. 优质教学资源供给和质量保障有待加强

学校将强化教学过程管理，加强师资库建设和课程体系建设，打造西工大精品课程体系，增加特色专业，完善毕业设计规范，加强论文查重力度，保障论文质量，建设全面人才培养质量保障体系。

4. 非学历继续教育尚未形成品牌

非学历教育资源相对欠缺，培训项目分散。学校将进一步加大对继续教育支持力度，努力打造"三航"特色培训品牌，不断创新非学历教育培训模式，服务国家战略发展，服务地方经济建设。

西北农林科技大学继续教育发展报告

一、基本情况

（一）成人学历教育情况

2019 年，我校在学学生总人数 10141 人，其中当年招生 3364 人，毕业 3230 人。学校共设有 13 个函授站，涉及 10 个省（区）。在开展成人学历教育中，全面贯彻党和国家的教育方针，坚持社会主义办学方向，牢固树立"育人为本，德育为先"的教育理念，学校在制订人才培养方案时，注重将思想政治课程纳入其中，各专业公共课程均设有马克思主义理论课程模块；培养中严格按照方案执行。

学校按照"突出特色，压缩数量，动态调整，内涵发展"的原则扎实做好各函授专业的建设工作，对相关专业进行了调整。2019 年，招生专业 23 个，均为我校优势特色专业。其中农学、园林、水利水电工程、动物医学 4 个专业为陕西省高等继续教育特色专业。

学校积极围绕新时代国家乡村振兴战略需要，对标新农科建设新要求，注重质量内涵，突出特色优势，加强实践环节，更好满足新时代现代农业发展和乡村振兴战略对高素质、高能力、实用型农业人才的需求。人才培养模式以"自学 + 面授"相结合培养模式为主，突出新型农业应用型人才培养目标，在教学过程中注重理论与实践相结合，加强实践教学环节落实，按培养方案全年总开课 1022 门。在自学、面授、实验实践、考试考核以及毕业论文答辩等教学关键环节加强指导，进一步有效提高了函授教育教学水平和人才培养质量，为行业培养了大批实用新型农业科技人才。

2019 年，西北农林科技大学榆林林校函授站获得 2019 中国高校继续教育优秀函授站；杨凌函授站获得陕西省教育厅评为年度陕西省优秀函授站、2019 中国高校继续教育优秀函授站。学校荣获中国成人教育协会 2019 年全国"优秀成人继续教育院校"。

（二）非学历继续教育情况

2019 年度我校非学历继续教育，在校内共举办各类培训班 210 期，培训学员 15162 人次。围绕"乡村振兴""生态文明""精准脱贫""国家粮食安全"等领域开发培训项目 75 个。成功举办教育部"全国高校院系级党组织书记示范培训班""全国涉农职教干部培训班"，农业农村部"全国高标准农田建设培训班"等有影响力的班次。

编写出版了《乡村振兴战略理论与实践》教材，被列入陕西省干部教育专业化能力培训教材，申报农业农村部"十三五"规划农民培训教材 3 部。入选陕西省干部教育培训精品课程 1 门。获"2019 年陕西省百姓学习之星"称号 1 人。顺利召开全国干部教育培训西北农林科技大学基地现场教学工作研讨会。

加大甘肃、青海等贫困地区培训力度，在校内培训学员10000余人，占培训总人数的70%。紧密结合学校扶贫工作，深入合阳、紫阳、镇巴、城固等深度贫困县田间地头，围绕本地农业特色产业举办农技推广人员和新型职业农民培训班12期，培训学员1000余人次。成为学校扶贫工作的一大亮点。

深度参与校地校企合作项目，与陕西绥德县、黄陵县，新疆建设兵团，广西河池市和宁夏农业农村厅等合作办学。成立农民发展学院韩城分院，完成《韩城市2019—2022年乡村振兴人才发展规划》。

陕西省委组织部对陕西省高校干部教育培训基地2019年质量评估中，我校再次获得第一名。获校教学成果特等奖1项，获批陕西省教改研究重点项目1项，陕西省高等继续教育协会重点研究课题1项、一般研究课题2项。《农民教育培训机构管理规范》《农民教育培训教学管理规程》2项陕西省地方标准发布实施，全面开启了我校培训管理标准化工作新起点。

2019年培训学员80%来自中西部贫困地区基层人才，大多数已成为当地产业发展和脱贫攻坚的重要力量。干部教育培训效果受到中组部、教育部、农业农村部、陕西省委省政府主要领导的高度评价。涌现出了一批优秀职业农民，创建陕西"八女子"商贸有限公司、陕西秦尚女子优质农产品联合社的西安市人大代表、周至县农家乐果蔬专业合作社理事长任东侠；打造"疯婆娘"品牌的宁陕县梨子园养蜂专业合作社理事长周世红；生产"杜仲羊肉"的洛阳龙须坡农牧有限公司董事长杜营辉等在扶贫带动和产业发展方面发挥了巨大作用。

二、质量保证

制度建设。2019年，学校继续以提高教学质量为目标、以完善教学质量监控体系为核心，进一步健全函授教育教学管理制度体系。出台了《西北农林科技大学成人高等教育学生管理规定（试行）》。继续完善的培训教育教学制度体系，新出台了《西北农林科技大学干部教育培训现场教学管理办法》《成人教育（继续教育）学院培训收费标准》等制度文件。

师资保障。成人学历教育由各专业学院师资力量做支撑，选派和聘请教学经验丰富、理论水平高和实践能力强的中高级以上职称教师授课，2019年聘请高级职称授课教师315人，占到总师资数的60%以上。非学历继续教育按照专家教授、领导干部、一线先进典型"三结合"的原则，建立了一支300多名专兼职相结合的师资队伍，能够完全满足培训规模和培训质量要求。

资源建设。成人学历教育依托各专业学院教学资源，针对招生规模较大函授专业，建设了75专门的网络课程教学资源。非学历教育整合校内外教学资源，以"四库"为抓手，加强培训基本能力建设。研究开发了一批好的培训项目，培养了王征兵、樊志民等一批好教师，编辑出版了9部培训专用教材，培育了300多个培训专题课程，录制了100多门专题网络课程，选建了100多个现场教学点，培训专题库、师资库、教材库和现场教学基地信息库得到不断更新和完善，确保培训项目和培训方案的高质量落实。

合作办学及校外学习中心、教学站点建设和管理情况。成人学历教育方面，2019年新建青海畜牧兽医职业技术学院函授站。非学历继续教育方面，深度参与校地校企合作项目，与陕西绥德县、黄陵县，新疆建设兵团，广西河池市和宁夏农业农村厅等合作办学。成立农民发展学院韩城分院，完成《韩城市2019—2022年乡村振兴人才发展规划》。2019年获批《首批国家级职业教育教师教学创新团队培训基地》，与中共陕西省委党校（行政学院）互设干部教育培训基地。

学习支持服务。学校将继续教育教学用教室、实验室、图书馆、校园网、校外试验场站及后勤服务设施等公共资源纳入学校教学工作支持保障范畴，探索混合式教学模式，为学生学员提供个别化的选课指导、课程学习过程辅导、咨询服务、主动促学等服务，解决其在学习过程中遇到的各种疑难问题。

信息化建设。全面推进继续教育信息化建设。一是在教育教学中全面推行信息化手段应用，线上线下教学同步推进；二是在管理上开发完成了培训管理程序设计建设工作，提高了工作效率；三是稳步运行微信公众平台，创新展示内容及形式，提升平台关注度；四是全面启动学校继续教育信息化综合平台建设。

经费充足。学校按规定收取继续教育学费和培训费，做到专款专用。主要用于学历教育和非学历教育的教学资源建设、教学支出、教学研究、学员食宿费用等支出。另外，学校筹措专门经费用于继续教育硬件建设，支持继续教育事业发展，经费保障充足。

三、特色创新

（一）实践特色与模式创新

1. 树立了以需求导向的"实际实用实效"基层人才培训理念

需求调研三吃透。把培训需求调研作为基础，吃透中央有关的方针政策，满足上级要求；吃透培训委托部门要求，满足岗位需求；吃透培训对象面临的痛点热点难点问题，满足个性需求。

讲实际、重实用、求实效。培训主题依据时代定、培训方案按照需求做、培训内容求实用、培训方法求实效、培训管理动态化、训后服务到一线。

2. 创建了"12345"基层人才教育培训西农体系

"围绕中心服务大局"一条主线遴选培训主题分级分类确定培训目标。"系统化、模块化"两个原则不断优化培训内容。"训前、训中、训后"三个步骤制定和完善培训方案。"精品课程、培训名师、优秀教材、特色现场教学基地"四项工程保障教学。"专题讲授、研讨交流、现场教学、案例教学、经验分享"五元一体培训方法。

3. 构建"基地 + 学院 + 分院"的协同机制

通过"基地 + 学院 + 分院"机制建立，上接部委下连地方，使基层人才培训项目落地落实。

一是合作建立国家级培训基地。对接国家需求，共同研究开发培训项目，积极承担培训任务，助推国家政策的宣传和落实。

二是成立实体学院，保证高效运行。成为国内高校首个成立农业农村干部学院和农民发展学院的高等学校。按照培训机构专门化、管理人员专职化、研究人员专业化、培训场地专用化的要求，整合校内教育培训资源，运行高效，分别对接国家部委基地开展人才培训。

三是建立农民发展学院分院。与地方优势互补、资源共享，将基层人才培训向基层、向贫困地区延伸，更好地服务地方经济社会发展。

四、问题与对策

随着乡村振兴战略的实施、现代农业发展和新农科建设的需要，面对继续教育行业市场竞争愈加激烈，向名校聚焦的效应愈加明显；对学校的办学思路、理念、人才培养质量、教育教学更迭提出了更高的要求和需求；需要通过培养复合型、综合型、实用型人才，为乡村振兴战略的实施，提供实用的系统解决方案等新挑战、新需求，还存在三个方面不足：一是是面对市场激烈竞争，学校市场意识和市场开发能力不强；二是随着信息化快速发展，学校在继续教育信息化建设方面还存在较大差距，已不能较好满足继续教育发展需要；三是继续教育的国际化水平不高，还需进一步加强。

下一步，学校继续教育将按照"特色办学，内涵发展，提升能力，提高效益"的基本思路，围绕"一个主线三个重点"，即以突破发展和内涵建设为主线，标准化、信息化和品牌建设为重点，积极开展各项工作。

工作思路：坚持"特色办学，内涵发展，提升能力，提高效益"的总体思路，以非学历培训教育为重点，稳步发展成人学历教育，为农业强、农村美、农民富提供人才和智力服务。

办学目标：推进学历和非学历教育同步发展，实现传统教育和网络教育融合发展，建设一流农业农村干部教育培训基地，打造一流高校农业农村干部学院和农民发展学院，建成以农林为特色、国内一流、在国际有一定影响的高水平继续教育体系。

工作举措：实现管理机构专门化、管理队伍专职化、研究人员专业化、办学场地专用化。全面实施品牌推广、质量提升、研究与服务平台建设和基础设施建设等"四大工程"，社会参与和国际化等"两大举措"，深化改革和夯实党建"两大保证"，办好全国农业农村干部教育培训基地和农民发展学院。

西安电子科技大学继续教育发展报告

一、学校概况

西安电子科技大学是以信息与电子学科为主，工、理、管、文多学科协调发展的全国重点大学，直属教育部，是国家"双一流"建设学科高校，国家双创示范基地之一。经过近90年建设，学校现建有两个校区，在校生3万余名、专任教师2100余名。设有研究生院和18个学院，为国家输送了23万余名电子信息领域的高级人才，为国家建设和社会进步做出了重要贡献。

二、人才培养

学校将继续教育纳入学校章程与事业发展规划中，坚持立德树人和特色鲜明的办学方向，以质量为先，坚持学历与非学历继续教育协同发展，不断强化继续教育服务行业领域与区域经济社会发展的功能。

（一）学历继续教育情况

学校目前已形成较为完善的继续教育办学运行机制，构建了以电子信息学科为主，特色鲜明的继续教育专业体系，共设有高起专专业13个、专升本专业14个、高起本专业14个；成人函授教育共设有高起专专业5个、专升本专业15个、高起本专业15个。2019年，招生17535人，其中省内生源占21%；网络教育高起专占招生总人数的53.7%，专升本占46.3%；成人函授教育本科占比58.3 %。在籍学生87068人，其中网络83346人，函授3722人。

基于信息化与教育教学的深度融合，2019年学校以人工智能技术对网络教育、函授教育等独立系统进行重新审视，根据远程教育过程"九个环节"中"六类对象的""三个需求"，设计开发了可以容纳10万人同时在线的人工智能远程教学管理与学习平台，通过在线学习和考试等操作，清晰记录学员的学习轨迹以及管理人员的业务操作记录，做到记录可查询、操作过程可追溯、学习评价有依据、教学责任可定位，对于学员的学习过程和考试环节更能做到全方位的管控和反馈。

（二）非学历继续教育情况

为满足多行业、多层次、多方式培训需求，学校以政策为导向，以专业为优势，开发升级网络培训平台，运用在线教学、面授教学、现场教学的混合教学方式，形成以在线培训为主、高端面授培训为辅的混合式培训模式。2019年，学校以国家级、省级专业技术人员继续教育基地为载体，在教育、工程、经济、会计等行业开展网络培训16万余人次；人工智能、网络、信息、农业等行业领域开展面授培训，其中申报并组织实施国家高级研修班、教育扶贫培训，逐步形成了具有特色的培训模式。

三、质量保证

教育研究成果。学校坚持致力于高等继续教育质量控制及转型发展方向的研究工作，2019年获批省继续教育改革重点公关项目1项、重点专项1项、重点项目1项、一般项目1项。同时，3个省级教改项目通过验收顺利结题。

制度建设。学校不断建立健全教学管理运行制度，监督和推进各站点严格依法依规办学，并针对继续教育招生宣传、教育教学、站点管理、学生服务等全过程，逐步修订并完善了相应的管理制度和规范要求，包含人才培养、教学管理、考试管理、毕业设计管理、学籍学位管理等31项制度的管理运行制度体系。

师资保障。共有授课教师184人，本校教师占授课教师总人数的97%，22.3%的授课教师为教授，47.8%的授课教师为副教授。同时，学校加强校外中心站点教师队伍建设，共聘有校内辅导教师277人，校外辅导教师1031人，负责对学生学习中有关问题进行交流解答和指导学生完成毕业设计。

资源建设。学校以网络教育精品资源共享课为引领，推动优质数字化教学资源建设，开发制作网络教育课件310余门，其中4门课程入选国家级视频公开课和精品资源共享课，2个专业被批准为陕西高校高等继续教育特色专业，为促进学历与非学历继续教育资源共享，将8门特色学历教育课程共享至陕西省继续教育网。

设施设备。目前已经建成由40台高性能服务器、万兆核心网络设备、30TB存储系统、3台7层负载均衡设备、4台数据库系统以及500M互联网带宽组成的网络教育云平台。

外部质量评估。学校安排专人负责站点年检工作，监督和协助校外站点按时参加当地教育行政部门组织的年检或评估，在学校每年召开的校外站点年会上，对"站点年检"进行培训，2019年我校校外教学站点均按时参加并通过了所在省教育行政部门的年检。

信息化建设。2019年学校开展了远程教育平台软件升级改造工作，对学历教育管理平台和学习平台进行全面升级，完成100余万人次在线考试任务，非学历平台承载陕西省110余万专业技术人员继续教育工作。

四、社会贡献

（一）继续教育服务国家战略、行业及经济社会发展与学习型社会建设情况

为贯彻十九大报告中提出的推动互联网、大数据、人工智能和实体经济深度融合，

学校以专业技术人员继续教育基地为依托，持续推进"互联网＋专业技术人员继续教育（知识更新工程）"，累计注册学员 110 万余人，注册人事单位 1.3 万余家，承办人社部国家级高级研修项目开展高层次技术人才培训，全年在线学习人数 16 万余人次，全力打造具有陕西特色的专业技术人员继续教育平台。

（二）继续教育资源开放

学校积极推进优质资源共建共享，开放 30 余门成人高等教育特色课程。积极参与继续教育"学分银行"建设，开展课程共建共享、课程互选、学分互认研究与实践。联合陕西师范大学等 3 家高校开发统考课程的教材，对提高网络教育统考课程教学质量发挥了重要作用。

学校受陕西省人社厅委托自主研发"陕西省专业技术人员继续教育平台"，开放优质课程资源、学习平台、技术保障，服务地方高层次人才继续教育。

（三）对口支援、教育帮扶情况

持续实施"一村一名"免费学历提升计划。学校获批 3 个农民培训基地，投入 10 余万元加强基地建设，实施"一村一名"免费学历提升计划，提高新农村农民科技创新创业能力，增强学校服务社会的能力，助力全省脱贫攻坚。2019 年在 3 地为 240 余名农民提供了免费报读本专科机会。

培训学费减免，激发扶贫积极性。为激发贫困县专业技术人员在脱贫攻坚中建功立业的积极性，2019 年我校对全省 52 个贫困县区的专业技术人员继续教育实行培训学费半价优惠减免政策，为贫困县区的专业技术人员减轻了经济负担。

送学上门，助力精准扶贫。发挥学科专业优势，组织扶贫团队，为定点扶贫的蒲城县开展专项扶贫培训，助力教育扶贫攻坚。

五、形势分析及对策建议

（一）形势分析

要进一步加强网络教育的顶层设计，促进网络教育与普通高等教育的统筹规划、协调发展，统筹好质量、规模、结构与效益，增强学校的服务社会功能。深化体制机制改革，提高教育服务社会的能力，激发内生动力，促进网络教育转型提质升级，适应国家发展终身教育的目标。通过信息化、科学化手段，构建更加完善的质量监控体系，确保办学质量。

（二）对策建议

为推进网络教育转型提质，学校将从质量发展、资源建设、信息化平台、特色品牌等方面采取措施，提高继续教育的办学质量和社会效益。

深化体制机制改革，促进继续教育均衡发展。以有利于学校事业发展、有利于网络与继续教育事业发展、有利于继续教育职工发展为原则，激发内生动力，深化继续教育体制机制改革，促进学历与非学历教育的均衡发展，加快学校网络教育转型提质升级。

控制规模，加强思想教育，向质量发展转型。构建分层质量监控机制，打造网络教育与质量控制一体化体系。调整培养方案，加强思想教育，提高人才培养质量。加强继续教育专业设置的统筹规划和优化，依托学校教学资源，优化专业设置，调整人才培养方案，推动继续教育由"学历导向型"向"职业导向型"发展。加强师资建设，保障教学质量。根据学历继续教育和非学历继续教育的教学需要，为教师提供多样化、个性化的培训，提升教师的理论和实践技能，促进教师专业化发展，提高人才培养的整体质量。

适应互联网＋的新科技发展，建设优质课程资源。实施人工智能的教学应用，凸显人工智能在远程学习中的支持服务作用。积极开展与相关企事业单位或行业的交流合作，促进资源共享，发展宽门类、多样化、灵活性的大众教育，满足社会的各类人才需求。

建设高水平网络信息化支持服务平台，加强站点管理。加快继续教育的信息化建设步伐，依托信息技术打造大规模的开放式在线学习平台，建设融合学籍、教务、考务、教学和培训的网络化教育平台，逐步推进继续教育的慕课、微课等网络特色课程建设，扩大继续教育的覆盖范围，提高继续教育的教学支持服务水平和站点管理水平。

加强顶层设计，搭建平台，着力发展非学历继续教育。搭建非学历继续教育公共服务平台，实施"西电品牌"战略，引入社会力量办学的科学机制，促进非学历继续教育更好地服务地方经济发展。

陕西师范大学继续教育发展报告

一、总体情况

陕西师范大学是教育部直属、世界一流学科建设高校，是国家培养高等院校、中等学校师资和教育管理干部以及其他高级专门人才的重要基地，被誉为"教师的摇篮"。陕西师范大学有六十多年的继续教育办学历史，是西北地区普通高等学校中最早设立成人教育机构的院校。

学校设有远程教育学院、教师干部教育学院两个继续教育办学学院，此外，还设有教育部西北高师师资培训中心、教育部西北教育管理干部培训中心、教育部基础教育课程研究中心、教师专业能力发展中心、陕西省基础教育资源研发中心、陕西省高等教育MOOC中心、陕西省教师教育指导中心和陕西省干部教育培训基地、教育部现代教学技术重点实验室等机构。

二、专业设置

按照教育部专业设置管理办法要求，我校逐步调整学历继续教育专业，减少专科专业招生，减少专科专业招生规模。

2019年学历继续教育招生专业：网络教育专科12个，本科30个；函授教育专科2个，本科7个；业余教育本科6个。三个办学层次、三种学习形式共计57个招生专业（专科14个，本科43个）。有37个是教师教育类专业，占开设专业总数的65%。

三、人才培养

（一）学历继续教育

2019年招生16542人，其中网络教育16168人，函授教育374人。至2019年底，学历继续教育在籍学生92392人，其中网络教育91121人（省内38966人，省外52155人）；函授业余教育1275人（省内1136人，省外139人）。

（二）非学历继续教育

线下培训：全年共承担培训185个项目、218个班次，16120人。涉及陕西、青海、甘肃、西藏、新疆、宁夏、安徽、重庆、吉林等地区的国培、省培项目。线上培训：全年实施远程网研项目19个，其中国培12个，省培3个，区域远程4个。

四、质量保证

（一）师资保障

2019年，网络教育聘请授课教师412人。其中教授占16%，副教授占49%，讲师占30%，所聘授课教师中我校教师的比例为90%。辅导教师63人。网络教育教学教务管理人员共计16名。

函授业余面授教师人数为194人，管理人员7人。其中教授占比15%，副教授占29%，讲师占44%，助教占12%。本校教师占所有教师总人数61%。

（二）资源建设

1. 在线开放课程

推动陕西省高等教育MOOC中心（陕西师范大学中心）教师教育类在线开放课程建设，开展学校立项的在线开放课程建设。积学堂现搭载200余门优质教师教育课程及讲座，平台用户两万多人。2019年平台新增省级教师教育类在线开放课程19门。

2. 网络教育学历课程

2019年重建8门网络教育学历课程，完成67门网络教育学历课程移动端上传。至2019年年底，共开发592门课程资源（包括32门购买课程）。

3. 教师培训资源

完成"2019—2020年基础教育资源整体规划方案"设计。根据教育部国培相关要求，聘请小学、中学各学科首席专家完成专项资源体系建设，研发各类专题资源162个，不同学段各学科课例点评资源180个。组建了近300人的授课专家团队，建立50多所培训教育实践研修基地。

4. 通识教育选修课程建设

远程学院协助校学校教务处开展12门通识选修课建设，支持在校本科生在线学习通识教育选修课。

（三）信息化建设

1. 学校建有同时接入中国教育科研网、中国电信、中国联通的服务器私有云平台

基于三台高性能服务器、VMWare虚拟化软件和NetAPP高端存储搭建，目前已经虚拟出服务器50多个，另外有十六台物理服务器和一套SAN架构存储系统。配备了防火墙、Web应用防护系统、SSLVPN、备份系统、软硬件监控系统等配套安全与保障设备。

2. 学历教育信息化教学管理

主要软件服务系统有招生系统、在线入学考试系统、教务管理系统、学生系统（支持手机）、PC版在线学习系统、手机版在线学习系统、在线答疑系统（支持手机）、在线课程考试系统、在线教学实践与论文写作系统、数字图书馆、学情统计分析系统、

学生在线交费财务管理系统等。同时，利用信息化手段加强教务管理，开展在线入学考试和部分科目的在线课程考试；不断改进学生学习支持各平台的移动设备支持，学生登录学生平台、进入课程学习、在线答疑等均可在手机、PAD 等移动终端上进行。

3. 陕西省高等教育 MOOC 中心（陕西师范大学中心）建设

搭建完成的我省优质教师教育数字化教学共享平台——积学堂，能够灵活支持慕课（MOOC）、SPOC 多种教学形式；支持移动学习，社交化学习。已搭建完成的积学堂课程平台先进、成熟，具有开放性和标准化、可拓展性和易升级性、可管理性和实用性等特点，为陕西省高等教育 MOOC 共建共享体系提供全面技术支撑，为教师职后培训和社会学习者提升专业技能、专业知识、拓宽学术视野，进而在潜移默化中增强学习者的综合素质。

4. 智慧教室建设

实现了智能环境下教师、学生、资源的高度耦合与互动，形成典型的智慧教育应用模式，为教师教育人才培养、基础教育信息化引领示范、优质资源建设提供基础的智能环境。2019 年，有大量的 MOOC 课程、微课课程、学术讲座、学术沙龙、课程直播在智慧教室举行。

5. 锌课堂建设

基于 BYOD 的互动课堂系统——锌课堂获得国家计算机软件著作权。用户可通过APP、微信服务号、小程序、H5 页面无障碍访问和使用。

6. 推进网络培训平台建设

启动基于微信端的"交互式"培训平台开发工作。与高等教育出版社教师发展中心合作，建设"陕西师范大学教师在线研修平台"，为各培训项目的在线学习提供平台和资源支撑。

（四）合作办学及校外教学站点建设和管理

目前，在阳光招生与服务平台备案的网络教育校外学习中心 107 个，其中实际招生96 个；函授站 8 个，实际招生 5 个。2019 年，我校无新增校外教学站点。

校外学习中心建设相关文件有：《陕西师范大学远程教育学院校外学习中心管理规定》《陕西师范大学远程教育学院设立校外学习中心工作流程》《陕西师范大学远程教育学院校外学习中心考核评估细则》及《陕西师范大学远程教育学院优秀校外学习中心、先进个人评选办法》等。

五、特色创新

坚持继续教育教学研究，2019 年取得丰硕研究成果。《精准扶贫背景下陕西省贫困县区高中教师教学能力现状及提升策略研究》获批省部级科研项目；《成人继续教育混合式教学模式研究与实践》获批陕西省高教改革研究项目；《高校函授幼儿教师色彩偏好对学前儿童审美能力的影响研究》取得横向项目立项；《基于BYOD互动课堂系统（简称：锌课堂）》申请了发明专利。同时，深化继续教育教学研究，2019年远程教育学院教师发表SCI四区论文1篇及其他期刊论文3篇。

总结项目经验，完成的《修德精业——基于TPCK理论的陕西省中学学科带头人培养模式实践研究》案例，在荣获2017年陕西省基础教育教学成果一等奖、参展第四届中国教育创新成果公益博览会后，于2019年荣获中国教育学会年度教师培训最佳实践案例，被收录进《中国教育学会教师培训者联盟2019年度实践案例集》并颁发了证书。

六、存在问题及对策建议

（一）问题和不足

深刻理解和认识国家政策的敏感性不足，贯彻落实相关政策不够精准，发展重点和方向仍然不够明确，进而使决策部署滞后于事业发展；学校作为国内重要的教师教育基地和非学历培训基地，中心作用有待加强，品牌作用不够突出，需要进一步凝练和培育；继续教育服务于学校办学定位、特色优势、中心工作的功能未能充分发挥。

（二）对策及建议

以教育部关于网络教育高质量发展精神为指导，提出以下工作思路：

对策：明确办学定位，彰显专业特色，控制办学规模；加强思想政治教育；加强校外学习中心管理；加快教学教务管理信息化建设；建立继续教育资源研发机制；建立网络教育资源共享机制。

建议：修订网络教育相关文件制度；建立健全课程资源高校共享、省内共享、行业共享机制，减少重复投入；促进继续教育实现转型发展、内涵发展，在服务国家战略，教育精准帮扶、对口支援等方面给予特别指导与帮助。

长安大学继续教育发展报告

一、总体情况

（一）学校概况

长安大学直属教育部，是教育部和交通运输部、自然资源部、住房和城乡建设部、陕西省人民政府共建的"211工程"重点建设大学，"985工程优势学科创新平台"建设高校，国家世界一流学科建设高校。建校近70年来，长安大学逐步发展成为以工为主，理工结合，人文社会科学与基础学科协调发展，以培养公路交通、国土资源、城乡建设等专业人才为办学特色，在国内外有一定影响的高等学府，已为国家培养各类毕业生27万余人。学校从1962年开始举办成人高等教育，曾荣获国家教委"全国成人高等教育优秀学校"，是交通运输部西培项目定点培训单位、交通运输部安委办认定的交通运输从业人员安全素质教育培训高校、陕西省人社厅专业技术人员继续教育基地、陕西省教育厅首批认定的陕西高校农民培训基地、陕西省退役军人培训联盟理事单位。

（二）总体规划与办学定位

学校以实施全日制高等学历教育为主，适当开展继续教育等其他形式的高等教育，服务全民学习、终身学习。

学校根据社会需求，稳步发展以函授教育为主体的学历继续教育。积极探索现代远程教育，拓展非学历教育层次与规模，为基层一线培养高层次应用型人才，为建设全民学习型社会作贡献。

二、专业设置

（一）学历继续教育专业设置情况

学历继续教育专业设置符合教育部《高等学历继续教育专业设置管理办法》要求，所有本科专业均为普通高等教育已开设专业。2019年，学历继续教育设置招生专业34个，其中本科8个、专科4个、专升本22个，主要涉及工学、管理学和法学3个学科门类，其中工科类专业约占80%。专业设置坚持以行业需求为导向，发挥学科优势特点，强化专业特色建设，为在职和从业人员更新知识、增强技能、提高素质、提升学历服务，为搭建终身学习立交桥、建设学习型社会服务。

三、学生情况

（一）总体规模

2019 年，学历继续教育函授招生 1369 人，其中本科 138 人、专科 132 人、专升本 1099 人；省内招生 284 人，省外招生 1085 人。在校生 3124 人，其中本科 618 人、专科 288 人、专升本 2218 人。2019 届毕业生 1607 人，其中本科 98 人、专科 435 人、专升本 1074 人。

（二）生源分析

学历继续教育生源来自全国 18 个省市，分布在 29 个函授站、32 个专业，其中本科专业 7 个、专科专业 3 个、专升本专业 22 个。绝大多数来自交通、地质、建筑及管理类行业。

四、质量保证

（一）制度建设

2019 年，继续教育修订和完善了实施办法和管理规定 5 项，现有招生、教学教务、质量保障、信息化建设和非学历培训等方面规章制度 29 项。

（二）师资保障

2019 年，学历继续教育聘任教师 1001 人，其中授课教师 576 人，辅导教师 425 人；高级职称 597 人，中级 404 人。教师队伍中，本校授课教师 40 人，辅导教师 31 人；高级职称 25 人，中级 46 人。函授站授课教师 566 人，辅导教师 364 人；高级职称 572 人，中级 358 人。本校授课教师约占全部授课教师 7%，由相关二级学院选派；函授站授课教师由各站遴选推荐，学校统一聘任。建立师资库，实行动态管理；召开教师座谈会，了解授课情况，倾听办学意见，提高教学水平。

（三）资源建设

学历继续教育不断加强信息化教学资源建设。2019 年，网络课程总数达到 73 门，较上年度增加 7 门，基本覆盖了主干专业培养计划中设置的公共基础课、专业基础和专业课。其他专业培养计划中的规定课程，全部有配套的电子课件，通过网络或多媒体技术用于课堂教学。

（四）设施设备

继续教育学生与日校生平等共享学校图书馆、实验室、自习室及其他公共教学设施。继续教育学院现有办公面积 1050m2，90m2 教室 3 个，60m2 教室 2 个，60m2 多功能录播教室 1 个，教学实验仪器 82 台。

（五）学习支持服务

采用混合式教学模式，提供在线学习平台、课程教学资源、个性化学习通道；提供教学计划、课程教学大纲、教学进度安排；提供移动学习服务、在线辅导答疑、主动支持服务，方便学生自主灵活学习，有效缓解工学、家学矛盾，取得良好教学效果。在日常管理过程中，通过官方网站、微信公众号、QQ群、咨询服务电话和电子邮箱等方式，与函授站和学生进行双向交流沟通，及时发布教学相关信息，了解学员学习状况，及时处理学生诉求，实现教学过程管理和学习支持服务的有机统一。

（六）内部质量管理

坚持以人才培养为中心，建立健全教育管理规章制度和教学质量监控评价体系。加强招生宣传，稳定生源规模，注重内涵建设，提高培养质量；完善培养方案，优化课程设置，突出职业性、应用性和实践性特点，满足培养目标需求；严把教师遴选关口，精心选聘优秀教师，打造高水平教师队伍；严格执行教学计划，加强教学环节检查，保障教学质量；规范课程考核，严肃考风考纪，稳定考试秩序；落实函授站建设管理规定，开展核心课程抽考巡查，确保教学过程得到监管；召开函授站工作会议，听取意见、解决问题、促进发展。

（七）外部质量评估

学历继续教育每年接受各地各级教育行政主管部门年审、年检。2019年校属函授站办学情况外部质量评估全部为合格。

陕西省专业技术人员继续教育基地通过了陕西省人力资源和社会保障厅年度考核；学校农民培训基地接受陕西省教育厅监督与考核。

五、教育培训

．（一）总体规模

学校积极搭建非学历继续教育培训平台，推出岗位培训、资质认证培训和"定制式"特色培训等后继续教育项目，为公路交通、国土资源与环境、城乡建设三大行业的发展培养出了大批杰出专业技术人才。

2019年，开展非学历培训班54班次，培训学员6490人次。培训对象涉及行业管理干部、行业技术骨干、农村基层干部、教师、农民工、贫困户等，其中公路交通类培训28班次，培训学员2562人次；城乡建设2班次，培训学员1342人次；税务系统培训2班次，培训学员145人次；对口扶贫类培训14班次，培训学员2441人次。培训类别分为：资质认证培训项目、委托培训项目、交通运输部西部地区培训项目、扶贫培训等项目。非学历培训共聘请教师131人，高级职称128人，中级2人，专职讲师1人。其中外聘27人，高级职称25人，中级1人，专职讲师1人。

（二）培训模式

培训模式包括面授、在线授课两种形式，面授方式包括校内培训和校外培训两种。

（三）服务社会

以主动服务行业和区域经济建设为出发点，努力实现学校教育资源优势与帮扶县实际需求对接，助力脱贫攻坚和乡村振兴，为当地经济发展提供人才储备和智力支持；实现特色培训项目与国家重要战略对接，服务行业和地方经济社会发展需求；实现职业技能培训与从业人员再教育需求对接，承担交通运输部、陕西省人社厅公益项目培训，开展岗位培训、资质认证培训、专项扶贫培训等，为专业技术人员开阔视野，更新知识结构，增强综合素质，提升岗位能力。

六、特色创新

（一）实践特色与模式创新

继续教育紧密结合国家"交通强国"战略和"一带一路"倡议，充分发挥学科优势和行业特色，全面加强校企、校地合作，积极对接高职高专院校办学，创新办学模式，深化联合培养，服务社会发展需求。

学历继续教育根据专业特点和培养目标及时修订和完善人才培养方案，调整课程设置，创新教学内容，制订实践教学标准，优化教师队伍结构，保证教育教学质量；坚持线上与线下、课堂与实践、高校教师与行业专家相结合，提高实验实习、实训实践和毕业设计（论文）质量，提升学生的创新意识、实践能力和社会责任感；构建教学平台，促进资源共享，推动教育转型发展；健全体制机制，规范教育管理，提高服务水平。

（二）科学研究与成果等情况

2019年，学校获批继续教育科学研究项目5项，其中"公路交通行业非学历继续教育教学改革研究与实践"获批陕西省重点攻关项目。

七、问题与对策

（一）存在的主要问题

学生主要为三大行业在职和从业人员，工学、家学矛盾突出、主动学习意识不强、工作单位支持力度不够等，影响了学历继续教育的办学质量；受高等教育大众化、多元化、办学模式单一等社会因素的影响，学历继续教育招生规模出现萎缩态势，缺乏有效政策支持；现代信息技术尚未完全融入继续教育教学、管理和支持服务之中，教育资源开放共享程度和信息化建设水平与社会发展需求不相适应。

非学历继续教育尚未形成完整的培训体系，培训项目的模块化、信息化和制度化建设还有待加强；产学结合力度欠缺，产教研用协同机制的前瞻性、创新性和开放性有待提升。

（二）发展对策

创新体制机制，充分激发职工活力，推动继续教育综合改革，提高继续教育办学水平和服务能力，为经济社会发展与学习型社会建设做贡献。

规范办学行为，提高人才培养质量，增强学生的适应能力、竞争能力、创新能力、实践能力和社会服务能力。

依托信息技术，创新教育教学模式，加强对网络学习和课堂教学等要素进行优化选择和组合，推进网络教学与传统面授相结合的人才培养模式，实现信息技术和传统继续教育的深度融合。

立足协同发展，推动教育观念更新，实现以学历继续教育为主向学历继续教育和非学历继续教育并重的教育模式转变、以课堂教学为主向课堂教学和网络教育相结合模式转变、以学籍管理为主向以课程与学分管理为主转变、以注重规模发展向更加注重内涵与质量发展转变。

西北大学继续教育发展报告

一、总体情况

（一）学校概况

西北大学肇始于1902年的陕西大学堂和京师大学堂速成科仕学馆。现为首批国家"世界一流学科建设高校"，国家"211工程"建设院校、教育部与陕西省共建高校。现为教育部高等学校继续教育示范基地，陕西省继续教育学会副会长单位。

（二）继续教育办学定位

坚持融合发展的办学定位，将举办继续教育作为全校事业发展的重要组成部分，成为提供社会服务、扩大学校影响力的重要渠道。坚持"以质量求生存，以特色求发展"的办学理念，按照"适应需求，发挥优势，加强管理，保证质量"的办学方针，探索完善产学研相结合的发展模式，实现继续教育持续可协调发展，为构建终身教育体系和学习型社会贡献"西大力量"。

（三）继续教育办学体制与管理机制

学校继续教育学院承担学历继续教育的具体办学，统一管理全校的非学历继续教育，校内其他二级院系、培训基地亦有开展非学历继续教育。形成了以继续教育学院为主导，专业院系为主体的继续教育管理运行体系。

二、专业设置

（一）学历继续教育专业设置情况

我校学历继续教育包括函授和业余两种形式，现有52个专业，其中"专升本"专业31个，"高起专"专业18个，"高起本"专业3个。涵盖了文史类、经济管理类、理工类、法学类、中医药类、艺术类等六大科类。2019年度学历继续教育专业新增了物联网工程、地质学、播音与主持艺术、视觉传达设计、环境设计5个专升本专业，撤销了汉语等8个"高起专"专业。至此，我校学历继续教育专业进一步与全日制专业相衔接。

（二）人才培养方案制定及调整情况

2018年，根据各专业自身发展特点，函授站点教学实际情况，对部分专业增加了实践环节的课时，将实习实训环节纳入人才培养方案中；2019年，组织相关院系专家学者对新增的物联网工程等5个专业的人才培养方案进一步进行了细化。进一步加大混合式教学模式力度，对所有专业线上教学课程与学时进行了调整，线上学习覆盖面逐步提升，在保证教学质量的前提下，有效解决了学生的工学矛盾。

三、学生情况

（一）学历继续教育学生总体规模情况

截至 2019 年 12 月，学历继续教育招生 7475 人，其中：专科起点本科层次 5203 人，高中起点本科层次 115 人；高中起点专科层次 2157 人。2019 年我校学历继续教育在校学生 7119 人，毕业生 825 人。在校人数 7119 人中：男生 2908 人，女生 4211 人，女生占比 59.15%，男生占比 40.85%，女性学生略高于男性。在校学生 21～40 岁及以上占到学生总人数的 90%，说明在职人员对学历继续教育需求强劲。

（二）人才培养模式与教学基本情况

我校学历继续教育自 2015 年开展"线上＋线下"的混合式教学实践活动。2019 年，学校加大对专业课的线上教学，网络课程平均覆盖率从 40% 提升到 70% 左右。进一步优化课程教学内容、课程教学手段、课程考核方式等，充分利用信息化教学技术，形成优质课程资源和教学体系。自开展"线上＋线下"混合式教学实践以来，先后有 1.3 万余名学生在信息化的教学过程中受益，并取得良好成效。

四、质量保证

（一）制度建设

2019 年学校继续教育学院重新编印了《西北大学函授教育管理文件汇编》，修订了《学位申请指导手册》《西北大学学历继续教育教学过程实施细则》等相关文件，进一步完善了学历继续教育管理规章制度体系。

（二）师资保障

学历继续教育采用线上线下混合式教学模式，线上课程主要由西北大学依托校内各院系教师进行主讲，授课专兼职教师 52 人，辅导教师 4 人，管理人员 32 人。授课教师教授 18 人，副教授 19 人，高级工程师 2 人；线上课程辅导教师均由中级职称以上教师承担。

（三）教学及支持服务保障

学历继续教育学习分为线上线下两个模块。线上课程均配有辅导教师，负责课程问题答疑、组织线上讨论等学习活动，根据教学进度分批次发布作业测试，确保每门课程每学期不少于 3 次作业。线下课程由函授站负责完成，教学计划、授课教师资质等由学校继续教育学院审核，期末考试向继续教育学院提交不低于 3 套的试卷，由学院抽取并修订，最终形成试卷，组织考试。

(四)函授站(点)管理

一是规范办学行为,化解办学风险,完善继续教育管理制度,建立良好的办学秩序;二是优化学历继续教育工作职能和工作流程,细化各岗位职责,强化内部人员配置,推进继续教育标准化、规范化管理;三是严格规范函授教育校外站点考核工作,建立完善进退机制。继续教育学院领导班子成员及职能部门负责同志不定期检查并指导函授站工作。

五、教育培训

(一)总体规模

我校非学历继续教育办学主体呈多元格局。现有7个国家级培训基地、23个省级培训基地、多个校企合作培训基地和校内培训基地,分属不同院系和单位管理。我们与国家部委、省市党政部门、群众团体、中央大型企业和省级骨干企业、非政府组织和非营利组织均建立了广泛的人才培训合作关系。2019年度总计开班245次,培训23500余人次。在招生方式上,根据不同的培训对象,采取委托招生或社会招生。在教学上,主要以面授为主,混合式教学为辅。

(二)培训模式

学校积极创造机会搭建平台,引入外部资源,促进校内外合作,加大产培研结合的培训模式力度,实现校地、校企、校校共同发展。充分发挥与地方联系紧密和就地就近的地缘优势,与省市县各级党政部门、多个行业和企业建立了长期的战略合作和人才培养合作关系,先后成立了陕西"丝绸之路研究院""秦文明研究院"和"大陆动力学国家重点实验室"等研究机构,大力推动产培研一体化。

六、特色创新

学历继续教育方面,继续坚持信息技术与教育教学深度融合的核心理念,加大投入,开发数字化课程资源,完善教务管理平台和网络教学平台建设。现有课程资源873门,网络教学覆盖率显著提升,进一步缓解成人学员的工学矛盾。非学历继续教育围绕历史文化、红色文化、经济文化等方面建立了多处实践教学基地,采用课堂教学和实践教学相结合,以互动式、案例式、体验式、讨论式等多种教学方式,以需求为导向准确的呈现教学内容,充分调动学员的学习主动性。

七、问题与对策

(一)存在的主要问题

学历继续教育方面:一是办学资源分布还不够均衡,当前我校函授教学站点还主要集中在西安市内,省内其他地市教学站点分布较少,省外函授教学站点还存在很大"真空地带";二是聚焦优势和特色学科不够,一定程度上缺乏社会竞争力强的品牌专业,在专业设置上还不能完全符合地方经济建设和社会发展的需要;三是在过程管理中精细化程度还不够,内部治理能力有待进一步提升,对于函授教学站点的监督、考核等管理体系还不够健全。

非学历继续教育方面:一是在人员配备、专业化建设等方面的投入不足,体制机制灵活性不高,适应社会和市场需求的办学成效不够突出;二是我校非学历继续教育规模偏小,特色不够鲜明的情况还较为突出;三是培训课程体系和资源建设共享能力不足,培训项目的管理、运行和服务能力总体还较为薄弱。

(二)发展对策

学历继续教育方面:平衡学历继续教育站点布局,争取能覆盖到省内的每个地市和省外高等教育相对薄弱的区域;改革和完善学历继续教育专业建设及课程设置,进一步优化课程教学内容、课程教学手段和课程考核方式等,利用信息化教学技术,逐步形成优质课程资源和教学体系;加大学校职能部门对教学站点的巡检力度,建立健全准入和淘汰机制,逐步形成权责明确、管理规范、运行高效的办学机制。

非学历继续教育方面:着眼于继续教育服务学校"双一流"建设大局,深化国内、国际交流与合作,引导和鼓励举办非学历教育的院系开发具有市场适用性和竞争力的培训项目,实施"一院一品"战略,逐步打造我校高层次培训品牌,实现社会效益和经济效益双丰收。

西安理工大学继续教育发展报告

一、学校情况

（一）学校概况

西安理工大学是中央与地方共建，陕西省重点建设的高水平大学，是国家中西部高等教育振兴计划——中西部高校基础能力建设工程实施院校，陕西省"国内一流大学建设高校"。学校是我国西北地区水利水电、装备制造、印刷包装行业高级专门人才的重要培养基地和科研中心之一。学校建有金花、曲江、莲湖3个校区和1个大学科技园。有教职工2600余人，其中高级职称890余人。西安理工大学成人高等继续教育始办于1958年，是承担成人高等继续教育较早的院校之一。

（二）总体规划与办学定位

学校坚持以习近平新时代中国特色社会主义思想为指导，全面贯彻落实党的十九大、十九届二中、三中、四中全会和全国教育大会精神，高度重视继续教育工作，紧密围绕"十三五"奋斗目标，聚力"双一流"建设，扎实落实立德树人的根本任务，坚持目标、问题和需求导向，主动适应行业和区域经济社会发展的需求，"立足陕西，服务西部，面向全国"，为装备制造业和水利水电等行业建设和发展提供人才和智力支撑，培养具有良好职业道德和创业精神的应用型技术人才。

二、专业设置

（一）学历继续教育专业设置情况

学校高等继续教育有函授、业余两种学习形式，设有高起专、高起本、专升本三个层次。共有71个专业，其中高起专专业16个，高起本专业25个，专升本专业30个。专业设置突出机械、电气、土木、水利水电、印刷包装、管理工程、计算机等专业特色。

（二）学历继续教育专业调整思路及进展

学校制定了继续教育专业建设规划，结合学校优势学科和特色专业，结合行业发展和产业结构调整，基于"互联网+""中国制造2025""一带一路"等国家重大战略，主动对接国家和地方经济社会发展需求进行专业调整和建设，积极布局人工智能、大数据等战略性新兴产业相关专业，优化专业布局，加强专业内涵建设。2019年我校继续教育获批新增专业5个，分别是车辆工程（专升本）、新能源科学与工程（专升本）、物联网工程（专升本）、城市地下空间工程（专升本）、城市地下空间工程（高起本）。

三、人才培养

（一）学历继续教育情况

截至 2019 年底，学校继续教育在学人数共 19253 人，其中高起本 1284 人，高起专 14841 人，专升本 3128 人。专业分布：法学类 152 人，占比 0.79%；理工类 16146 人，占比 83.86%；管理类 2859 人，占比 14.85%；艺术类 96 人，占比 0.5%。

2019 年，学校继续教育共招生 12029 人，其中函授教育招生共 11844 人（高起本 406 人，高起专 7624 人，专升本 3814 人），业余教育招生共 185 人（高起本 60 人，专升本 125 人）。陕西省内招生 9961 人，省外招生 2068 人，省内外招生比例为 4.8：1。

2019 年，学校继续教育毕业生共有 2949 名，其中函授 2677 人（高起本 78 人，高起专 2033 人，专升本 566 人），业余 272 人（高起本 107 人，专科 24 人，专升本 141 人）。全年授予学位 79 人。

学院积极推进继续教育在线教育平台建设，并于 2019 年正式投入使用，初步实现了我校继续教育由传统面授模式向"在线学习＋线下面授"的混合式教学模式的转变，满足了成人学生"人人可学、处处可学、时时可学"的需求，解决了教师资源不足、学生工学矛盾突出等问题，使我校继续教育教学管理信息化水平得到了明显提升。

（二）非学历继续教育情况

非学历继续教育主要是针对行业系统进行的教育培训，实行面授教学，在教育教学过程中，坚持立德树人，重视学员思想政治教育，提高培训学员自身修养、专业素质和综合管理等方面的能力。2019 年我校当选为陕西省退役军人教育培训联盟理事单位，全年完成非学历教育培训 220 人，达到预期效果。

四、质量保证

（一）制度建设

学校先后制定了函授站管理、质量管理、考试管理、学位授予、自学考试管理、招生管理、学生管理以及其他管理文件等八个部分 56 个文件，保障了继续教育办学、运行和管理体制机制的健康有序运行。

（二）师资保障

充实继续教育师资库，形成一支结构合理、师德高尚、业务能力强、充满活力和富有创新精神的高素质教师队伍，较好地保障了高等继续教育人才培养目标的实现。2019 年，学校聘任专兼职授课、辅导教师共 1185 名，其中正高职称 42 人，副高职称 302 人，中级职称 723 人，其他 118 人。

（三）资源建设

结合专业特色和学科优势，所有课程的教材优先选用国家规划教材、获奖教材和新版教材；建立了教材使用信息反馈机制，加强了对教材选用的监督，保证了教材质量和教学效果。

提高继续教育的现代化水平，学校继续教育在线学习平台（文才学堂）于2019年正式使用，目前我校在线学习平台课程资源总覆盖率达到81.74%。

（四）质量管理和评估

加强招生工作的规范管理，与各函授站签订规范办学承诺书，严格要求各函授站不得委托社会中介机构和其他社会人员招生，对各函授站的招生工作进行监控。

成立学院教学质量督导专家组和高等继续教育教学指导委员会，加强对教学工作的宏观指导与质量监控。推进函授站联系人制度和"首问负责制"，为函授站点和学生做好服务。

严格考试纪律，制订考试工作安排，成立考试巡查工作组，院领导亲自带队巡视检查。

规范毕业资格审核、学位申请资格审核等管理过程，程序公开、结果公示。

陕西省教育厅分别于2010年、2016年进行了全省继续教育校外教学站点检查评估工作。我校继续教育工作得到省教育厅的肯定，两次检查均为合格。2019年，我校所有函授站均通过当地教育主管部门的备案审查。

五、社会贡献

学校继续教育坚持服务社会、满足人民需要，扩大招生规模，提高教学质量，注重行业与企业需求，并与国家发展战略需求相结合，积极服务"一带一路"，服务"中国制造2025"，服务西部发展。

学院积极参与扶贫工作，充分发挥汉中略阳县天津职教中心和安康育英中等职业学校两个陕西高校农民培训基地的作用，积极开展脱贫致富技能培训，开展健康知识培训和送温暖活动，助力当地脱贫攻坚。学院在略阳县白雀寺镇何家坪村对接帮扶户1户，切实解决帮扶户生产生活等各种问题。学院教师与2名家庭经济困难学生结对帮扶，关怀学生学业、就业等困难。

六、特色创新

（1）2019年，学校为适应在职人员继续学习的需要，按照教育现代化理念和办好人民满意的高等教育为宗旨，积极推进"在线学习+线下面授"的混合式教学模式改革，线上学习平台正式使用。为学生提供了更好的学习方式，实现学生"人人可学、处处可学、时时可学"的需求，解决了成人学生的工学矛盾。

（2）以教育质量为生命线，加强我校函授站规范管理，提高教育教学质量，2019年，依据《陕西省高等继续教育校外教学站点建设标准》，学院分别对11家函授站点进行了教学检查评估，确保我校继续教育持续健康发展。

（3）积极开展教育教学改革项目研究工作，提高管理水平。2019年完成了《高等继续教育质量监控评估体系构建研究》结题工作；获批陕西省高等继续教育教学研究改革项目立项3项，陕西省高等继续教育学会重点研究项目1项。

七、问题挑战

（1）随着函授站点的增多，学生规模扩大，继续教育教学管理任务成倍增加，个别站点管理不规范，总体存在质量风险和安全稳定风险。

（2）学校社会培训资源和校内培训条件不足，培训资质缺乏，缺乏竞争力，非学历教育还未形成规模。

（3）继续教育的运行机制、激励机制需进一步加强和改善，在新的形势下，如何实现继续教育的可持续发展，需要学校高度重视并认真研究对策。

八、工作思路及措施

（1）健全制度，建立长效机制。进一步完善各种规章制度，保证继续教育各项工作有章可循，教育教学现代化，管理服务规范化，改革创新常态化。

（2）控制成人招生人数，稳定规模，优化生源结构。

（3）推进在线教育平台建设，建设灵活的、符合成人学生实际的教育教学模式。

（4）拓展思路，积极开发具有我校特色的培训项目，努力扩大非学历教育的规模。

（5）在十四五规划中，进一步明确继续教育的办学定位，改善继续教育办学条件，完善运行机制和激励机制，提高办学质量。

西安建筑科技大学继续教育发展报告

一、学校继续教育概况

西安建筑科技大学于 1956 年由原东北工学院、西北工学院、青岛工学院和苏南工业高等专科学校的土木、建筑、市政系（科）整建制合并而成，为我国著名的土木、建筑"老八校"之一，是一所以土木建筑、环境市政、材料冶金及其相关学科为特色，以工程技术学科为主体，工、管、艺、理、文、法、哲、经、教等学科协调发展的多科性大学。现为"国家建设高水平大学项目"和"中西部高校基础能力建设工程"实施院校、陕西省重点建设的高水平大学、教育部、陕西省和住房城乡建设部共建高校。

学校于 1957 年开始创办成人高等教育，为我国举办成人高等教育较早的院校之一。六十年的办学实践，使学校在成人高等教育的教学和管理方面都具有一定的水平，在社会上享有较高的声誉，培养出来的本、专科毕业生 8 万余名，分布于全国各地，成为生产和管理岗位上的骨干。近年来，依托于学校的办学理念及资源优势，成人高等教育发展迅速，已初步形成多层次、多形式、多规格的成人高等教育网络结构。继续教育学院全面负责学校成人学历教育、非学历教育的教学及行政管理工作，在全国各地设立 30 余家函授站。

二、办学规模与专业设置

（一）学生规模

学校坚持办学规模与办学能力相适应，现有函授、业余两种类型，高起专、专升本、高起本三个层次。2019 年，在籍学生 11383 人，其中本科 1705 人、专升本 5439 人、专科 4239 人。2019 年学历继续教育招生 5180 人，省内招生 1309 人，省外招生 3871 人，其中本科 601 人、专科 2072 人、专升本 2507 人。

（二）专业设置

1. 专业布局

继续教育专业设置坚持以普教专业为依托，以市场需求为导向，科学进行专业设置，发挥学校优势学科，强化特色专业的建设和调整，以工程学科为主体，以建筑、土木类学科为特色，兼有管理、机械、电气、冶金等学科。2019 年，我校学历继续教育共设置专业 36 个，其中高起本专业 10 个，专升本专业 15 个，高起专专业 11 个。

2. 专业调整机制

学校立足区域经济重点产业需求，建立了与行业企业紧密结合的专业设置和专业布局调整机制。根据服务面向定位，加强对增设专业、调整专业、开设专业方向的管理监控。同时及时收集地方和行业主管部门发布的人才需求信息，根据区域产业发展需要，积极主动增设社会急需的新专业，调整或淘汰与经济发展不相适应、社会需求不足的专业。2019 年，根据近年来招生情况及人才市场的需求，对招生专业进行了全面的调整，重点突出行业特色，并集中力量办好优势本科专业。

3. 特色专业建设

学校高度重视专业建设，以内涵建设带动外延发展作为学校继续教育工作指导方针。学校以土木工程、工程管理、建筑学等特色专业建设为契机，深化教学改革，2016 年和 2019 年先后两次对 35 个专业的教学计划进行了修订和完善，建立了符合成人教育特点、符合人才培养目标、专业定位科学的成人教学管理体系。通过特色专业建设的示范作用，带动其他专业的发展，提升我校成人高等教育的整体水平，为社会提供良好的服务，创造良好的社会效益。

三、质量保证

学校建立完整的教学质量监控与保障体系，主要包括三方面：外部教学质量监控，内部教学质量监控与保障，问题的跟踪反馈机制。

（一）外部监控

以评估和年检为契机，不断强化继续教育宏观指导和质量监管。2019 年，圆满完成了陕西、安徽、甘肃、河北、新疆、湖南、江苏等省级教育主管部门对我校 16 家函授站进行的年检年报备案工作。11 月，接受并通过浙江省教育厅高校成人学历教育管理情况检查调研的专项检查。

（二）内部监控与保障

1. 组织与制度保障

成立由主管校领导牵头，由学院领导班子和相关职能部门的管理人员组成的教学质量监控与保障工作组。为保障教学质量，学院制定了《西安建筑科技大学函授教育教学管理实施细则》《西安建筑科技大学函授教学工作要求与规范》《西安建筑科技大学函授教学环节实施细则》和《西安建筑科技大学关于开展函授站评估工作的通知》等，实现教学管理过程全覆盖的制度管理，保障教学过程的顺畅运行。

2. 坚持课堂教学质量评价工作

坚持给学生和授课教师发放教学质量评估表和教师自查表，了解学生和教学情况，不断提高教学质量。2019 年召开 1 次函授站长会议、1 次评估检查工作会议，1 次教学管理人员会议，6次教学督导组会议，安排部署教学改革和建设工作。

3. 教学督导制度

为提高教学质量，学校建立督导制度，采取随堂听课、调研、召开座谈会、教学检查、通报等方式，范围覆盖至全部函授站。

4. 开展日常教学检查

开学初组织相关人员进行学生到课率检查，期末进行考试环节检查，平时对教学状况进行随机抽查，并将各教学环节的集中检查贯穿于整个学期。

（三）问题的跟踪与反馈

学校实施教学检查动态通报制度，对检查中发现的问题，及时通报并督促整改，保证了教学活动的有序开展。

四、教育培训

（一）学历教育

学校以服务行业与地方经济社会发展为己任，主动融入国家发展战略，以高素质的应用型人才为培养目标，根据社会需求，以校企合作、工学结合人才培养模式创新为基础，不断推进网络自主学习与线下课堂面授相结合的教学模式，同时落实自学、面授、作业、答疑辅导、实验、实习、课程设计、考核、毕业设计及答辩等函授教学环节，提高教学质量，取得了良好的教育教学效果。

继续教坚持教育立德树人，注重学生理想信念教育。依托学校思政课程资源，开展思政课程实践活动，激发学生的学习兴趣和对思想政治理论课的获得感；强化思政课程建设，推动知识体系向价值体系转化；重视专业课程思政渗透，将立德树人融入专业教育教学过程中。同时组织社团联谊活动、优秀毕业生返校讲座、参加文体活动等，培养学生的团队意识、职业素养，提高学生的综合素质和能力，将德育渗透于各项素质教育活动，引导学生在实践中树立正确的世界观、人生观、价值观。

（二）非学历教育

1. 主动适应非学历教育转变

学校充分发挥土木、建筑、环境、规划等学科优势，与中国冶金科工集团、中国建筑材料集团、酒钢集团、海螺集团、首建集团、陕西煤业化工集团等大型企业合作，针对不同行业、层次和专业需求，构建企业非学历教育培养模式，开发了乡村振兴、特色小镇、人居环境、城市管理、节能减排、环境保护等培训项目，主动适应企业发展对继续教育的需求。

2. 坚持高质量完成政府委托的培训任务

作为陕西省干部教育培训高校基地之一，针对区域经济发展的实际需要，紧紧围绕服务地方经济建设的目标，在"分类推进、因材施教"的教学原则下，不断完善培训内容和培训形式，推进教材建设，培训效果不断提升。

3. 主动开发符合社会发展需求的中高端培训项目

面对行业发展前沿，主动开发了BIM（建筑信息模型）、PPP（政府与社会资本合作）、校舍安全管理等中高端的培训项目，并成为中国图学会、中国建设教育学会的全国BIM证书考点。同时，与西班牙高等教育联盟合作，成立西北地区西班牙语培训中心和认证中心，为非学历教育的发展搭建了更宽阔的平台。目前正与中国冶金学会合作，共同构建行业培训平台。

2019年，累计完成各类培训42期，培训总人数5242人。其中政府干部培训11期，培训人数403人；企业定制培训21期，培训人数1193人；行业资格培训10期，培训人数3646人。

五、特色创新

（一）改革管理手段，引进远程网络管理系统

2016年学校建立的数字化远程教学管理平台，运用数字化、信息化教学手段，建立了集中面授与远程授课相结合的教学模式，有效缓解了工学矛盾，并为教学管理提供了更高效的手段。目前，网络教学平台已融合网上学习、教务管理、学籍管理、成绩管理等功能，为后期的教学改革提供了更好的条件。

（二）发挥专业优势，非学历教育有声有色

优化整合学校优质教学资源，充分发挥土木、建筑、市政、环境等学科的专业优势，加强与地方的深度合作，提升继续教育整体服务能力。引进现代化网络管理手段、争取高层次培训项目等方法，不断提高非学历培训的管理质量与水平。

（三）建立学校内部函授站评估制度

2018年为进一步加强我校高等继续教育的管理，规范学历继续教育的办学行为，提高教育质量和水平，促进高等继续教育的健康发展，学校启动函授站评估检查工作。

学校制定下发《西安建筑科技大学关于开展函授站评估工作的通知》和《关于开展西安建筑科技大学继续教育学院函授站评估检查工作实施方案》等文件，借鉴政府评估检查方案，并结合函授站的实际，建立了内部评估指标体系。通过评估，促进了教风、学风，同时引导各函授站进一步明确了办学指导思想，自觉建立教学的自我约束和保障机制。

六、问题与对策

（一）主要问题

由于高等教育自学考试、电大开放教育和远程网络教育等其他教育形式的冲击，导

致高等继续教育学生规模逐步减少，生源质量下降。高等继续教育学历教育"普教化"现象严重，不能体现继续教育特点。继续教育学生是在职学习，兼顾工作和学历，工学矛盾问题突出。

（二）发展对策

1. 工作思路

立足陕西，面向全国，以服务建筑、冶金行业为重点，巩固成人学历教育的主体地位，积极发展非学历教育，深度参与学生培养过程，不断增强继续教育的社会和经济效益。

2. 工作目标

面向学习型社会建设和个人终身学习的需要，建立与时俱进的继续教育体系，成为西北地区推动行业进步和区域社会经济发展的重要人才培养、培训基地，并搭建促进陕西地方高校继续教育事业发展的创新平台。

3. 保障措施

充分发挥学校办学优势，根据社会需求及专业开设权限，组织调研，组织申报新专业；进一步修订完善继续教育教学管理规章制度，优化人才培养方案，以适应继续教育服务对象的特点；加强教学资源建设，满足在职学生学习需求，保证教育教学质量；加大教育质量的监管力度，强化面授教学、学生自学和课程考核等过程监管，实现动态管理，严控办学风险。

充分发挥学科传统优势，积极拓展培训项目。继续加强与政府、企业合作，巩固和扩大培训项目；面向行业前沿，主动开发中高端的培训项目。面向社会和境外，探索建立社区学院，开发对外交流项目。加快推进网络培训模式，扩大培训规模。培训工作要在模块打造、师资配备、管理服务等方面逐步形成科学有效的体制机制，使培训工作取得更好的社会效益和经济效益。

陕西科技大学继续教育发展报告

一、办学定位

陕西科技大学是我国西部地区唯一一所以轻工为特色的多科性大学，是国家"中西部高校基础能力建设工程"建设高校，是"十二五"期间陕西省重点建设的高水平大学，是陕西省"国内一流大学建设高校"，是陕西省人民政府与中国轻工业联合会、中国轻工集团公司共同建设的重点高校。学校创建于 1958 年。学校设有包含教育学院（继续教育学院、职业技术学院）等 15 个学院（部），有博士后科研流动站 3 个，博士学位授权一级学科 4 个、二级学科 20 个，硕士学位授权一级学科 19 个、二级学科 88 个，本科专业 60 个。在近六十年的发展历程中，陕西科技大学培养了 15 万名优秀人才。

继续教育学院是陕西科技大学成人学历教育的主办单位，依托学校雄厚的教学资源，从事成人全日制、夜大、函授等学习形式的本科、专科、专升本学历教育，拥有学士学位授予权，涵盖理工、文史、管理、艺术等多学科 57 个专业，同时联合开展远程教育，承担陕西省自学考试两个专业的实践环节考核。继续教育学院校本部建筑面积 1972 平方米，办公面积 970 平方米，多媒体教室 3 间，教室 9 间，微格教室 3 间，机房 5 间（252台），报告厅 1 间。至今已培养本、专科类成人高等教育毕业生 2 万余名。

我校继续教育学院作为一个二级学院，在学校授权范围内自主管理，统筹协调学校各专业面向社会服务。我校继续教育学院（继续教育学院和职业技术学院合并办公）提出的十三五规划目标是："十三五"期间，全日制职教师资在校生保持在 600 人，在职研究生稳定在 300 人，中等职业学校教师培训年培训能力 300 人；继续教育每年举办行业培训五期，各类短期培训班三期，培训能力 450 人，组织国家社会考试两次，参加考试人数突破万人。形成职业教育与继续教育协同发展，职业教育以在职研究生培养、全日制职教师资本科培养、职业学校教师培训"三位一体"模式，纵深发展。继续教育以行业培训、网络培训、自学考试为主渠道，横向发展。构建职业教育与继续教育融合，体现终身教育理念，符合时代特征，多元立交的发展格局。

二、学历教育

按照我校高等继续教育发展规划，妥善处理规模、质量、效益之间的关系，认真分析成人学历教育趋势，规范教学管理以保证教学质量和学校声誉。我校积极调整发展方向的同时于 2015 年开始暂停了高等继续教育招生工作。我校高等继续教育目前在籍学生 448 名，其中本科 169 名，专科 265 名，专升本 14 名，分布于陕西、广东深圳、新疆、安徽、宁夏和内蒙古等地，2020 年 1 月毕业学生 217 名，分布 4 个省 7 个函授站点。我校高等继续教育严格执行上级有关文件，规范管理，保障我校在籍学生的教学质量和个人权益，严格执行学费收缴财务制度。学院针对教学管理工作设立多项研究课题，创新探索非学历教育培训模式、课件资源和在线教学平台开发，结合我校专业特色研究探索继续教育新模式。

三、非学历教育

我校继续教育学院依托各二级学院专业特色服务社会，利用我校中职骨干教师国家级和省级培训基地平台，按上级要求承担国家和省级培训，同时拓展培训服务面，承接各类地方单位培训任务，开展委托和对口扶贫培训，通过这些培训实现了依托自有资源自主开发培训项目的尝试，各项培训工作组织得力，效果良好，获得上级单位、委托单位及学员的一致好评。2019 年主要培训工作有 15 项，共计培训 643 人。培训班次见下表：

表 1　2019 年非学历教育培训项目汇总表

序　号	项目名称	专业名称	人　数
1	云南卓越校长骨干	中高职骨干校长	30
2	陕西卓越校长骨干	中职骨干校长	30
3	2018 陕西中职学校创新项目	班主任培训	27
4	2018 年度陕西省职业院校教师素质提高计划"双师型"教师专业技能培训	计算机应用技术（高职）	26
5	2018 年度陕西省职业院校教师素质提高计划专业带头人领军能力研修	物流管理专业带头人领军能力研修（高职）	26
6	陕西省中等职业学校教师培训	信息技术应用能力	46
7	陕西省中等职业学校教师培训	班主任培训	93
8	张掖职教中心教师教学能力提升培训	骨干教师	31
9	临清工业学校中层干部培训	中层干部	26
10	张掖职教中心教师教学能力提升培训	骨干教师	31
11	汉中市优秀科技干部能力素养进修班	科级干部	39
12	汉中市中青年干部培训班	科级干部	47

续　表

序　号	项目名称	专业名称	人　数
13	南郑区非公企业和社会组织负责人、党组织书记、党建指导员培训	党组织书记 党建指导员	51
14	延安市中等职业学校校长教师高级研修	校长、专业教师	40
15	铜川市印台区"中小学教师信息技术应用能力"提升培训	教学能力	100

四、社会贡献与改革创新情况

做好已有各项服务工作。强化自学考试主考院校的服务意识，认真完成上级安排的各项工作；精心组织全国计算机等级考试，保持年报名考生5000人左右；细心做好学历教育在籍学生教学服务，确保学生正常学习；做好与西交大合作的远程网络教育学生各项管理服务；不断加强硬件投入，完善计算机等级考试软硬件环境，2019年投入9.7万元升级教育考试网上巡察系统，确保计算机等级考试顺利进行，促进继续教育顺利转型。

积极推进教学改革研究。2019年我校积极推进高等继续教育教学改革研究，按期结题省级继续教育教改项目两项，申请获批省级继续教育教改项目两项，在建省级高等继续教育特色专业一项。

积极推进学历教育向非学历教育的转型。探索非学历教育模式的社会培训，2019年度培训15项，共计培训643人。我校非学历教育工作思路是：依托国家级中职骨干教师培训基地，创新培训模式，开展"模块化、专题型"的职业学校教师培训。以提升职业学校教师教学能力为核心，推进专项培训试点，以信息技术应用、专业技能提升、专业教学法等培训为切入点，实施"小班化、多元式"培训，形成信息技术应用，专业技能提升，专业教学法，班主任工作等多个专题培训模块。同时加强培训研究，破解工学矛盾，延伸培训链，积极开展在线网络培训试点，打造专业培训团队，形成一批优势培训项目，扩大我校非学历教育规模和提升学校服务社会的声誉。

五、问题与对策建议

高等继续教育伴随我国经济高速发展，目前面临问题：

（1）传统的教学模式已难以满足快节奏经济社会在职人员学习需求。

（2）如何利用学校资源，为企业、社会、地方提供所需的技术培训服务。

我校高等继续教育工作思路和发展目标是：谋划发展创新，推进学历教育向非学历

教育的转型,加快内涵建设,丰富培训平台资源。今后工作重点有以下三点:

(1)关注陕西省高等继续教育学历教育改革情况,做好自学考试专业相关工作,稳定社会考试规模,强化非学历教育模式探索,积极开发微课件资源,不断充实培训教学平台。

(2)探索校企合作,创新社会培训,突出专业学院专业特色,理清我校行业优势,推动非学历教育培训模式创新,扩大培训基地建设。

(3)适应新技术发展需求,结合培训项目,依靠我校专业特色,建设服务于学历教育、非学历教育培训的网络教学平台,逐步丰富教学平台的课程资源库,不断规范培训项目管理的方法和制度。

在学校党委、行政的正确领导和相关学院的积极配合下,继续教育学院教职员工共同努力,一定能够抓住机遇,克服困难,应对挑战,使我校的高等继续教育工作更上一层楼,为社会和地方经济做出应有贡献。

西安科技大学继续教育发展报告

一、总体情况

西安科技大学继续教育高举中国特色社会主义伟大旗帜，以习近平新时代中国特色社会主义思想为指导，全面贯彻党的教育方针，坚持社会主义办学方向，落实立德树人根本任务，"不忘初心、牢记使命"，按照《党的十九大报告》"办好继续教育，加快建设学习型社会，大力提高国民素质"的总体要求，围绕学校"全力打造具有行业特色的一流本科教育"的发展目标。遵循《西安科技大学章程》中"大力开展继续教育"的总体部署，学校对继续教育的总体规划为：积极适应国家对继续教育的发展要求，立足行业、彰显特色，面向社会培养适应煤炭行业和区域经济社会发展需要的应用型技术人才，增强社会服务能力。

按照学校"十三五规划"中"稳步发展学历继续教育，积极拓展非学历继续教育，加强继续教育内涵建设"的整体要求。继续教育办学定位为：成人学历教育和非学历培训教育并重、质量和效益兼顾，优结构、拓生源、稳规模、提质量。坚持走以校企合作为途径、以煤炭主体专业为中心、以新兴产业为发展点的创新发展道路，不断强化内涵建设，凸显行业特色，优化专业结构、优化人才培养体系，建设一个涵盖理、工、管、文、艺等学科门类，具有专升本、高起专、高起本等办学层次，规模稳定、管理规范、结构合理、特色鲜明的现代化继续教育体系。

二、专业设置

（一）学历继续教育专业设置情况

学校目前设有本专科专业 52 个，其中高起本专业 20 个，专升本专业 21 个，专科专业 11 个。经过多年发展，形成了专业门类齐全、特色突出的办学体系，满足了煤炭行业和区域经济的发展要求。

（二）专业人才培养方案制订及调整情况

学校开办的所有专业人才培养方案至少每五年修订一次。2019 年学校启动新一轮继续教育人才培养方案修订工作，本次修订按照明确培养目标、准确定位成人教育、优化课程体系结构、体现学校专业特色的要求开展工作。本次培养方案修订包含 52 个成人教育专业，优化了培养目标和培养要求，整合了课程体系和结构，体现了课程类型和考核方式，加强了基础性教学和实践教学。

三、学生情况

（一）总体规模

学校成人高等教育的学习形式为函授，包含高起专、专升本和高起本三个层次，2019年各专业学历继续教育的招生人数、在学人数见图1、图2。

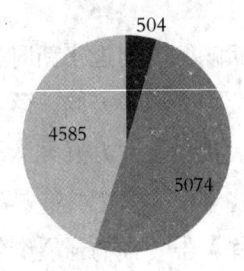

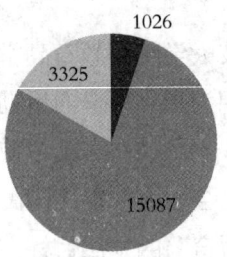

图1　各层次招生人数　　　　　　图2　各层次在学人数

（二）生源分析

学校在学学生按性别、年龄、民族、生源地、职业状况以及学习需求分析如图3—图8。

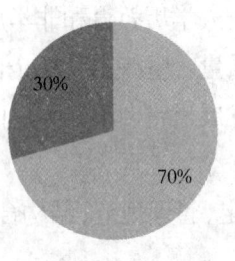

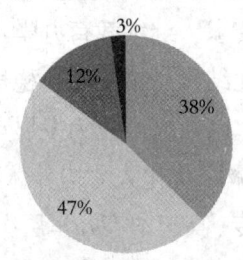

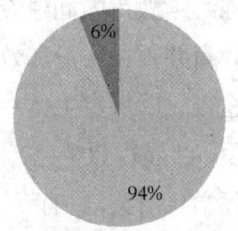

图3　在校生性别分析　　　图4　在校生年龄分析　　　图5　在校生民族分析

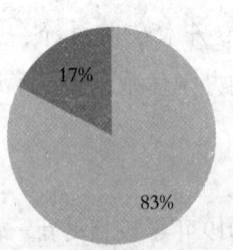

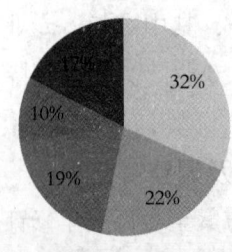

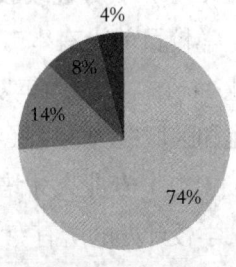

图6　在校生生源地分析　　　图7　在校生职业状况分析　　　图8　在校生学习需求分析

四、质量保证

（一）制度建设

学校建立了完善的继续教育规范办学与教学、管理体系，2019 年先后制定或修订了《西安科技大学继续教育教学委员会管理办法》《继续教育岗位工作流程》《西安科技大学培训工作管理办法》等一系列规章制度，对学校继续教育的管理体制、运行机制、办学行为、考核内容等方面进行了规范和界定，保障了继续教育工作健康有序运行。

（二）师资保障

学校继续教育具有相对稳定且质量较高的教师队伍，全部来自学校全日制各职级专业教师队伍，目前各个专业基础课程和主干课程都有自己的专业教师。同时，从各函授站也聘任了相当数量的具有教师资质的专业教师队伍。目前学校有专任教师 1300 余人，全部可以为继续教育服务，其中固定的授课教师共 146 人。继续教育学院有专职管理人员 19 人，函授站专兼职管理人员有 300 余人。学校定期开展函授站管理人员、教师培训，提高师资队伍业务水平。

（三）资源建设

学校共有 MOOC、SPOC 网络课程 132 门，各级精品资源共享课程 68 门，各类优质课程教学资源达到 1000 门以上。继续教育学员在学期间可以享受到学校优质的教学资源。2019 级函授学生全面实行公共课程在线学习，教师在线答疑的教学模式，有效解决了工学矛盾。

（四）校外教学站点建设与管理情况

目前我校在陕西、宁夏、青海、甘肃、新疆、内蒙古、四川、重庆、贵州、云南、山东等 11 个省（自治区、直辖市）建有函授站，形成了以陕西为中心、面向西北、辐射全国的高等继续教育发展模式。2019 年新建 3 个函授站，分别是山东东营函授站、宁夏银川春旭职业技能培训学校函授站、陕西神木职业技术学院函授站。

我校不断加强函授站管理，通过工作交流、专项检查、面授辅导及统一考试等深入函授站，检查和督促函授教学组织实施、师生到课率和课堂参与度等情况。2019 年深入函授站开展"不忘初心、牢记使命"主题教育工作调研，推进和落实"边学、边查、边改"要求检视问题、全面整改、逐项落实，推动函授站建设，提高教学质量管理，促进继续教育发展。

（五）学习支持服务

我校有数量充足规模稳定的教师队伍参与继续教育的面授、辅导、答疑、统考、毕业设计指导及答辩等一系列教学活动，同时有丰富的教学资源保证继续教育教学工作的有序开展。

2019年，学校网络教学平台进入全面运行阶段，并有手机app，方便学生在线学习和答疑。继续教育学院建有微信公众号"西安科技大学继续教育学院（xustjxjy）"，有专门的函授站管理qq群，同时要求函授站建立学生qq群或微信群，每个年级直属生也建有qq管理群。

（六）经费保障

我校继续教育办学资金的来源是学历继续教育的学费收入及非学历继续教育的培训费收入。学校支持继续教育发展，保证各项投入的落实，保障课程资源建设、教学平台运行及各项教学成本支出。

五、教育培训

学校依托安全监察监管学院（西安）、全国煤炭行业教育培训基地、陕西省专业技术人员继续教育基地和陕西高校农民培训基地等平台，面向各级政府应急管理系统、煤炭行业产业链和地方特色产业持续建设应急管理干部专业能力提升、煤矿主体专业技术人员能力提升、专业技术人员继续教育和地方特色产业扶贫等培训项目。培训采取委托招生，通过在校集中面授与送教上门相结合的培训方式提升相关行业人员专业技术能力。2019年开展各类培训50班次，培训3920人次，培训班次与人次较2018年分别增加6期与439人次。

表1　2019年培训项目基本情况表

培训项目	培训期数	培训人数	培训对象	培训模式
应急管理干部专业能力提升	22	1381	各级政府、企业应急管理人员	专家面授
煤矿主体专业技术人员能力提升	14	907	煤矿主体专业技术人员	面授＋现场
专业技术人员继续教育	5	1102	各行业专业技术人员	专家面授
地方特色产业扶贫	9	530	地方特色产业从业人员	现场教学

六、特色创新

（一）坚持地矿办学特色，多领域多层次共同发展

西安科技大学高等继续教育始终坚持为经济建设和社会发展服务的宗旨，始终坚持采矿、地质、安全学科为特色，努力延伸，开拓市场，拓宽到电力系统、金融、石化、地铁等领域，形成本科、专科、专升本、岗位培训、大学后继续教育等多规格、多层次、多元化的办学体系。

（二）构建"以需求为导向"的培训机制

学校非学历教育培训坚持以社会需求为导向，依靠学校深厚的行业底蕴，突出服务煤炭行业的品牌特色，对长期以来困扰煤炭行业继续教育的"工学矛盾"问题，积极创建在校集中面授和"送教上门"相结合的培训模式。

（三）开创继续教育教学"网络化"新模式

针对成人学员边工作边学习的特点，充分利用学院网络平台，完善函授站学员自学环节的管理，发挥网络优势，将优质课程上网，为学生提供方便快捷的学习平台，推进我校继续教育信息化建设，实施函授教育"网络化"，更好地服务于学员和函授站，不断提升教学质量和办学效益。

七、问题与对策

（一）存在问题

1. 招生受国家政策和行业环境影响，有所起伏

近年来，教育部限制或削弱专科专业数量及招生人数，对我校带来较大冲击，成人学历教育规模有可能面临收缩。另外近年来煤炭行业发展不够迅速，对我校主体专业采矿、安全、地质等影响较大。新专业申报的要求和门槛较高，有些热门专业因非本校专业或本校开设时间达不到硬性要求导致无法及时申报，也失去了比较好的发展机会。

2. 各类培训资质较少，培训市场拓展难度较大

我校非学历教育工作现有资质较少，在职业技能鉴定、职业资格考试、职业技能培训等领域拓展不足，相应的培训资质较少，安全生产培训主要工作对象集中在煤炭行业和危险化学品处理部分，新领域拓展不足，制约了非学历教育的进一步发展。

（二）发展对策

稳定成人学历教育规模，规范招生宣传，加强函授站管理，加强规模化函授站建设，持续拓展外省函授站点，构建广覆盖多层次的办学格局。

学校继续教育将结合办学实际，坚持以市场为导向，优化学科建设，调整专业设置，扩大学校优势品牌专业和特色专业的招生规模，进一步突出学校学历继续教育办学特色。

学校进一步明确继续教育定位，整合学校培训资源，持续建设与学校特色优势学科相关的行业培训基地，创建品牌化的培训基地。加强品牌专业建设。

西安石油大学继续教育发展报告

一、学校基本情况

(一)学校概况

西安石油大学是西北地区唯一一所以石油石化为特色的多科性普通高等学校,是陕西省人民政府和国家三大石油公司共建院校、陕西省高水平大学建设院校、中国政府奖学金来华留学生自主招生院校。

(二)继续教育办学体制与管理机制

学校继续教育工作实行统一领导、归口管理、分级负责的管理运行机制。继续教育学院负责统筹、协调和管理全校学历继续教育与非学历继续教育工作。继续教育办学紧密围绕学校办学定位与专业特色,依托校内相关院系专业师资队伍与专业建设,制定与继续教育专业相匹配的教学大纲与教学计划,形成了继续教育学院负责招生、相关院系指导专业建设,共同完成继续教育教学的协同关系。

二、专业设置

2019 年我校高等学历继续教育招生专业设置高起本共有 14 个专业(学制 5 年),专升本共有 22 个专业(学制 2.5 年),高起专共有 16 个专业(学制 2.5 年)。招考方式均为成人高考(见表 1)。

表 1 西安石油大学高等学历继续教育已开设专业信息表(2019)

序号	培养层次	专业代码	专业名称	学习形式
1	高起本	080202	机械设计制造及其自动化	函授
2	高起本	080203	材料成型及控制工程	函授
3	高起本	080206	过程装备与控制工程	函授
4	高起本	080301	测控技术与仪器	函授
5	高起本	080601	电气工程及自动化	函授
6	高起本	080701	电子信息工程	函授
7	高起本	080901	计算机科学与技术	函授

序号	培养层次	专业代码	专业名称	学习形式
8	高起本	081301	化学工程与工艺	函授
9	高起本	081403	资源勘查工程	函授
10	高起本	081502	石油工程	函授
11	高起本	081504	油气储运工程	函授
12	高起本	082901	安全工程	函授
13	高起本	120203K	会计学	函授
14	高起本	120206	人力资源管理	函授
15	专升本	020401	国际经济与贸易	函授
16	专升本	080202	机械设计制造及其自动化	函授
17	专升本	080203	材料成型及控制工程	函授
18	专升本	080206	过程装备与控制工程	函授
19	专升本	080501	能源与动力工程	函授
20	专升本	080601	电气工程及自动化	函授
21	专升本	080801	自动化	函授
22	专升本	080901	计算机科学与技术	函授
23	专升本	081001	土木工程	函授
24	专升本	081301	化学工程与工艺	函授
25	专升本	081402	勘查技术与工程	函授
26	专升本	081403	资源勘查工程	函授
27	专升本	081502	石油工程	函授
28	专升本	081504	油气储运工程	函授
29	专升本	082502	环境工程	函授
30	专升本	082901	安全工程	函授
31	专升本	120103	工程管理	函授
32	专升本	120203K	会计学	函授
33	专升本	120204	财务管理	函授

续　表

序号	培养层次	专业代码	专业名称	学习形式
34	专升本	120206	人力资源管理	函授
35	专升本	130202	音乐学	业余
36	专升本	130502	视觉传达设计	业余
37	高起专	520401	钻井技术	函授
38	高起专	520402	油气开采技术	函授
39	高起专	520403	油气储运技术	函授
40	高起专	520406	石油工程技术	函授
41	高起专	520904	安全技术与管理	函授
42	高起专	540301	建筑工程技术	函授
43	高起专	560102	机械制造与自动化	函授
44	高起专	560301	机电一体化技术	函授
45	高起专	560302	电气自动化技术	函授
46	高起专	570203	石油化工技术	函授
47	高起专	570212	煤化工技术	函授
48	高起专	610201	计算机应用技术	业余
49	高起专	630201	金融管理	函授
50	高起专	630601	工商企业管理	函授
51	高起专	630801	电子商务	业余
52	高起专	690202	人力资源管理	函授

三、学生情况

（一）学历继续教育情况

2019年我校全日制本科教育共录取新生4230人，在学学生人数16539人。学校举办函授、业余两种类型的高等学历继续教育，学历层次包括高起专、专升本、高起本。2019年高等学历继续教育招生1102人，毕业591人，在学1825人。

（二）非学历继续教育情况

2019年举办各级各类培训班130期培训学员10049人次。其中举办石油石化企业培训班 23 期，承办全省党政干部教育培训 12 期，全省教育干部培训班 15 期，完成其他行业及社会培训 80 期。主要以案例式、研讨式、现场教学式等形式开展教学。

四、质量保证

（一）制度建设

学校继续教育 2019 年制定或修订的规章制度有：

《西安石油大学成人高等教育本科毕业生学士学位授予工作实施细则》；

《西安石油大学成人高等教育专科毕业设计（论文）工作实施细则》；

《西安石油大学继续教育函授站点管理条例》；

《西安石油大学成人高等教育学籍管理规定（试行）》；

《西安石油大学成人高等教育考试管理规定》；

《西安石油大学继续教育学院（培训中心）教师聘任管理办法》；

《西安石油大学继续教育学院师资库建设管理办法》。

（二）师资保障

依托学校各学科强大的师资力量，学校不断加强继续教育教师团队的建设，不断提升教师的教学水平和教学效果。制定了《西安石油大学成人高等教育教师团队建设方案》，建设继续教育师资库，为我校继续教育持续发展提供了强有力的支撑。

（三）资源建设

积极拓展合作范围，与远程教育服务机构签订合作协议，共享网络课程与电子教材资源库，目前在用网络课程资源数近 300 门。2019 年购置培训管理平台 1 个，自建高等学历继续教育网络课程《安全学原理》，自建非学历继续教育干部培训网络课程 7 门，出版教材《油气长输管线腐蚀防护系统安全评价技术》（中国石油大学出版社）。新增苏州工业园、扶眉战役纪念馆、农夫山泉太白山生产基地等 3 个干部实践教学培训基地。

（四）设施设备

改造两间研讨式多媒体教室，配备人体工学椅、先进的音响与视频系统、无线网络全覆盖，方便无线上网，为开展中高端培训提供了有力保障。

（五）内部质量管理

坚持"质量第一"的办学原则，学校每年对校外教学站点进行不定期检查，对站点教师聘任、教学实施、课程统考等环节进行督导，并对站点管理人员、教学设施、信息技术环境等信息进行综合评估，严格履行备案程序，规范管理。

（六）外部质量评估

实施学员满意度调查，从教学评价到后勤服务，全年累计发出评价问卷 39 次，共收到有效反馈 3000 余份。学员满意度总体较高，教师授课水平和服务质量得到了学员的一致好评。

（七）信息化建设

2019 年学院信息化建设取得显著进步，共有"一端两微八系统"。"一端"指远程教育教学 App 客户端，"两微"指"西安石油大学继续教育"和"西安石油大学培训中心"两个微信订阅号，"八系统"指三个学历教育管理系统、一个学位外语考试管理系统、一个培训管理系统、一个财务管理系统、一个酒店管理系统、一个短信群发系统。

五、特色创新

秉持学习、创新、协调、超越的发展理念，坚持思维创新、理念创新、方法创新及管理创新。一是牢牢把握继续教育未来发展方向，大力发展非学历继续教育，稳步发展学历继续教育。二是积极开展教育教学研究，借鉴先进培训机构经验，融入破冰导学、微论坛等教学模式，在借鉴中不断创新。三是通过市场竞争机制引进专业化服务队伍，使主干业务"轻装上阵"，极大地提高了工作效能。

六、问题与对策

近几年，由于经济下行和行业波动导致市场需求减少，学历继续教育规模萎缩严重，很难保持规模效应，非学历教育业务也受到一定影响。同时，经济社会发展出现的新业态亟须大量技术人才，为培训业务提供较多需求，这在师资配备、教材建设、管理机制等方面给我们提出了新的挑战。

对此，我们要积极开展与政府部门、兄弟院校和社会机构交流合作，稳固学历教育规模，持续拓宽市场领域；进一步加强师资队伍建设，积极邀请领导干部、企业经营管理人员和先进典型走上讲台，形成一支专兼结合、经验丰富、精干高效的继续教育师资队伍；建立科学的继续教育评价体系，从评价指标、评价主体、评价方法等方面突出继续教育的特征，使其更具社会性、实践性、行业性与市场性；创新机制，整合各级各类教育资源，建立共享平台，搭建终身学习"立交桥"；加大继续教育的经费投入，推动学校继续教育全面、可持续发展。

延安大学继续教育发展报告

一、学校概况

延安大学是毛泽东同志亲自命名、中国共产党创办的第一所综合性大学。现为陕西省人民政府与教育部共建大学、陕西省属重点大学、陕西省高水平建设大学。建校 80 多年来，学校得到了毛泽东等党和国家历任领导人不同形式的关注和支持。2017 年 9 月 19 日，习近平总书记对延安大学作出重要批示。学校现有本科生 15234 人，硕士研究生 1892 人，教职工 1527 人，专任教师 922 人；设有 18 个二级院系、1 个独立学院和 10 所附属医院，16 个一级学科硕士学位授权点，61 个本科专业，6 个省级优势和特色学科，2 个省级一流学科，9 个专业学位授权类别，1 个教育部人文社科重点研究基地，1 个国家旅游局红色旅游创新发展研究基地，9 个省级科研平台，2 个省级创新团队，6 个院士工作站。

延安大学继续教育学院是延安大学成人高等教育的办学与归口管理部门。学院从 1982 年开始举办成人在职培训和非学历教育，1985 年经原教育部批准正式举办夜大学教育，1993 年经陕西省教育委员会批准，从 1994 年起开始举办函授专科教育，2000 年起举办函授、夜大本科教育。学院的办学形式有函授和业余，办学层次现有高起本、专升本和高起专，本专科办学专业共 62 个，已发展成为文、理、工、管、农、医、教、经、法等学科门类较为齐全、陕西省成人高等教育专业门类较多的院校。目前，我校共有 9 个函授教育辅导站，省内 8 个，省外 1 个。

二、专业设置

学历继续教育专业设置数量多、层次全、覆盖面广。本专科专业共 62 个，其中高起专 11 个，高起本 12 个，专升本 39 个，临床医学专业和汉语言文学专业是省级特色建设专业。

非学历继续教育依托党中央在延安十三年丰富的红色资源，以党性、党风、党纪和延安革命传统教育为主要内容。思政课程主要包括：中国共产党延安 13 年局部执政的历史经验；延安精神和延安学的理论研究和实践；马克思主义中国化的成果；习近平新时代中国特色社会主义思想研究；梁家河知青文化研究等。

三、学员情况

2019年学历继续教育各专业共招生3000人，其中省内招生2838人，省外青海函授站招生162人。2019年非学历继续教育培训班352期22088人。其中教育部、工信部、商务部、交通运输部等国家部委主体班次8期468人，占培训班总比2%；全国高校131期6627人；企事业单位222期14651人。培训学员覆盖了全国29个省市自治区，其中省内74期3215人，省外278期18063人。

四、质量保证

（一）制度建设

（1）《延安大学继续教育学院管理制度汇编》：主要包括上级政策、院校文件、教学管理、学籍管理、站点管理和学生管理等有关制度。

（2）《延安大学继续教育学院学生手册》：主要包括学员从报到入学、学籍注册、学籍异动、学位考试、毕业信息采集、毕业学籍审核和学生日常管理等相关管理制度。

（3）《延安大学高等学历继续教育本专科专业教学计划》：所有课程的开设全部依据专业人才培养计划进行。

（4）"集中面授＋在线学习"混合式教学模式等实施办法等。

（二）师资保障

我校校内继续教育教学工作均由各学院负责，授课教师均系本校专业教师，师资力量雄厚。管理人员系各学院专职管理干部。校外授课除站点依托办学单位教师外，各函授站外聘兼职教师须经我校考核、培训合格后方可上岗。我校根据各站点实际情况，同时选派本校教师进行授课。

表1　师资概况表

类　别		专业技术职务				学历情况				年龄情况		
		正高	副高	中级	初级及以下	博士	硕士	本科	专科及以下	35岁以下	36～50岁	51岁以上
授课教师	专职	142	340	457	11	353	517	75	5	211	584	155
	兼职	124	255	17	24	39	91	290		27	234	159
辅导教师		0		43	20		61	2	4	55	8	7
管理人员		25	35	56	32							

（三）资源建设

我校与苏州青颖飞帆有限公司（简称青书）合作，利用该公司线上学习平台，开展在线学习，主要为视频课件，覆盖 62 个本专科专业，1000 余门次课程。

（四）设施设备

除正常维持办学运转的软硬件设施设备外，我校为推进成人高等教育向网络信息化发展，购买网络化设备：3 台服务器、1 套在线学习管理平台、1 个成人教育学籍管理软件平台等。

（五）站点建设

目前，省内外共有函授教育辅导站 9 个，省外 1 个、省内 8 个，各站点均资质齐全并在教育厅备案。我校每学期派专人赴各站点开展定期不定期督查检查，并实施课程抽考制度。为禁止和杜绝站点乱收费，在新生录取通知书上标明应收费用项目等，多措并举加大站点监管力度，推进教学站点规范化办学。

五、教育培训

充分依托党中央在延安十三年形成和积淀的红色资源，面向全国党政机关、企事业单位和高等院校干部职工、青年学生开展理想信念、革命传统和延安精神教育培训。学校积极整合革命圣地丰富的红色资源，不断发挥自身优势、凸显自身特色，努力办成全国红色培训的首选地，成为新时期革命传统教育和延安精神的传播中心，成为全国红色教育培训的重要辐射源。

六、特色创新

（一）实践特色与模式创新

1.探索并实践"集中面授 + 在线学习"教学模式

集中面授是在寒暑期和节假日，通过一定时间组织教学和考试。在线学习是学员在权限内凭账号和密码登录，进入在线学习平台后，点击相关专业课程进行学习。学习时间为全年，学生要按照在线学习平台评分要求观看课程视频、电子教材、完成课程作业等学习活动，各学院负责督促检查，确保学员取得课程合格分数。

2.课程评分与考核

每门课程总评分数 = 在线学习总分 ×30%+ 面授学习总分 ×70%。

（二）教学研究与成果

目前，通过科研立项的方式，我校开展高等继续教育教学改革研究 165 项，其中专项 1 项、重点项目 56 项、一般项目 108 项。2019 年立项 31 项。在项目引领带动下，促成了一批研究成果。

七、问题挑战

（1）从社会到高校普遍对继续教育及终身教育理念思想重视和认识不够。

（2）学员普遍存在"混文凭"的急功近利思想，不能认真处理工学矛盾。

（3）传统的教学手段和方法，不适应信息化社会发展的需求。

八、对策建议

（一）发展对策

（1）突出继续教育办学在学校整体发展中的地位，有明确的发展规划；加大继续教育人财物的投入力度，尤其是师资队伍、办学条件和软硬件设施建设、课件资源建设等方面。

（2）在人才培养方案和专业设置方面，充分考虑学员的真正需求，为其在工作能力和效率提升方面提供帮助，变被动学习为主动学习；统筹考虑学员学习精力和时间问题，采取线上线下相结合的教学模式，切实解决工学矛盾问题。

（3）转变传统教学模式，推广"混合式教学模式"，将线上与线下相结合，分散自主学习与集中学习相结合，理论学习与实践学习相结合，个人自主学习与集体讨论相结合，院校教师与行业专家相结合，让学习真正落到实处，让学员保质保量完成学习任务。

（二）政策建议

（1）建议实施"成人招生制度改革"，放低入学门槛，试点推行免考注册入学制度，提高毕业门槛，"宽进严出"。

（2）在教育信息化背景下，高校面临的主要问题是实现资源共享，建议国家教育行政部门积极出台政策，提供交流互通共享平台。现代远程教育已经进行了18年，完成了大量的制度创新，建立了技术、平台、资源、管理、服务等好的经验，应该汲取其中成功经验，为高校继续教育转型服务，避免重复投入和重复开发。

（3）以人才培养为核心，以提高教学质量为目标的"三教融合"是未来继续教育的主要形式，也是改变当下唯学历的不良风气，提高文凭含金量的重要契机。三教融合不是简单的融合，而是应该在信息化主导下的融合，不是用网络教育代替夜大、函授，而是淡化教学手段，倡导高校向信息化主导下的混合教学模式转型，转向"线上与线下、课堂与实训、院校教师与行业专家等相结合"的自主学习与受控学习相结合的混合教学模式。

西安工业大学继续教育发展报告

西安工业大学继续教育学院坚持以习近平新时代中国特色社会主义思想为指导，全面落实全国思想政治教育大会和全省、我校教育大会精神，以立德树人为根本任务，以党建为引领，以"改作风、抓落实、促发展"为抓手，聚焦国际化办学和不断提高教学质量目标，以市场需求为驱动，凝练办学定位、推进综合改革，实现了继续教育办学质量、规模、特色协同发展。

一、整体情况

（一）推进学院党的建设，加强学生意识形态教育

学院党支部全面加强党的建设，以"我承诺你监督"提高党员思想觉悟，以"我工作你评价"形成互促互进机制，以"行不行看党员"带领群众形成推动整体工作的局面；在党政配合下，完成了学院信息化建设和西安工业大学继续教育服务体系全新布局。其次，党建引领促进函授站党支部建设，党建工作极大地促进了学历教育的发展，办学质量明显提高，招生人数整体得到倍增。实现了案例可培育、可复制计划。

（二）聚焦军工企业，服务地方经济和二级学院

2019 年我校举办了涉及省市校三级有关部门的含"军民融合"在内的 21 个非学历教育项目；9 月完成与西北兵工局对接，开展面向西北相关军工企业"党政工团"干部及技术培训；完成 7 类面向二级学院师生及社会人员的通识类、技术类等培训筹建；与西安市茶商协会合作完成茶艺培训的基础建设，面向学校师生和社会开展服务；形成我校继续教育培训体系。其次，引入学校紧缺的学科，分别与江南大学等签署学习中心协议，同时解决了我校学生辅修专业（非学历）的需求。

二、专业设置

（一）继续教育专业设置情况

截止 2019 年，学院高中起点专科、高中起点本科、专科升本科三个培养层次共有 40 个专业，其中成人高等教育高中起点本科专业 13 个，专科升本科专业 19 个，高中起点专科专业 8 个。学校目前共有全日制本科专业 57 个，成人继续教育专业全部涵盖在学校专业范畴内，占学校普通专业比例为 46.2%。

（二）学历继续教育专业调整情况

2019年根据学校专业设置和社会需求情况，增补"书法学"（业余）、"机械设计制造及其自动化"（函授）、"土木工程"（函授）等高起本和专升本层次5个专业（形式），目前已经开始招生。

（三）专业人才培养方案制定及调整情况

2019年3月，依据学院办学定位和人才培养目标修订培养方案，将培养方案植于企业的生产全过程，突出意识形态教育，优化教学内容和教学环节，开设专业导论等课程，提高学生的创新意识与创新能力。10月完成与教学计划相配套的全部课程的教学大纲的全面修订。

三、学生情况

（一）学历继续教育情况

1. 总体规模

学历继续教育面向全国7个省范围内符合条件的在职、从业人员和社会其他人员进行业余和函授招生。截至12月31日，学校共有学历继续教育在籍学员10755人（不含毕业人数），其中高起本1141人，专升本4474人，高起专5140人；2019年毕业人数2211人，录取人数为6924人。

2. 生源分析

从2019年成人专升本上线比例来看我校首次超过70%，陕西仍然为主要生源地，职业主要集中在从事视觉传媒、土木工程、机械制造、汽车维修、酒店管理等行业。

（二）非学历继续教育情况

1. 总体规模

2019年我校举办了涉及省市校三级有关部门的含"军民融合"在内的21个非学历教育项目，校内（含教师、学生）419个班次，校外18个班次（教育扶贫4个班次），共培训28921人次（校外868人次）。

2. 培训行业类别、对象

依托学校军工学科背景，针对兵工企业党政工团和专业技术人员开展培训；精准教育扶贫的定制培训，既有农民工高端定制领域积极探索，也有乡村农作物、牲畜种植、养殖的实地精准教育扶贫；语言培训涵括了出国留学、就业等人员的不同长短班次；服务学校二级学院，面向全校师生开展继续教育专项培训，针对全校教师和部分学生，2000多师生受益匪浅。

四、质量保证

（一）制度建设

学校坚持依法依规办学，高度重视教学质量保障体系建设，坚持目标管理与过程控制相结合，形成了完善的教学管理规章制度。《西安工业大学继续教育学院制度汇编》（2018 版）系统完整地反映了继续教育学院多年来在制度建设方面取得的成绩。2019年 6 月，在新工科背景下，修订、制订了若干教学质量监控的业务制度，使学院教学管理制度更加完备。

（二）师资保障

1. 学校聘请的授课教师情况

学校承担继续教育教师总人数为 170 人（含外聘教师 68 人），12 个教学团队，其中教授 6 人，副教授 28 人，讲师 62 人，分别占师资总数的 4.4%、20.4% 和 45.2%，具有高级职称或博士学位的教师占 31.8%。每站平均有任课教师或论文导师 24.5 人，外聘教师符合《西安工业大学继续教育学院企业兼职教师管理办法》。辅导教师的学历均为本科以上，中级及以上职称或研究生学历的辅导教师比例为 70% 左右。

2. 管理与服务队伍

学院现有专职管理人员 23 名，兼职 2 名，学历层次均为本科以上，中级及以上职称。截至 2019 年 12 月，全国 14 个函授站专职管理人员站均 7.65 名。

（三）资源建设

1. 教材建设

完成《〈毛泽东思想与中国特色社会主义理论体系概论〉练习与解答》编写工作，《计算机网络原理及应用》已由清华大学出版社出版。

2. 数字化资源

西安工业大学建设的教学资源符合成人高等教育教学规律，具有较强的实用性、实践性，录制专业课程、微课等教学视频 438 个，IT 技能培训课程资源 300 余门及上千门名校公开课，涵盖理学、工学、文学、管理学等 13 个学科，课程资源总量 2TB。2019年学校投入 110 多万建设了继续教育学院的专用高清在线"全媒体教学中心"。

（四）内部质量管理

1. 教学坚持以面授、辅导、自学相结合的原则

教师根据成人特点组织教学，并加强基本理论、基础知识、基本能力的辅导，突出重点，解决难点。

2. 考核考试

继续教育学院全程督导，各考点及校内各院系按照学院安排组织考试。

3. 教学督导与检查

学院制定了"教学督导办法""教师评学实施办法"等，并成立了教学督导机构；同时，每年召开1次学生座谈会，学生参与率很高。

4. 毕业论文（设计）

学院成立了毕业论文领导小组，所有本、专科学生按教学计划开展毕业论文撰写并组织部分本科毕业论文答辩，学生归属感强。

五、特色创新

（1）提升站点学生政治理论知识的应知应答《〈毛泽东思想与中国特色社会理论体系概论〉练习与解答》装订成册。

（2）完成2019年我校继续教育在全国的布局、继续教育服务体系布局和远程教育平台的整体部署。

（3）编制我校"继续教育学院年度工作一览"。

六、问题与对策

（一）存在的主要问题及原因

（1）尽管国家采取了一些政策，网络学历教育和开放大学依然泛滥。这些学历教育控制着全国超过2/3的生源，基本上都处于2万人以上的招生规模，学校有限的人力资源，三分之一学时的线下教学都难以保障，何况毕业论文的指导，也就更谈不上教学质量了。

（2）从2019年起取消专科外省招生。高职学校本来就师资力量和线上资源匮乏，又加上高职百万扩招计划，继续教育教育教学更是无法保证。

（3）原来继续教育跨学科或交叉学科的非本校专业被取消，新能源、新工科背景的专业，学校也是刚刚招生，由于没有毕业生，社会急缺的专业申报不了。

（二）对策建议

（1）如何保证良好的教学秩序和较高的培养质量，无论对高校还是教育行政部门都是一个考验。我们的建议是：建立统一的质量评价标准。

（2）对网络学历教育和开放大学采取限制性招生政策。开放专科外省特色专业招生计划。

（3）实施继续教育行业品牌发展战略，加强继续教育专业认证，从学历教育、培训特色、树立自己的品牌形象、形成独有的品牌文化等方面入手，指导学校建立起继续教育品牌。

（4）开放学校新专业继续教育申报，解决社会急缺的新专业的需求。

西安工程大学继续教育发展报告

一、学校情况

西安工程大学是一所办学历史悠久、办学基础雄厚、办学特色鲜明的综合性高等学校，是我国西部地区唯一以纺织服装为特色的高校。学校现有金花、临潼两个校区，占地108万平方米，设有15个教学单位。学校历经100余年的发展，已经成为一所以工为主，纺织、服装为特色，工、理、文、管、经、法、艺术等多学科协调发展、特色鲜明的高校。高等继续教育是我校教育教学工作的一个重要组成部分，学校实行科学规范的二级管理体制，"以社会需求为导向，转变观念，强化特色，服务行业，提高质量，促进继续教育工作的大发展"为整体办学思路。

二、专业设置

我校高等学历继续教育办学层次有高中起点专科、高中起点本科、专科升本科；办学形式有业余和函授；招生科类有文史、理工和艺术类等，可招生专业共67个，其中高起专19个，高起本25个，专升本23个专业。专业设置突出了以工为主、纺织服装为特色、多学科协调发展。2019年根据学校的专业特色和实际用工需求，适当调整了部分省份的函授专业，相比去年减少了招生量较低的2～3个高起本专业，同时新增了专升本3门专业，高起本1门专业。

三、人才培养

（一）学历继续教育情况

1. 总体规模

2019年我校继续教育学院在校生人数为405人，新招生人数651人，当年毕业生人数138人，省内招生600人，省外51人。目前在校生中，男生168人、女生237人、省内286人、外省119人、法学4人、工学129人、管理学43人、艺术学229人。

2. 人才培养模式与教学基本情况

我校高等学历继续教育根据学生的特点，建设适应学生在职学习的教学内容与课程体系，应用多媒体网络技术，构建面授和自主学习相结合的教学模式，在教学的全过程中提供学习支持服务系统，促进学生学习，提高学习效率。

在人才培养过程中，我校组织开展特色专业课程网络教学资源建设工作，努力推进线上教学有效辅助线下教学的混合式教学。函授教学环节主要包括：自学、作业、辅导、答疑、面授、实验、实习、课程设计、阶段测验、考试、毕业设计（论文）及毕业答辩等。每学期按时进行面授，对参加面授情况进行考勤，检查学生自学进度、作业完成情况，考勤、平时作业与成绩挂钩，作业和考勤占到该门课程总成绩的 20%。

（二）非学历继续教育情况

2019 年，我校与中国毛纺织行业协会在浙江嘉善联合举办"毛纺织行业继续教育工程"人才培训，培训学员 200 余名；开展"服装制版与工艺培训班"两期，培训学员 50 余名；开展"教师资格证"培训班两期，共计培训 240 余人；开展计算机二级等级资格证书培训，近百余名学生报名。

四、质量保障

（一）制度建设

学校出台了学历继续教育招生、教学、学籍、校外函授站、学习中心管理等方面的各项规章制度或文件，并通过开展质量检查、函授站评估、监督等，保障各项规章制度的顺利执行。同时，学校定期组织专家开展调研、进行教学基本资料和规章制度的修订工作。

（二）师资保障

校本部的继续教育授课由我校老师承担，根据教学计划和所开课程，在我校相关专业的教师队伍中聘请；各函授站的授课由我校继续教育学院指导监督、严格聘请具有多年教学经验的优秀专业教师，在各教学单位进行授课。学院与所聘教师签订教师责任书，责任书包括教师职责、调课制度与程序、事项说明等内容。

（三）资源建设

各专业根据学生培养的层次，当年共开设了 32 个专业共 558 门课程（其中专科 11 个专业 209 门课程；专升本 14 个专业 215 门课程；高起本 7 个专业 144 门课程），上课教师都编写了 word 文档和 ppt 课件。

（四）设施设备

学院目前正在积极建设网络学习管理平台，已初步投入使用。学院现有可容纳 100 人的车缝实习实训室 1 间，有 100 余台电脑的计算机房 1 个，有可容纳近百人上课的语音室 1 间，有小型多功能会议室 2 间，有标准化录播教室 1 间，新装修的培训教室 2 间。

（五）内部质量管理

我校在高等继续教育招生工作过程中，严格按照省教育厅、教育考试院的要求，并严格规范各函授站的招生行为，不得有虚假承诺。同时建立与完善我校继续教育教学质量检查与评估体系，稳定教学秩序，确保人才培养质量的提高。对各专业的课程、教学内容和方法进行了调整与改革，修订了各专业的教学计划和教学大纲，编写、修订了函授自学辅导资料。

（六）外部质量评估

按照省教育厅的文件要求，学校积极做好学历继续教育教学质量检查、学籍学历管理等工作，并且根据各函授站所在省教育厅的相关文件和要求，督促并要求各函授站认真组织教学活动并按要求完成年检工作。

（七）经费保障

2019 年我校高等继续教育学费总收入 63.1 万元，全额上缴学校。其中，教师人员费用支出 5.49 万元，管理人员费用支出 3.8 万元，资源建设费用支出 8.49 万元，基础建设费用 3.2 万元，年总支出 20.98 万元。

五、创新特色

学校启动继续教育结课考试试题库建设工作，完善高等学历继续教育教学工作；鼓励、引导教师积极申报高等继续教育特色专业申报，结合各函授站的办学实际情况制定符合专业特色、人才技能培养、行业用工需求的教学计划，实现真正意义上地服务社会。近几年来，我校积极申报并获批艺术设计（2017 年）、工商管理（2017 年）二项省级特色专业建设项目，省级教改课题一项（2017 年），目前在研，按计划正常进行。2019年成功申报陕西省高等继续教育学会教学研究项目 3 项。

六、问题挑战

受行业背景的影响与多种提升学历渠道的巨大冲击，我校高等学历继续教育规模相对较小，学校需将外延发展与内涵建设齐抓并举，兼顾招生规模和培养质量的统一。另外，学校缺少在非学历教育方面的政策、人员、资金和平台等方面的支持；学校内部资源、平台缺少有效整合，没有很好地发挥继续教育学院的作用；政府、高校、企业和行业协会，即"政、校、企 + 行业协会"四维一体的合作模式没有形成，对外部环境的熟悉度不够，信息不够流畅。

七、对策建议

（一）发展对策

学校继续教育下一步的办学举措如下：

（1）继续寻求新的高等继续教育教学合作模式和办学途径，加大省内外函授站的建设工作，进一步拓展学历教育招生渠道，加大宣传力度，规范招生行为；

（2）加强高等继续教育教学的内涵建设，继续修订完善各专业的教学计划、教学大纲、管理制度汇编等，组织新专业申报，推进网络教学管理平台的使用，助力我校继续教育的规范化、制度化和质量化建设；

（3）积极组织开展特色专业课网络教学资源建设工作，努力推进线上教学有效辅助线下教学的混合式教学；

（4）充分发挥我校优势学科和办学特色，全力做好校内服装制版与工艺培训项目，以形成我校培训项目的自主品牌，持续扩大我校继续教育的社会影响力；

（5）完善非学历培训的运行机制，将我校办学特色和社会优质资源强强联合，挖掘校友资源，积极拓展培训空间，努力实现跨系统、跨行业培训；

（6）拓宽高层次继续教育系列培训领域，与政府职能部门、行业协会以及我校相关处室的密切合作，拓展我校继续教育的服务领域和服务半径；

（7）积极开展教育教学改革，组织教师申报校级、省级教改课题，提升教学质量、改善教学效果。

（二）政策建议

（1）利用高校特色优势专业，由政府相关部门主导在高校设立行业继续教育基地，切实增强学校服务社会的职能；

（2）积极推进校企合作和产教融合，推进"学历＋技能"培养模式，提升继续教育人才培养质量；

（3）组织研究继续教育教学规律与学员特点，针对性开展继续教育规划教材等教学资源建设，做到因材施教和精准教育；

（4）建设与完善继续教育相关管理规定，出台指导性教育教学文件，指导继续教育规范、健康发展。

西安外国语大学继续教育发展报告

一、总体情况

西安外国语大学是新中国最早建立的 4 所外语院校之一，是西北地区唯一一所主要外语语种齐全的普通高校。出国留学人员培训部（国际学院 继续教育学院）是西安外国语大学专门从事出国留学人员外语培训、高等继续教育、外语培训教育的办学单位。学校的成人教育始于于 1960 年，初期主要举办广播函授教育。1984 年经教育部批准成立了夜大学，开始了成人学历教育。1992 年经陕西省教育厅批准成立了成人教育学院，2001 年 3 月更名为继续教育学院。2018 年 4 月与出国留学人员培训部、国际学院合并，"一个单位三块牌子"，专门从事出国留学人员培训、高等成人教育、各类外语培训教育的办学单位，形成了新的办学格局。经过几十年的发展，我校高等继续教育形成了以学历教育为主体、以本科和专科教育为基础、以专升本教育为重点、兼顾培训教育的继续教育体系。出国留学人员培训部（国际学院 继续教育学院）坚持"以人为本，从严治院、质量第一，学生至上"的办学原则，全心全意为学生成才服务、为社会服务。在陕西省成人高等学校评估中曾被评为"优秀成教院"和"优秀学校"。

二、专业设置情况

经过三十多年的发展，我校高等继续教育形成了以本科和专科教育为基础、以专升本教育为重点、兼顾培训教育的继续教育体系。

目前开设的专业有英语、应用英语、商务英语。课时安排：两年半制专升本英语专业共计 1134 学时，五年制高起本英语专业共计 2214 学时，五年制高起本商务英语专业共计 2178 学时，两年半制应用英语高起专专业共计学时 1080 学时。

开设课型有专业课、公共课等课型。其中专业课开设有高级英语、翻译、阅读、写作、语法、听力、英美文学选读等英语主干课程，公共课开设有第二外语、大学语文、计算机原理与应用、当代世界政治与经济等。

2019 年 5 月，根据我校学科发展及社会需求，重新修订了人才培养方案，制定了符合学生需求的教学计划。

教师结构：目前有专职教师 6 人，主要担任本科段的教学任务，其中副高职称 2 人、中级职称 3 人，硕士 6 人，36 ～ 50 岁 6 人，专职教师占 38%。为了完成正常的教学工作，聘用了 15 名兼职教师，其中副高职称 2 人、中级职称 8 人，硕士 15 人，36～50 岁 6 人、35 岁以下 7 人，51 岁以上 2 人。配有 35 岁以下辅导员 1 名，51 岁以上辅导员 1 名。本科管理人员 5 名。

三、学生情况

2019 年招收高等继续教育业余专科起点两年半制英语本科 33 人，业余高中起点五年制英语本科 24 人，业余高中起点五年制商务英语本科 46 人，业余高中起点两年半制应用英语专科 3 人。

在学学生来源分析：

在校生共 262 人。其中：女生 181 人、男生 81 人。

学生年龄层次是：20 岁以内 101，21～0 岁之间 130 人，31～40 岁之间 27 人，40 岁以上 4 人。

学生职业以自由职业者为主。

学生学习形式是以省内走读为主。

学生学习专业，主要是英语专业。

2019 年西安外国语大学继续教育学院招收英语专业学生 106 人，在校生 262 人，毕业生 49 人。

四、质量保障

1. 组织保障

根据上级主管部门对高等继续教育发展的指导意见，结合我校实际，学校领导不定期的研究高等继续教育发展状况，制定学校高等继续教育发展的实施措施及办法。在实际办学过程中，校领导对高等继续教育工作确立了"五保障"、"四同时"的工作原则。"五保障"即思想保障、领导保障、组织保障、政策保障、物质保障；"四同时"即研究普通教育工作时，同时研究继续教育工作；布置普通教育工作时，同时布置继续教育工作；检查普通教育工作时，同时检查继续教育工作；总结普通教育工作时，同时总结继续教育工作。

2. 制度保障

我校继续教育从 1984 年夜大学开办时起，就建立了适合成人教育的教学及管理规章。在三十多年的发展过程中，逐步完善了适应成人学历教育以及外语培训的各项规章制度，并严格执行教育行政部门相关政策规定，严格执行与教学、考试、学生管理、毕业管理等方面的规定。其中包括：教学管理规定：《教师守则》《教学原则》《对教师教学情况的综合评价》《评选优秀教师的有关规定》《出国留学人员培训部（国际学院·继续教育学院）教师请销假制度》《出国留学人员培训部（国际学院·继续教育学院）教师教师行为规范》《指导与评定毕业论文规定》等；考务管理规定：《考试违纪处理细则》《评卷注意事项》《关于免修课程的暂行规定》《授予成人本科毕业生学士学位实施细则》等；学生管理规定：《出国留学人员培训部（国际学院·继续教育学院）成人高等教育学生管理手册》等。

3. 后勤保障

为了改善办学条件，保证教学效果，提高教学质量，我校为出国留学人员培训部（国际学院 继续教育学院）重新装修了教学楼，并于 2018 年 12 月完工，2019 年初顺利搬迁，极大地改善了教学及办公条件。现在共有智慧教室、计算机教室、学生自主学习室等 40 间。

五、教育培训

每年我校都会按照陕西省教育厅教师工作处的关于"国培计划"和省培计划的年度项目培训要求，依照我校办学专业特色、办学条件，制定适合我校的培训计划，积极参与项目招投标。培训任务下达后，我校成立以出国留学人员培训部（国际学院 继续教育学院）为主体的培训团队，遴选适合培训项目的域内外专家、遵照"国培计划"与省培项目的培训要求，依据不同项目的特点和培训时间，制定切合实际的项目培训教学计划。在项目实施过程中，安排好参训学员的学习、食宿、生活，保证培训工作能顺利、安全进行。

西安外国语大学继续教育学院 2019 年承担了"国培计划 (2019)"陕西省乡村中小学骨干校长管理领导力培训项目、陕西省乡村中小学初任校长领导力提升三段式培训项目、陕西省市级教学能手学科教学能力提升三段式培训项目小学英语班和中学英语班、陕西省高中教师省级脱产研修项目共 4 类 6 个培训班，共 507 人。

六、特色与创新

为适应社会需求，服务于社会，更好地利用学校教育资源，出国留学人员培训部（国际学院 继续教育学院）正在探索继续教育与其他高校、企业、国际机构、校外办学机构等合作办学，如"商务英语"与某一职业教育结合的新路子。

七、问题与对策建议

（1）"普教化"办学思想。我省继续教育发展主要是依靠各级各类普通教育，作为继续教育工作者在思想观念与管理方法、教育观念与教育模式及教学内容和教学方法、教育质量评价标准与方法等方面产生"普教化"的倾向，从而影响和制约了继续教育的发展。

（2）缺乏积极适应现代经济社会、互联网时代的思想，使继续教育缺乏市场竞争意识和积极主动适应社会发展需要的发展意识。应该进一步转变观念，加强市场意识，推进发展模式的转型，满足不同层次、不同岗位劳动者的教育需求。

（3）加大对外宣传力度，我校继续教育学院自创办以来，以比较鲜明的办学特色、良好的教育质量保障和优良的教育服务，产生了良好的社会效应。随着经济社会的发展，需要进一步提升我校继续教育在陕西、西北乃至全国的品牌影响力，实现继续教育的可持续发展。

西安邮电大学继续教育发展报告

一、总体情况

西安邮电大学是一所以工为主，以信息科学技术为特色，工、管、理、经、文、法、艺多学科协调发展的普通高等学校，是我国特别是西北地区信息产业和现代邮政业人才培养、科学研究的重要基地。是陕西高水平大学建设高校、陕西省"一流大学、一流学科"建设高校、教育部"卓越工程师教育培养计划"实施高校。

西安邮电大学举办继续教育已有六十多年，是西北地区普通高等学校中最早设立成人教育机构的院校之一。近年来，先后在13个省（自治区）建立了16个函授站。

学校高度重视继续教育，在大学章程、发展规划和党政工作要点中明确了继续教育重要地位和发展方向，划拨专项经费支持继续教育工作。学校成立继续教育学院负责继续教育办学和科研活动的实施、监管、报批和检查评估，组织、协调、指导和规范函授站点开展工作。

二、专业设置

学校专业设置依托本科办学特色，不断凸显各专业的"邮电"特色及信息技术在各行业的应用特色。现设有16个学历继续教育专业，其中高中起点本科专业3个，专科起点本科专业8个，高中起点专科专业5个。通信工程、工商管理和市场营销3个专科起点本科专业为省级高等继续教育特色专业。2019年，学校学历继续教育专业设置维持不变，以本科教育为主，兼顾专科教育，办学过程中逐渐打破行业格局，面向社会积极开展学历继续教育。

三、人才培养

（一）学历继续教育情况

2019年，学历继续教育共招生769人，在省内招生160人，省外招生609人。在学人数2115人，省内生源364人，省外生源1751人。毕业生人数823人，在校生中三个层次的学生规模基本持平，呈现均衡发展态势。

学校学历继续教育人才培养模式以自学为主，采取集中面授结合线上辅导的混合式教学模式开展教学。

（二）非学历继续教育情况

学校非学历教育主要面向省内外电信运营商和电子信息行业相关企事业单位。2019年度，学校非学历继续教育共开展4个班次，总计788人参加培训，主要采取集中面授、在线教育的混合培训模式，考核通过后颁发证书。

（三）助力脱贫攻坚培训

学校积极落实陕西省教育工委、陕西省教育厅 "双百工程"助力贫困县区脱贫攻坚任务，2019年举办结对帮扶宜君县幼儿园骨干教师培训班、联帮联扶山阳县教育系统信息化培训班，集中培训60余人次，辐射两县65所中小学、幼儿园，助力陕西省贫困县区中小幼教事业健康发展。

（四）人才培养中的思政教育

学校坚持"立德树人"的教育理念，继续教育开设的所有课程都以"课程思政"的新理念为指南，明确知识传授，落实能力提升，实现育德功能。

在学历继续教育培养方案中，重视思政课程的学习，所有专业教学计划开设"两课"课程，主要开设有马克思主义基本原理、毛泽东思想与中国特色社会主义理论、中国近现代史纲要、思想道德修养与法律基础思政类课程；在专业课程教学中，积极探索课程思政。

在非学历继续教育培训中，坚持党建引领，结合业务开展培训，聘请校内外党史专家授课，将习近平新时代中国特色社会主义思想、"不忘初心、牢记使命"主题教育、十九大会议精神专题、陕甘边区革命教育融入到培训体系中。

对上课教师严格遴选，选派政治站位高、有家国情怀、视野广、自律能力强、人格正的优秀教师参与教学工作。

（五）学生学习效果

2019年，继续教育学院先后深入陕西、河北、甘肃、宁夏和青海等地省内外邮政和电信运营商走访调研，企业反馈员工通过学历继续教育提升学历后，政治觉悟明显提高，专业能力和个人素养得到了有效提升，能将自己所学知识运用到工作中，养成了良好的学习习惯。

学校多年来培养了大批应用型、技能型人才，毕业生大多在中国移动、中国联通、中国电信、中国邮政等企业和党政机关、研究机构工作，成为所在单位的中高层管理人员和业务骨干。

四、质量保证

（一）制度建设

学校结合继续教育发展特点和工作实际，2019年制定修订了《西安邮电大学继续教育学院教学改革项目管理办法》《西安邮电大学继续教育学院函授站管理办法》等 4 项制度。

（二）师资保障

学校依托校内师资，整合校外优质师资资源，形成了理论水平高、实践应用强的以学校、企业、站点三大主体互补的专兼职教学、辅导团队，其中副高职称以上教师占65%。校内师资注重讲授理论与前沿知识，企业专家着重讲授生产、运营管理实践问题，站点重点对职业能力提升进行培养。

（三）资源建设

学校整合各学科优质教育教学资源，搭建多层次、智能化开放式教育平台，建设了具有一定规模、符合本校实际的资源库。2019 年，学校加大"互联网 +"在教学管理的应用，优化了青书学堂教学管理功能、学院网站的宣传功能、微信公众号服务功能。已开设网络课程 698 门，更新 8 门课程习题册，补充 12 门课程试题库。

（四）站点管理

学校高度重视校外教学站点的建设与管理工作。2019 年对 4 个校外站点进行调研、抽查、评估，对发现的问题提出整改意见和整改时限，并进行整改后的验收，同时积极配合设站单位当地教育主管部门进行年检，未出现点外设点、中介招生、违规收费、虚假承诺和宣传等影响学校声誉和办学质量的行为。

五、特色创新

（一）学历与能力相结合的人才培养体系

在校校合作模式中形成定制化的专业培养方案和学分互认制度，确立了注重应用能力培养的人才培养方向。选取通信工程、通信技术、经济管理等专业，根据行业所需专业知识水平、就业标准等，架构基础课、专业课、实践实训课相结合的培养体系，着重实训能力和实践水平的提升，为邮政、电信、邮储银行每年输送数百名一线技能型员工。

（二）以需求为驱动的教育培训研发模式

通过多年来的调研、设计、实施与完善周期，学校教育培训基本形成了以应用需求为驱动，紧跟电子信息行业、电商物流行业和地方经济发展的研发管理模式。通过积极申报陕西省专业技术人员继续教育培训基地，获批陕西省退役军人教育培训联盟理事单位，稳步推进同等学力申请硕士人员课程班等工作，以需求为中心，有效提升学校社会服务职能。

（三）教学与研究并重的继续教育发展思路

为有效促进继续教育可持续发展，提升办学质量和管理水平，学校积极组织人员申报教学改革项目，开展教学研究。2019 年获批陕西高等教育教学改革研究项目 1 项，陕西省高等继续教育学会教改立项 3 项和校级继续教育教改项目 2 项，主要有《基于虚拟仿真的通信类专业继续教育课程体系的研究与实践》《地方普通本科院校函授教育转型发展研究》《高校继续教育培训项目团队激励机制的研究与实践》等。

六、问题与对策

（一）面对的问题

1. 学历继续教育亟待转型

随着高等教育的发展，学历继续教育的需求、热度都在下降。学历继续教育要想更好的发展必须寻求新方向，必须突破现有办学层次，积极拓展办学类型，深化"校企、校地、校校"合作。

2. 非学历教育面临的变化与挑战

非学历教育逐步向市场化转变，项目开发要紧跟市场需求，需有效整合校内外师资力量开展项目研发，运用信息化手段进行宣传和教学。

（二）发展对策

1. 学历继续教育

制定招生激励政策、适当提高函授课酬标准；结合企业发展与社会需求，积极申报新专业，做好特色专业建设工作；做好继续教育教学改革项目的申报与研究；扩大定向培养模式的合作院校和企业；依托教学平台，加大视频课程资源的建设。

2. 非学历教育

进一步完善管理制度、实施规范管理、创新培养模式、确保培训质量；进一步与政府、企业、行业协会、各种认证机构和社会办学机构的合作与沟通，有效整合学校学科与教学资源，开拓多学科的交叉融合，开设各种高级研讨班和行业技能培训班；利用学校行业优势，重点打造行业相关培训项目，促进培训专业化，提升服务能力，通过差异化发展加快学校非学历继续教育特色与品。

陕西中医药大学继续教育发展报告

一、学校情况

（一）学校概况

陕西中医药大学是陕西唯一一所培养高级中医药人才的普通高等院校，学校学科门类齐全，中医药特色鲜明，设有 14 个教学院（系、部）、24 个本科专业，涵盖医、理、工、文、管等 5 大学科门类。学校有 5 个一级学科硕士学位授权点、6 个硕士专业学位授权类别，具有同等学力申请硕士学位授予权。学校现有 2 所直属附属医院、28 所非直属附属医院以及陕西中医药大学制药厂和陕西医史博物馆。

学校成人教育始于 1981 年，是全国最早举办成人高等教育的中医药院校之一，1997 年成立成人教育学院，一直连年招生至今。经过近 40 年的实践与发展，形成了学历教育与非学历教育并举的办学格局，构建了能适应各类求学者选择的教育平台。

（二）学校继续教育总体规划与办学定位

学校遵循继续教育发展规律，以立德树人为根本，以社会需求为导向，以改革创新为动力，以规范办学为前提，以提高教育教学质量和人才培养质量为中心，稳步发展学历教育，大力发展非学历教育培训，调整优化继续教育结构，创新继续教育内容和模式，实现规模和质量的协调发展，打造成为西部地区具有一定规模和影响力的中医药继续教育培训基地。

（三）学校继续教育办学体制与管理机制

继续教育学院为正处级建制部门，在校内按院系部管理，归口教学系统。业务范围为成人学历教育和非学历教育培训两大部分，学校共有 18 个经陕西省教育厅备案的校外教学点。

二、专业设置

（一）学历继续教育专业设置情况

2019 年学校继续教育专业设置有：中医学、针灸推拿学、中西医临床医学、临床医学、医学检验技术、医学影像学、护理学、中药学、制药工程、应用心理学、预防医学、公共事业管理、食品卫生与营养学、康复治疗学、药学等 15 个本科专业。

(二)学历继续教育专业调整情况

根据成人学历需求状况,2019年起继续教育学院对开设专业进行了调整,取消了专科层次招生,并取消本科层次招生人数较少的制药工程、应用心理学、预防医学、公共事业管理等四个专业。

三、人才培养

(一)学历继续教育情况

1.总体规模

截至2019年继续教育学院在籍学生总人数为5596人,学习类型为业余。学校开设有专升本层次的学历教育,专业方向涉及医、药、护、管、技等。

2.生源分析

继续教育学院成人在校生生源中99%来自本省内,多为汉族,学生主要分布在各区级、县级、乡级、社区卫生服务中心等相关医药行业单位。护理学、医学检验技术、医学影像学专业人数较多;在校生年龄主要集中在20岁至30岁之间。

3.人才培养模式

人才培养模式:以提高教育教学质量和人才培养水平为宗旨,以培养社会需要的高素质应用型人才为目的,以培养学习能力,实践能力和创新能力为核心。

(二)非学历继续教育情况

1.总体规模

非学历教育主要以各类专业培训为主,2019年主要承担陕西省卫计委和陕西省中管局中医类别全科医师转岗培训、陕西省中管局助理全科医师培训、陕西省传统医学师承培训、咸阳市卫健委中医药适宜技术培训等项目培训任务。共计培训580人。

2.培训模式

继续教育学院承接的所有培训项目,培训模式均采取全日制集中面授方式进行。

四、质量保证

(一)制度建设

(1)继续教育学院认真落实主办院校主体责任,以教育厅函授站评估条件为基础,建立教学站点管理的长效机制,促进校外教学站点按照教育教学规律与要求规范办学,全面治理影响教学质量和规范管理的突出问题,不断提高成人教育质量和办学水平。

(2)进一步树立教育质量观,转变观念,教学站点加大教学投入,努力改善教学硬件基本条件。

(3)进一步完善教学质量监控管理办法,进一步完善教学质量监控体系,形成以学院为督导、教学站点为主体、教师与学生共同参与的教学质量监控体系。

（二）师资保障

继续教育学院共享学校师资，校本部教学点教师全部来源于学校。从事教学管理 14 人（含 5 名班主任）；校外教学点主干课教师由我校选聘或派遣，每年约 100 余人，约占授课教师的五分之一。

（三）合作办学及校外教学站点建设和管理情况

按照学校发展继续教育的思路，严格执行《陕西中医药大学校外教学点管理办法》，促进校外教学点规范办学，全面治理影响教学质量和规范管理的突出问题，不断提高成人教育质量和办学水平。

（四）内部质量管理

2019 学年，继续教育学院狠抓内涵建设，完善了教学管理规章制度，巩固了教学督导体系，人才培养质量显著提升；坚持督导教学，对教学点不定期进行听课，检查教师资质、课件，对学生严格执行考勤，保证教学质量。

（五）外部质量评估

按照省教育厅和学校的要求，2019 年继续教育学院组建了教学点年检评估专家组，按规定时间对学校全部校外教学点进行了评估。评估总体效果良好，针对专家组提出的个别教学点存在的问题和不足，各教学点正在进行逐步整改。

（六）信息化建设

（1）学校拥有专业级的录播教室和微课教室可用于精品课程录制、课件制作等；

（2）2019 学年，学校不断加强信息化建设工作，推进与苏州青颖飞帆软件科技有限公司青书学堂网络教学系统的合作，预计 2020 年春季学期可以正常使用。

（九）经费保障

学校党委、行政重视继续教育工作，切实保障教学经费投入，对继续教育工作实行教学经费年度预算管理，确保继续教育学院各项教学、管理工作的顺利进行。2019 年投入了近 100 万元更换了全部课桌椅和部分教学多媒体设备，并修缮改造了学生公寓基本条件。

五、社会贡献

（一）对口支援、教育帮扶情况

（1）2017—2018 学年继续教育学院实施了我校与铜川市耀州区人民政府签订的《精准扶贫中医药王养生技能培训战略合作协议》，完成了全部教学和实训工作。

（2）2018—2019 学年继续教育学院认真做好扶贫工作，对旬邑县马栏镇长舌头村两户贫困户进行对口帮扶，积极引导和帮助贫困户发展经济，两个贫困家庭现已脱贫。

六、特色创新

（一）实践特色与模式创新

（1）为优化我校成人学历教育模式，探索由业余学习＋集中面授向在线远程教育＋集中面授转变，为适应继续教育发展步伐，解决成人教育学生工学矛盾，实现成人教育教学的跨越式发展。

（2）召开教学点教学工作会议，确保教学中心地位不落空，不动摇，质量提高有保障。

（3）不断加强学院及各教学点党建工作。认真贯彻上级党委部署的各项工作，结合党风廉政建设和意识形态工作要求，与各教学点签订了《廉洁协议书》《意识形态工作责任书》。

（二）教育教学研究与成果等情况

（1）加强教学点规范化建设，严格执行陕西省教育厅关于印发《陕西省高等学校继续教育校外教学站点管理办法》的通知相关要求，确保校外教学点规范化管理。

（2）根据陕西省教育厅办公室《关于开展2019年度高等学校继续教育校外教学站点年报年检工作的通知》，通过自查，不断规范办学行为，提高教学质量，促进高等学历继续教育健康发展。

七、问题挑战

（一）在继续教育学院层面

总体来看，我院办学主体责任落实还存在不足，需进一步强化；管理水平有待提升，缺乏有效的激励机制。继续教育学院要加强学习、解放思想，与时俱进，开拓创新，不断适应社会发展的需要。

（二）在教学点层面

校外教学站点办学条件建设跟不上医药教育发展要求。教学硬件投入不足，教学环境、教学条件、教学管理队伍薄弱，实验实训教学急需加强。

八、对策建议

（一）教学管理

教学质量是教育的生命线。要继续加强教学中心地位，进一步规范办学行为，树立办学声誉意识。今后要着力加强的教学、管理工作主要有：

（1）主动落实主办院校主体责任，以教育厅函授站评估条件为基础，建立教学站点管理的长效机制，促进校外教学站点按照教育教学规律与要求规范办学。

（2）进一步完善教学质量监控管理办法，全面检查教学计划和各项教学制度执行情况，形成以学院为督导、教学站点为主体、教师与学生共同参与的教学质量监控体系。

（3）改进教学管理和教学手段，加强信息化建设，稳步推进教务管理和网络教学平台建设。

（4）完善试题库建设，规范教学重点环节，实行主干课统一命题和统一考试，保障教学质量。

（二）教学站点建设

（1）认真落实陕西省教育厅《关于深化改革提高高等继续教育质量的意见》陕教规范〔2015〕9号文件相关要求，规范办学行为及教学站点检查指标体系。

（2）探索校外教学点改革模式，拟将成人学历教育学生统一收回校本部进行教学管理，提高办学质量和教育教学质量。

（3）加强校外教学站点年度检查，做好教学站点的整改工作。

（三）学生工作

继续加强学生思想政治教育与学风建设，尽力强化成人思政教育质量薄弱的现象。把做好学生思想政治教育工作纳入教学站点整体工作。

西安财经大学继续教育发展报告

一、继续教育办学指导思想、发展思路

（一）指导思想

全面贯彻落实党的十九大和全国教育工作会议精神，以习近平新时代中国特色社会主义思想为指导，坚持开放办学，充分发挥高校社会服务功能。主动适应我国经济社会发展和人的全面发展需求，树立终身学习、全民学习和多样化人才培养观念，以优质服务为手段，以合作共赢为目的，以现代信息技术为支撑，不断优化办学和服务体系，积极构建灵活开放的终身教育体系，加快推动终身学习、全民学习的学习型社会建设，为促进地方经济和社会发展做出更大贡献。在教学过程中以中国特色社会主义核心价值体系为引领，大力加强理想信念、爱国主义、民族团结教育，努力提升培养对象的社会责任感和使命感。将思想引领与个人发展实际需求相结合，强化继续教育对象思想政治教育。

（二）发展思路

全面推进继续教育内涵发展，以学科建设为龙头，以师资队伍建设为关键，以提高教育质量为核心，以体制机制创新为保障，将继续教育纳入"一流学科、一流专业"建设，坚持学历继续教育和非学历继续教育并行发展的思路，实现继续教育的规模化突破、品牌化发展。努力实现继续教育服务区域经济、贡献经济社会的发展目标。

二、学历继续教育办学情况

（一）办学规模及分布情况

学校学历继续教育现有高中起点专科、高中起点本科、专科起点本科三个办学层次，函授、业余两种办学形式，开设有工商管理、会计学、旅游管理等25个专业。省内外函授站（点）有10个，分布在陕西、甘肃、新疆三个省（自治区）。

学历继续教育2019年度在校学生人数：562人，其中函授教育：544人，业余学生18人。包括：高起本81人，专起本321人，高起专160人。业余在校生18人，包括高起本18人。

（二）继续教育专业设置、建设情况。

专业设置主要以学校的优势学科经济学和管理学科为主，专业建设依托学校全日制本科教学资源，重点加强省级会计学特色专业的建设管理工作，以省级特色专业会计学

为抓手，创新会计学专业人才培养模式，进一步凝练专业特色，修订培养方案，优化课程设置，完善教学大纲。根据行业特色和新时代经济建设、社会发展对人才的需求进行调整。在专业课的教学安排中与职业资格证书紧密结合，将专科培养方案与初级职称考试相结合，专升本培养方案与中级职称考试相结合。

（三）教师构成及管理情况

学历继续教育师资主要依托学校1000余专任教师资源建立。会计学专业教师，教授8人，副教授34人，具有博士学位的教师共9人；工商管理专业教师，教授3人，副教授13人，具有博士学位教师5人，在读博士7人，硕士学位以上教师占专任教师的80%。学校始终高度重视教师聘任工作，教师聘任实行公平、公开、公正，双向选择、择优选聘的原则．选聘高学历、高水平、高职称的教学实践经验丰富的教师从事继续教育教学工作。2019年，校本部聘任教师74名，都具有大学本科以上学历和中级以上职称。授课教师中研究生以上学历的79.7%，副高以上职称的占64%。教师管理严格按照《西安财经学院继续教育学院教师聘任管理办法》进行，定期对教师德、能、勤、绩四个各方面进行全面考核。

继续教育学院配备了与办学规模相适应的继续教育管理人员。有教职工16人，其中副高以上职称占7%，中级职称占67%；具有研究生及以上学历的占19%，本科学历占63%。学校在日常管理中注重强化继续教育管理人员业务培训，2019年继续教育管理人员参加各类专题培训30余人次，有效促进了管理队伍理论水平、业务能力。

（四）教学资源建设及更新方面

学院积极推进教学资源的建设工作。及时对平台及老旧的课程及教学资源进行更新。2019年远程教学平台系统从3.0版本升级到4.0版本，对教学平台上的88门专业课程，106个教学版本进行了同步的更新。平台升级后的功能更为完善，操作指引更为清晰。

（五）信息化建设及应用

学校在远程教学平台投入使用后，对学历继续教育主要专业的核心课程开展了网络课件精品课程建设及配套试题库建设，通过网络教学模式为函授教育学生提供更优质的教学资源和服务。同时，与平台配套使用的手机移动端"学起APP"，学生可以在手机移动端与PC端之间无缝连接，平滑切换，可以随时随地看课件、对自身学习情况，学业任务、教学计划等综合情况进行查询，接受督导，提高了学生学习效率，有效缓解了学生的工学矛盾

（六）规范管理情况

1.规范招生、考试及毕业管理

学校严格按照国家的政策和法规开展招生工作。根据教育部、省教育厅关于招生的文件精神和学校的招生要求，统一印制招生简章，在学校继续教育网站上及时发布招生

信息。不做虚假宣传，不做不合理承诺，耐心解答考生咨询，向考生如实介绍招生政策。规范录取并严格新生资格审查。

学校高度重视考试工作。成立继续教育考试领导小组；考试命题根据教学大纲、教学计划、教材和学生的实际进行统一命题。命题突出重点章节、重点内容，充分体现教学大纲的基本要求。

学校在学历证书电子注册工作中，严格执行教育部、省教育厅的规定，严格把关。按照毕业条件进行成绩审核、学籍学制核对。对于完全符合条件的学生办理毕业证书，实事求是地报送符合毕业资格的毕业生数据和材料。学校2019届学历继续教育毕业人数482人，毕业率94%。

在学位考试管理中，严格审查报考学位考试的学生报名条件，组织符合学位申请条件的毕业生参加学位课程考试和学位英语考试。2019年学位英语考试报名人数209人。根据《西安财经学院成人高等教育本科毕业生学士学位管理规定》西财教发【2016】12号，对符合条件的毕业生授予高等学历继续教育学士学位。2019年学历继续教育本科毕业生授予学士学位67人，学位授予率25%。

2. 严格函授站管理

学校对所有函授站办学进行严格管理，严禁函授站利用非法培训机构、中介组织或招生代理组织生源，坚决不允许利用中介组织或招生代理假借成人高校招生名义进行虚假宣传和欺诈性招生行为，坚决制止和惩处以营利为目的虚假和欺诈性招生宣传、违规招生行为。严格按照学校招生计划进行招生，不允许函授站跨地区招生，考生不得跨地区注册的学籍政策。

3. 加强内部质量监控

为确保教学质量，学历继续教育依据《西安财经大学继续教育学院函授教学管理办法》《西安财经大学继续教育学院函授教学工作条例》等制度开展教学质量监控。院领导和继续教育学院相关科室多次深入各函授站，加大教学秩序和质量的检查力度，及时了解教师的教学情况和学生学习情况。2019年，学校继续加强继续教育教学运行过程管理，针对成人面授和平台混合教学模式出台了《成人面授和平台混合教学模式下成绩考核与成绩记载的补充规定》，对《西安财经大学继续教育学院教学管理日历》、《西安财经大学继续教育学院学历管理流程》进行了修订，完善工作流程、调整措施、改进工作。

三、非学历继续教育办学情况

（一）发展规模及基本情况

1. 发展规模

学校非学历继续教育已逐步形成了专业特色性强、行业方向突出，区域服务条块清晰的教育培训格局。培训项目类型包括：政府企事业单位人员培训、执业／职业资格证书考前辅导培训、扶贫培训、专业技术人员继续教育。2019 年全年总计完成 44 期，11637 人次的培训，培训覆盖全国 24 个省市、自治区、直辖市。

2. 服务对象

培训主要面对税务、统计等行业系统和国内百强企业财务会计专业领域。2019 年税收专业培训 11 期，601 人次，覆盖全国 6 个省市；统计专业培训 10 期，1321 人次，覆盖全国 20 个省市、自治区、直辖市；财会专业培训 11 期，567 人次，覆盖全国 9 个省市、自治区、直辖市；专业技术人员继续教育 2 期，3030 人次，覆盖全国 1 个省。

3. 招生方式及培训模式

非学历继续教育培训方式主要包括聘请专家短期集中培训、红色教育及面向社会大众长期开放考前培训。教学模式主要采用以面授为主，交流讨论座谈及现场教学为辅的模式。招生方式主要包括委托招生、社会招生和委托培训机构招生。

（二）工作进展

非学历继续教育发展主要适应国家和陕西省经济发展对人才的需求，充分发挥学校税收、统计、财政、财会学科在行业内的品牌学科优势，积极建立政府企事业单位干部培训基地，基地有西安地税稽查局培训基地，教育部教育统计西安培训基地、陕西省中小企业财务技能培训基地、陕西省农村信用社联合社培训基地，按照扶贫要求特在商南县建立农民培训基地。

学校从培训制度、培训师资、培训专题三方面构建了西安财经大学非学历继续教育体系，有效保障非学历继续教育质量。学院设有培训中心咨询委员会，由校内外专家教授 37 人组成，负责评议、审定培训项目、培训方案、培训专题、并提出非学历继续教育发展新趋势；构建了结构合理的师资团队，截至 2019 年底，遴选培训授课能力强、经验丰富并有一定知名度和影响力的培训教师 85 名，主要分布在税收、统计、财政、财会、管理等专业领域；2019 年，共开发政府企事业培训专题讲座 177 项。

四、办学特色与经验

近年来，学校继续教育工作取得了良好的社会效益和经济效益，形成三点办学特色与经验。

（一）学历继续教育推出手机移动端 APP，满足学员个性化学习需求

为方便学生对碎片时间的有效利用，学校在引进成人远程教学平台的同时，推出了手机移动端 APP：西财 e 学。手机移动端 APP 的推出，突破了成人高等学历教育在时间、空间和地域上的限制，使学生可以在手机移动端 APP 与 PC 端之间随意切换，最大化地满足成人对教育资源的需求，满足了学员个性化学习的要求，真正实现随时随地学习。

同时延伸了学历继续教育的教学空间，挖掘学历继续教育潜在的成长空间，促使成人学历继续教育在新时代获得新发展。

（二）非学历继续教育品牌化发展

"名牌专业＋精品课程＋特色模块"：在非学历继续教育发展中，学校坚持凝练专业品牌，研发精品课程，明确服务群体，优化品牌模块。注重师资建设，以校内外、行业领域内具有深厚理论研究水平及较高实务实践经验水平的双师型专家教授为支撑，以名牌学科专业为优势，以精品课程为亮点，以特色模块为切入点，深入政府企事业单位进行需求细分，实现精准分析并量身定制方案。师资和品牌优势突出，注册会计师、税务师职业资格考前培训在陕西地区规模最大影响最好。

（三）校地合作办学致力精准扶贫

为贯彻落实陕西省教育厅、陕西省扶贫开发办公室关于印发《陕西特色产业高校扶贫培训计划实施方案》通知精神，学院结合地方需求，实施精准扶贫。

与商南县共建职业技能培训基地，签署《西安财经大学商南县人民政府共建商南县职业技能培训基地协议》。2019年举办了商洛市教育脱贫攻坚暨中小学财务项目管理人员培训班、商南县"四支队伍"脱贫攻坚专题培训班、西安财经大学百家岗村就业技能培训班、西安财经大学白玉河口村就业技能培训班，农家乐烹饪技术培训班。

五、问题与对策

（一）传统的函授教学模式严重影响学历继续教育的发展

传统函授教学模式与社会发展需求的严重脱节，已经影响到学历继续教育的生存，在网络教学已成为继续教育发展的必由之路的境况下，建议启动远程教育办学资质的审批工作；加大对省属高校继续教育发展的政策支持，适度控制高水平大学继续教育办学规模。

（二）非学历继续教育在体制内办学与市场化运行之间的矛盾亟待解决

放宽普通高校非学历继续教育的管理权限，鼓励建立健全适应市场运行机制的业绩考评体系和内部激励机制。

西安美术学院继续教育发展报告

一、学校情况

（一）学校概况

西安美术学院继续教育学院成立于 1987 年，是西北地区唯一一所成人高等美术专业学府，也是陕西省专业技术人员继续教育基地、陕西省高等教育自学考试美术专业主考院校、西安美术学院高级研修班教学基地。

依托西安美术学院办学优势，学院形成了一支得天独厚、经验丰富、结构合理的专、兼职师资队伍。目前专职教师 13 名，教师中硕士学历占 90% 以上，高级职称占 70%。同时，学院还有兼职教师 50 余名，均为在陕有影响和有实力的行业专家。

近几年，有 1000 余名毕业生顺利通过了学位考试获得西安美术学院学士学位及毕业证书，300 余名学生获得了西安美术学院高级研修结业证，200 余名毕业生被西安美术学院及其他院校录取为硕士研究生，5 名毕业生被录取为博士研究生。先后有 400 多名学生获学院毕业创作奖，23 余名学生在国家级美展中获奖，高质量的毕业生深受省内外用人单位欢迎和好评。

（二）总体规划与办学定位

继续教育学院在办学中始终坚持以习近平新时代中国特色社会主义思想为指导，全面贯彻《国家中长期教育改革和发展纲要》和习总书记系列讲话精神，秉承西安美术学院的办学理念的治学思想，把继续教育作为普通教育的补充与延伸，面向全国，大力推行全民学习，构建终身学习教育体系。

作为全国八大美术院校之一，西北地区唯一一所高等美术专业院校，有西安美术学院附中、普通本科和继续教育完整的人才培养体系，肩负重要的美术人才培育使命，在学校双一流建设中，把继续教育纳入整体规划，要求继续教育学院要突出自己的办学特色，创立自己的品牌专业，在全国办出声誉，办出影响，办出地位。

继续教育作为美术人才培养的重要环节，有许多普通高等本科教育无法替代的特点，专业设置是普通本科的有益补充，办学中实行学历教育与非学历教育相结合；长期培训和短期学习相结合；个人爱好学习与单位委托培训相结合；单一专业学习与跨专业综合学习相结合等，灵活多样的办学形式使想学者有学可上，有要求都可得到满足。使大量的高考落榜生走上成才之路，需充电加油的美术工作者有服务站，极大适应了社会高速发展对美术人才的要求。

（三）办学体制与管理机制

继续教育学院是西安美术学院的二级学院，归西安美术学院全面管理与领导，同时，继续教育学院又有自己独立的教学和行政管理体系。多年来继续教育学院在长期的教学和管理实践中总结了一套科学完整的管理办法和制度，学生管理采取主管院长、教务科和班主任三级检查管理。

二、专业设置

（一）学历继续教育专业设置情况

西安美术学院继续教育学院从 1987 年开始招生，开办 30 年来，依据国家政策，先后有夜大、脱产和业余形式。所招生专业均为西安美术学院传统品牌专业，拥有完整科学的教学大纲和教学计划，雄厚的师资及丰富的教学资源。

目前有高起本绘画专业、中国画专业、环境设计专业、视觉传达专业；专升本中国画专业、绘画专业。

（二）学历继续教育专业调整情况

继续教育学院与各系同属西安美术学院系级教学单位，有独立的教学管理和课程培养体系，课程设置和教学大纲以适合学生学习和社会需要为中心。每三年对教学大纲和课程进行一次修订，2019 年我院组织各工作室教师对各专业教学计划和大纲进行了全面修订。环境设计专业增加了植物设计、建筑手绘、空间设计，城市阅读、下乡写生；取消了几何画法、装饰预算；视觉传达专业取消了传统纹样、丝网印刷，调整了版式设计和字体设计课程，绘画专业调整了素描和油画的课时占比，加大了模特写生和室外写生课时；中国画专业增加了速写课、传统名画临摹，所有专业都加大了社会实践课时量，突出了技能创作能力的培养。

（三）专业人才培养方案制定和调整

继续教育学院人才培养的目标就是拥护党的基本路线和文艺方针，树立为人民服务的宗旨，特别是新时期，以习近平总书记系列讲话精神和在文艺座谈会上的讲话精神为指导，走进生活、走进群众，有正确的世界观，人生观，专业上注重基本技能、实践和创作思路的培养。

目前我院在总结多年的教学经验的基础上，形成了完整的教学大纲和教学计划，并根据社会需要不断调整充实学科内容，及时补充前沿信息，不定期聘请其他院校和校内外美术界名家进行讲座和教学指导。

三、人才培养

（一）学历继续教育情况

1. 总体规模

截至 2019 年年底学历教育在校学生人数 275 人。

2. 生源分析

按照规定我院目前只在陕西省内招生。

3. 人才培养模式与教学基本情况

继续教育学院日常教学为业余学习形式，专升本学制三年，两年在校学习，一年社会实践；高起本学制五年，四年在校学习一年社会实践。

（二）非学历继续教育情况

1. 总体规模

按照我院 2019 年教学发展计划，在稳定发展学历教育的同时，大力发展高级研修班培训、对外合作培训、专业技术人员继续教育培训、专项培训等非学历教育。非学历教育逐渐成为我院继续教育的重要组成部分，近两年非学历教育形式多元化，学员数量不断增加，2019 学年共招收各种形式的培训 7 个班次 440 人，其中有美术爱好者随班培训 30 人，专业技术人员继续教育培训 416 人次。高级研修提高培训班 60 人，委托培训 15 人。

2. 培训模式

我院非学历教育培训均采用在校面授模式教学，辅导示范和社会实践相结合，严格管理，保证质量，以质量求生存的办学理念赢得了社会的广泛认可。

美术学类专业主要培养具有扎实文化艺术素养、专门技艺、创新精神与创业意识，能在相关领域从事创作、研究、教学和应用等工作的专门人才。培养方案包含五大模块：专业指导、教学模式和策略、课程体系和核心课程、教学质量监控体系、标志性成果。为实现人才培养目标，以研究方向、专业思路作为支撑，通过制定有针对性的教学模式，构建特色显著的核心课程体系，在一系列教学质量监控及规章制度保障下，确保教学质量和人才培养高质量。

（三）人才培养中的思政教育

大学生思政教育是学院教学的重要组成部分，新生开学后每周两次思政课与英语课、美术理论共同构成文化课教学，占学生总课时的百分之十左右。

学院有学生党支部、学生会、学生社团。2019 年学院学生支部开展了"清明祭扫""西迁精神""庆祝建国 70 周年征文""918 公祭日"等教育和主题党日活动，树立良好的爱国爱党信念。学生会在学院组织的田径运动会、健美操大赛、学院七十年校庆活动等大型活动中表现突出。同时，我院定期在全院学生中开展"心理健康"安全讲座，根据各专业不定期开展教工党支部和学生党支部共建"你问我答"专业知识互动活动。

（四）学生学习效果

学院创办以来为社会培养大批美术人才，据不完全统计，其中考取硕士研究生的有300余名，博士有5名，取得学士学位的有1000余名，有300余名为省市美术家协会会员.160余名毕业生在各级学校从事美术教学工作，部分在校学生入校前就在外开办有设计公司、策划公司、美术教育培训机构等。

西安美术学院制定的针对学生的奖项也均涵盖继续教育学院学生，2019年有3名学生获得西安美术学院学生"不忘初心牢记使命"主题教育作品展奖励，有15名学生毕业创作获得西安美术学院毕业生创作不同奖项，有8名学生获得西安美术学院红星宣纸奖、6名学生的国画创作入选陕西省美术博物馆组织的两年一届的"高原.高原"美术作品展等；2019年度80多幅毕业生创作展在西安美术学院西部美术馆举行获得校内外一致好评。

四、质量保证

（一）制度建设

学院根据多年的办学经验，逐步形成了完整的管理体系，制定了一系列规章制度，有《西安美术学院继续教育学院教师考评办法》《西安美术学院继续教育学院听课制度》《西安美术学院继续教育学院学生成绩管理办法》《西安美术学院继续教育学院外聘教师管理办法》《西安美术学院继续教育学院学生考勤管理办法》《西安美术学院继续教育学院学生下乡写生规定》《西安美术学院继续教育学院文明教室评比办法》《西安美术学院继续教育学院模特使用管理办法》《学生优秀作业留校规定》等。2007年西安美术学院教学评估前，制定了《西安美术学院继续教育学院制度汇编》。2010年、2013年和2018年三次大规模修订完善，近两年我院又补充制度《西安美术学院继续教育学院学位外语考试管理办法》，根据教育部2017年41号令，修订了《西安美术学院继续教育学院学生学籍管理办法》，这些规章制度使继续教育学院发展更加规范化。

（二）师资保障

西安美术学院目前绘画专业有教师37名，中国画专业35名，视觉传达专业36名，环境设计专业38名。其中继续教育学院目前专有教师共13人，有教授3名，副教授2名，讲师6名，博导2名，硕士研究生导师3名（含博导），学院还有兼职教师50余名。

（三）资源建设

美术类专业课目前没有全国统一教材，西安美术学院根据多年的办学经验，结合学生的学习特点制定了科学完善的教学大纲和教学计划，目前专业课理论部分都采用多媒体教学，实践部分必须采取现场示范教学，并根据每个学生绘画技能和存在的问题单独辅导。文化课教材采用陕西省教育厅指定的继续教育教材，教学全部在校学习。

（四）设施设备

继续教育学院学生和全日制普通学生在共同的校园生活学习，共享学校的图书馆、阅览室、美术馆、操场、多媒体教室、素描教室、食堂等设施，共同参加学校的各种公开的学术报告、学术讲座，学术活动及学校各种文体活动等。同时，继续教育学院还有独立的教学设施设备，有独立的教学楼，有专业课教室 28 间，其中多媒体教室一个，计算机教室两间，有电脑 60 余台，石膏素描教室一间，有大型石膏 25 座，人体解剖骨架一副。图书资料室一间，各种书刊 300 余种，图书两万余册。模特台，绘画专业灯具。各种静物道具 2000 余件，投影仪 7 台。

（五）合作办学及校外教学点建设和管理情况

学院现在没有对外合作办学教学点。

（六）学习支持服务

继续教育学院作为以技能型实践性为主的艺术院校，在学习中倡导教师以真实案例为素材，现场示范教学、临摹教学和理论讲授教学相结合。环境艺术设计教学鼓励让学生以西安地区真实环境为设计案例，进入实地现场，测量设计规划。同时组织并带领学生积极参加社会公益活动，扶贫，乡村美术及幼儿教育美术活动以及养老院慰问交流书画活动等。

（七）内部质量管理

继续教育学院受西安美术学院的管理，但同时在几十年的发展中，形成了独立完善的管理制度和良好的运行机制。1、教师授课聘任制，教师聘任考评采用学生评教和会看评教相结合，工作室主任对首次上课教师进行听课，对教师在教学中存在的问题及时指出，对教学中达不到要求的及时解聘。2、每天上下课前十分钟教师在教务办公室签到。3、教务科每天检查教学，授课教师有教案、上课手册和示范作品。4、课程结课会看，任课教师对教学和学生作业进行总结点评，由工作室主任，教务科和主管教学院长参加汇看，听取教学汇报并进行点评，以检查教师上课质量和教学完成情况。

（八）外部质量评估

作为西安美术学院的二级教学机构，学院每年都要进行检查和考核，继续教育学院每年被评为学院的达标教学单位，学生每年度毕业创作展览受到社会广泛好评和学院领导认可。

（九）信息化建设

继续教育学院管理基本实现信息和网络化管理模式。学籍管理、成绩管理、毕业证和学位证管理均实行网络化，学籍管理采用教育部学信网平台，成绩管理系统为继续教育学院学生成绩网络管理平台，学生可以在网上随时根据学号查询成绩情况，了解自己的学籍状态。

（十）经费保障

2019年收入情况：培训收入125.48万元，学历收入151.00万元；支出情况：其中人员工资及课时费179.9万，教学其他费用14万，教学业务费及管理费23万。

五、社会贡献

继续教育学院是面向社会全方位开放的大学，在学历教育之外非学历教育采用多种形式为社会培养美术人才，有美术爱好者再教育，有画院、美术馆、幼儿园教师再提高再教育，有相关单位委托再教育；我院还承担了陕西省人社厅职称评审学习培训、陕西省教育厅中学教师术科培训等。培训学员有十七八岁的青年，也有六七十岁的退休职工；学院职工也可以随时根据工作需要参加学习。2019年专业技术人员继续教育培训440人次，高级研修培训60人。

目前随着国家倡导加大职业教育和终身教育力度，我院将积极适应社会需求，采取灵活多样教育培训形式，努力承担更多的社会义务。

六、特色创新

继续教育学院在多年教学实践中总结出一套行之有效的独特的管理模式，确保了教学的健康发展和教育质量的稳步提升。（1）班主任管理学生制，在管理中注重加强与学生的交流，及时了解学生心理，掌握学生对教学的反馈和学习动态。（2）授课教师聘任和考评淘汰制，不论是专职教师还是外聘教师上课一律采用聘任制，经学生和教务科考评不合格的随时解聘，评教制度促进教师提升教学能力，

教学质量得以保证。（3）结课会看制，每门课结课时都必须在教室进行作业展评，工作室主任，教务科及主管教学院长共同参与对教师教学作出评价，对学生作业进行点评，教学中存在的问题做出总结等。

七、问题与挑战

（一）面对的新挑战、新需求

（1）随着普通高等教育的普及以及增设艺术类专业院校增多，学历教育生源大幅度萎缩。

（2）兴趣式学习、再提高式学习人数增加，根据自己时间阶段性进修学习需求增多。

（3）单位委托培训需求增加。

（4）对外培训增多。

（二）存在的问题及原因

1. 招生限制太多，缺乏灵活性，特别是学历教育部分

高中起点的本科生入学报名必须具有高中毕业学历，许多年龄较大的考生或者社会考生会受到很大限制。

2. 学历教育招生生源仅限本省，不符合目前社会发展和现实情况

西安美术学院继续教育学院是西北唯一的成人美术专业院校，师资、教学实力及美术教学的硬件等均在西北是名列前茅，因受地域的限制学生报考受到了很大的限制。

八、对策建议

随着交通、网络的快速发展，特别是人口流动的加速，生源地不应做限制，特别是成人美术专业院校较少的情况下，应该放宽限制范围，由学校根据学生情况自行掌握，采取多种形式教学。

西安体育学院继续教育发展报告

一、学校情况

1. 学校概况

西安体育学院创建于 1954 年，是新中国最早建立的 6 所体育院校之一。学校现有本部、沣峪口、鄠邑三个校区，占地面积 1400 余亩。教职工 816 人，专职教师 562 人。学院面向全国招生，现有全日制在校生 8770 人，本科生 7887 人，硕士研究生 721 人，中职学生（竞校）162 人；函授（业余）学生 1444 人。

继续教育学院是学校承办继续教育的职能部门，多年来，先后承担过全国教练员科学训练培训班、国家体育总局援疆管理干部培训班、西部传统体育项目学校师资培训班以及"国培计划""省培计划""市培计划""局培计划"等一系列培训任务，为实现学历教育向非学历教育转化、促进地方体育发展及提高科学化管理水平起到了重要作用。

2. 学校继续教育总体规划与办学定位

（1）继续教育整体发展规划

学校一贯重视继续教育，在十三五发展规划中，明确指出：要加强和改进继续教育，充分运用网络信息化手段，加快继续教育转型发展，即从"学历型继续教育"向"学历教育＋职业技能和非学历培训"的转型。

（2）继续教育的办学定位

继续教育学院始终坚持立德树人，加强政治修养，以培养社会主义合格人才为己任。继续教育作为实施"教学质量提升工程"的重要内容，在保证面授教学质量的基础上，充分发挥网络信息化教育教学手段，加快继续教育教学由传统面授方式向网络教育迈进的速度，加强和规范管理，提升继续教育的办学质量。

（3）学校继续教育办学体制与管理机制

继续教育学院是我校成人学历教育和非学历教育的职能部门，完全依托学校的资源办学。继续教育学院具体负责学历教育招生、教务管理、学籍管理以及非学历教育培训等工作。其他二级学院和相关处室负责协助继续教育学院落实教学工作以及教学条件的保障。

二、人才培养

1. 学历继续教育情况

（1）招生情况：

我校继续教育主要以运动训练专业单招为主，兼顾统招的体育教育、舞蹈表演（舞蹈学）与运动康复等专业。目前，在校生1444人，2019年招生615人，共4个专业，2个层次，学习形式为函授和业余，学生主要是来自陕西、甘肃、宁夏、山西、河南、内蒙古、新疆、浙江等地区的体校学生、在职体育教育工作者及体育爱好者。

（2）人才培养模式

我校有比较完善的继续教育专业人才培养方案，并按照人才培养目标制定有完善的课程计划和课程教学大纲，每5年进行一次全面修订；每年底根据培养方案，将下一年度教学任务表，及时下发至有关教学人员，按照工作流程具体实施，并责任到人；面授期间，委派教学负责人对各函授站（点）进行监督检查，确保人才培养方案有关要求的落实。

（3）教学基本情况

按照函授教学方案要求，由学生自学和学校组织面授辅导两个环节构成。每年利用两个学期末共8个双休日时间组织学生集中面授，寒暑假向外地函授站（点）外派专业骨干课程教师进行授课，2019年共外派授课教师17名，全年累计授课45门，授课900学时。

2. 非学历继续教育情况

2019年共承办各级各类专业技能培训10期，总人数710人。主要面向省内外的体育管理干部、中小学体育教师和教练员，采用集中面授的方式进行培训。继续教育学院在进行专业技能培训的同时，专门聘请省委党校专家对学员进行思政专题理论讲座，始终把思政教育放在培训的首位。

三、质量保证

1. 制度建设

制定了较为完善的管理规章制度，先后制定了岗位职责、招生管理、学籍管理、教学管理、培训工作管理、办公室管理等制度，并形成了《西安体育学院继续教育管理制度汇编》。

2. 师资保障

学校非常重视继续教育教学工作，优先选派思德好、教学能力强的教师担任教学工作。我校现有教授74人，副教授182人，分别承担着学校的全日制和继续教育教学任务，

2019年有50人承担直属函授站的教学工作，其中：教授20人，副教授25人，讲师5人；校外教学站（点）授课教师有169人，其中：教授25人，副教授79人，讲师65人。有效保证继续教育教学工作。

3. 设施设备

继续教育教学依托学校办学，目前学校正处于各项建设的发展时期，所有场馆、教室、网络、师资、实验室、图书馆等设施随时可供继续教育使用，满足继续教育的需要。

4. 教学站点建设和管理情况

继续教育学院本着全面贯彻党的教育方针、坚持立德树人、坚持育人为本、坚持确保教育教学质量、坚持人才培养的原则，结合联合办学单位的办学实力及所在地区生源和社会对人才需求的实际情况，并根据教育部对高等院校设立函授教学站（点）管理有关规定，进行函授教学站（点）的备案审查及教学管理工作。

2019年，我校共有7个函授教学站点。均具有完善的函授教学站点管理、考核、评估、质量监控等管理制度，并严格、规范实施，确保了教育教学质量。

5. 经费保障

继续教育经费由学校财务部门统一管理。2019年继续教育学院学历继续教育学费和非学历继续教育培训费收入共计：359万元，学校用于成人教育管理的支出194万元。

四、特色创新

当前成人教育正处在改革转型期，学历教育的培养质量不高已成为制约高校成人教育可持续发展的主要问题。我校在总结以往办学过程中的经验和不足，带着问题走访了国家体育总局有关部门和5所兄弟院校，就办学目标和发展思路进行调研和学习交流，并撰写了"西安体育学院继续教育现状及发展思路研究"的调研报告。在明确了存在的问题后，我校把提升学历教育培养质量作为当前的首要任务，通过对学历教育招生和函授教学站点的整改，缩减了成人学历教育办学规模，规范了函授站的建设和管理。

五、存在问题

1. 存在"成教普教化"现象

由于学校教学资源有限，也未设置独立的继续教育教师队伍和教学场馆，教学中往往忽视教育对象特点，盲目照搬普通高校学生培养模式，抹杀了成人教育的特殊性，对提高教学质量形成了障碍。

2. 工学矛盾突出，学风有待改进

一是市场经济条件下社会利益的多层次性，使成教脱产学生产生狭隘的实用主义思想，集中表现为学习主动性差，缺乏钻研精神，到课率不高。二是教师存在功利思想，

对成人教育重视不够，有应付差事之嫌。

3.忽视学生基本技能培养，学生实际应用能力和创新精神不强

在成人教育办学过程中，目前还存在片面追求通过率，仅仅满足于学生能够毕业的现象。或者是片面强调学历教育，只注重知识传授，忽视职业技术和基本技能培养，学生缺乏分析问题和解决问题的能力，严重制约人才培养质量。

六、发展对策

1.工作思路、目标

（1）学历继续教育发展的思路。

做好函授教育生源规划，紧跟社会需求寻求新的生源增长点，探索生源培育模式。完善函授招生宣传模式，完成精准投放，结合生源培育进行招生渠道拓展。对函授站点拓展及管理实行灵活开放与规范化管理两手抓，通过完善制度建设，修订、完善管理办法，细化考核指标体系等，健全、完善教学质量管理体系和质量监控体系，进一步加强教学管理，将函授站点管理规范化、标准化，为全面提升质量打好基础。加速教学管理模式革新，加快函授教育网络化教学平台和教学管理平台建设。

（2）非学历继续教育发展思路。

非学历继续教育主要以社会需求为导向，形式多样，要求较高，这就需要我们建立健全成熟的培训管理机制，打造一支专门的教学团队和管理团队，紧跟时代和行业发展动态，与人才需求单位建立密切的合作关系。非学历教育课程设计及教学应满足社会和个人专业发展的需要，应将重点放在提高职业技能和提升职业水平方面。课程设计突出实用性，教育方法呈现灵活性，教学形式表现多样性。通过建立与完善专家库，不断加强高水平教师团队的建设。

2.举措

（1）提高认识，转变办学观念。

提高认识，转变办学理念，把继续教育纳入学校的总体发展规划，统筹管理，协调发展，力争做到稳步发展学历教育，大力发展非学历教育。在办学模式上要进行创新，整合继续教育资源，依托自身的办学特色和学科优势，充分发挥人才资源优势，广泛开展合作。

（2）科学定位，择优办学，彰显学校特色。

要结合自身的优势学科，人才资源和所处行业、特点，充分发挥学校长期积累的办学资源优势，结合成人在职技能的培训特点，选择最适合自身特性和发展空间的市场定位，以培养技能型应用型高等专门人才为导向，选择若干个对社会、经济有重要影响的特色专业，凝练出名而特、小儿优的培训项目，加大投入，通过长期坚持不懈的努力，逐步形成彰显我院特色的继续教育模式，促进继续教育健康、快速发展。

今后，我们将以习近平新时代中国特色社会主义思想和党的十九大精神为引领，坚持"笃学重教，造就人才，服务体育，福佑人民"的办学宗旨，严格教学管理，提高办学质量，为不断探索新时代继续教育新模式而不断努力。

西安医学院继续教育发展报告

一、学校情况

（一）学校概况

西安医学院是陕西省人民政府主办的普通高等学校，由含光校区、未央校区、高新校区组成。现有6所直属附属医院。有临床医学院、护理学院等16个教学单位。开办有研究生教育、普通本科教育和继续教育。

学校现有教师879名，其中正高职称224名，副高职称324名，博、硕士学位教师656名。现有国家级卓越医生教学改革试点项目3项，国家级大学生校外实践基地1个，国家药物临床试验机构1个。获批国家级科研项目50项。

学校坚持服务地方经济和社会发展，先后被确定为陕西省全科医生培训基地、陕西省助理全科医生培训基地、陕西省专业技术人员继续教育基地、西安市全科医师培训基地、陕西省养老护理员培训基地。

（二）继续教育总体规划与办学定位

（1）充分利用学校的优质办学资源和办学特色，积极稳妥地发展继续教育，开设专升本、专科两个层次共12个专业，在籍生1万余名。

（2）加强师资队伍建设，建立一支包括"陕西省教学名师"和学校骨干教师在内的约200人师资队伍。

（3）建立成人教育质量管理体系。以我校成人高等教育校外教学点自评为抓手，建立制度化示范教学、巡讲，规范化考试等一系列校外教学点的管理体系。

（4）充分利用继续教育远程网络信息化系统，构造一个网络化、数字化、智能化、媒体化相结合的网络化教育、管理平台。

（5）扩大非学历教育培训项目，拓展非学历教育培训渠道，大力开展继续教育培训等各类医疗卫生培训项目，使学校成为服务地方的医疗卫生人才培训中心。

稳定发展学历教育，大力发展非学历教育，积极开拓培训教育。实行目标管理，完善激励机制，提高教学与管理人员积极性，提升管理水平，树立符合现代化建设和人的全面发展需要的新型人才观、教育观、质量观，从构建学习型社会和终身教育理念的高度来认识继续教育的重要性和迫切性，确立以"准确定位，科学办学；打造品牌，特色办学；内涵建设，外延拓展；优质服务，合作共赢"的继续教育办学定位理念。

二、专业设置及人才培养方案

(一)专业设置满足基层所需

从 2009 年申报成人专升本教育以来,按照教育部《高等学历教育专业设置管理办法》的要求,先后组织 5 次专业申报工作。目前开设有成人专科、成人专升本两个层次共 12 个专业,包括临床医学、护理学、医学影像技术、医学检验技术、口腔医学、药学、预防医学、眼视光学、公共事业管理,专业设置满足基层卫生需求,且所有成人本科专业均有成人学士学位授予权。

(二)优化人才培养方案,助力人才培养质量不断提高

学院紧紧围绕"规范办学、提高教学质量"这个中心,组织大规模的基层调研,了解基层所需,制定兼顾成人"非零起点性、学历需求性、职业需求性、模式多样性"特点的人才培养方案、教学计划、组织教师编写各专业成人教育教学大纲,确保我院成人教育更切合基层工作实际、更能满足我省基层卫生技术人员学历提升、能力提高的需求。

学院本着加强基础知识及增强实用性的原则,编写制定了新的成人教育人才培养方案。方案内容完备,包括培养目标、主干学科、主要课程及实践环节、学习形式、学制、毕业要求及课程设置。

三、人才培养

(一)学历继续教育情况

我校现有成人学历继续教育学生 14316 人,其中专升本 12212 人、专科 2104 人。

(二)非学历继续教育情况

学校全面落实非学历继续教育方针,坚持高质量发展,完善职业教育和培训体系,扎实推进非学历继续教育。2019 年共完成各类培训 1136 人,其中全科医生转岗培训 296 人、规范化培训基地全科医师培训 77 人、助理全科医生培训 47 人、西安市民政局养老护理员培训 400 人、陕西省民政厅养老护理培训 200 人、基层疾病预防与控制培训 116 人。

四、质量保证

(一)制度建设

继续教育学院注重制度建设,制定和完善了各类规章制度和岗位职责。增强责任意识和服务意识,规范新生报到流程、学费缴纳、学籍管理、教学管理、考务管理、学位考试等工作,细化和规范各项工作流程,逐步形成"职责分明、协调统一、高效优质"的继续教育办学结构体系。

（二）师资保障

学院一贯重视师资队伍的建设，稳定的教师队伍是保障教学质量的基础，2019年学院继续推进师资队伍的优化及管理工作。从教师的年龄结构、学历结构和学缘结构都做出了一定要求。规定各校外教学点要配备与开设专业及专业人数相适应的专兼职结合的教师队伍，聘请具有大学本科及以上学历、中级以上职称的教师任教。在每年的教学评估检查工作中，师资队伍的检查都是重点核查项目。

（三）资源与信息化建设

学历教育及非学历教育教材均使用人民卫生出版教材，优先使用国家级、社省级规划教材。

2019年学院首批建设的在线课程已上线，学生可在线完成学习过程。今后，学院将大力发展在线课程的建设，后期可针对校内师资力量雄厚的专业继续开展在线课程的录制工作，而对于师资相对薄弱的专业可采取购买优质课程资源的方式来补充不足。逐步实现远程教学信息化，教学点共享优质本校师资。

我院的学历和非学历教育网络平台运营以来，极大地提升了工作效率，提高了教育教学质量，给学生提供了更加便捷、高效的服务。日常的学籍管理、教学管理、学位管理、网络课程、教学计划下达、考试管理、成绩管理等均在网络平台开展，效果良好。

（四）校外教学点的建设与管理

为了加强和规范管理，制定《西安医学院校外教学点管理办法》规范教学点办学行为，合理布局、规范站点设置、统一站点名称，统一招生宣传资料规范招生行为，严格学费管理。制定成人学历教育教学评估指标体系，每年组织专人对教学点进行全面评估，指出存在问题、限期整改。实行"统一教学计划、统一教学大纲、统一教材、主干课程统一考试、统一阅卷"，实施示范教学、主干课程巡讲和期末主干课程统一考试。每学期一次的教学检查，每年一次教学工作会议，履行学校办学主体责任，加强过程管理，确保校外教学点教育教学质量。

（五）教育教学研究与成果等情况

2019年，我院获批省级教育教学改革项目1项：《基于形成性评价的医学继续教育质量监控体系构建》。2020年1月，又在陕西省高等继续教育学会2019年教育教学改革研究项目获批3个项目，其中重点项目1个，实现了我校在此类项目立项中零的突破。新获批在研省级教育教学改革项目2个，分别是《大健康背景下基于成果导向的继续教育医学英语课程构建研究》《构建基于岗位胜任力的医学影像继续教育人才培养模式》《陕西省住院医师规范化培训考核质量监控体系的构建》。陕西省教育厅公布的高等教育教学成果奖拟获奖项目《陕西助理全科医生转岗培训模式构建与实践》获得二等奖。

五、持续深入开展扶贫工作

"双百工程"我院牵头组织实施的对口帮扶镇安县月嫂和养老护理培训项目已成功开办5期，培训学员400余名。镇安县村级卫生室专业技术人员能力提升培训95人。经省教育厅批准在镇安县农民科技教育培训中心成立了"农民工培训基地"。

六、增强科研能力，助力教学质量提高

教学科研相互助长，任课教师结合培训任务及卫生工作需求积极开展科学研究。省教育厅项目《我省社区护理人才需求及构建社区护理课程体系的研究与实践》获批教育厅优秀课题，《以社区为导向的全科医学人才培养模式与教学内容体系改革的研究》和省级教改课题《陕西基层卫生人才全科医学继续教育模式的创建与实践》《基于PDCA理论的陕西助理全科医生培训质量管理研究与实践》也已完成。继续教育培训工作促进了我院教学和科研工作的开展，课题研究又促进我们的教学质量的提高。

七、面对的新挑战、新需求

继续教育规模，特别是非学历教育规模的进一步扩大，继续教育的辐射范围和影响力将进一步提升和适应全民学习、终身学习的社会发展需求。开展各种形式的继续教育培训，做好基层卫生人员的培训工作，提升基层医疗卫生的服务能力，助力我省医疗发展。社会经济的发展，继续教育面临新的挑战，学历教育和非学历教育可以面向全国所有省区发展，逐步形成具有品牌效应和影响力的精品项目。形成"高质量、高层次、高水平"继续教育特色。

八、保障措施

（1）进一步理顺继续教育管理体制，强化规范管理，形成职责分明，协调统一，效高质优的继续教育办学结构体系。突出继续教育学院的办学窗口功能。

（2）围绕人才培养目标的实现，科学合理地制定教学计划，重点突出实践技能类课程的设置，培养适合社会需求的高素质应用型技能人才。

（3）根据地方和社会发展需要，开发具有实用性和竞争力的培训项目。

（4）借助网络技术大力开展远程继续教育，用现代远程教育技术改造、更新传统成人学历教育的教学方式，大力推进继续教育现代化、信息化，构造一个网络化、数字化、智能化、媒体化相结合的网络化教育平台，以满足社会多样化的学习需求。

陕西理工大学继续教育发展报告

一、学校情况

（一）学校概况

陕西理工大学创建于 1958 年，是一所具有 60 多年办学历史的省属普通高等学校，也是全国首批具有学士学位授予权的高校之一，是汉中周边陕甘川鄂渝毗邻地区唯一一所具有硕士授予权的高校。先后经历了汉中大学、汉中师范学院与北京大学汉中分校、陕西工学院等发展阶段。2001 年，汉中师范学院和陕西工学院合并为陕西理工学院，2016 年经教育部批准更名为陕西理工大学。

我校自 1986 年开展高等继续教育以来，累计培养了 2 万余名合格毕业生。近年来，我校高等继续教育在国家级培训（国培计划）、省级培训（省培项目）、校本研修项目、脱贫攻坚等方面投入了大量人力和物力，努力在学历教育和非学历教育领域为社会做出更大贡献。

（二）学校继续教育办学体制与管理体制

学校高度重视高等继续教育，将继续教育作为与全日制教育、研究生教育并行的三项基本教育任务之一，把继续教育发展规划、专业设置、机构编制、师资队伍等问题都纳入学校整体发展规划之中，实现资源共享，设备共用，优势互补，协调发展。分管校领导经常深入继续教育学院调查研究，听取汇报，分析形势，制定发展策略，对继续教育学院和函授站在规范办学、理顺体制等方面提出明确要求。

在 30 多年办学实践基础上，我校继续教育学历教育构建了科学规范的"校院共管"和"校地共管"二级管理体制。

"校院共管"是指继续教育学院作为学校的职能部门，代表学校对全校的成人学历教育进行严格管理，全面负责成人高等教育招生、学籍管理及毕业生电子注册等工作，教学单位主要负责教学工作。

"校地共管"是指继续教育学院与函授站所在地的教育主管部门及函授站共同管理函授教育。继续教育学院负责招生、学籍、毕业生电子注册等工作，函授站负责生源发动、组织教学和考试及日常学生管理等工作。

二、专业设置

我校继续教育设置有高中起点专科（高起专）3个，高中起点本科（高起本）13个，专科起点本科（专升本）29个。具体见下表。

表1 陕西理工大学继续教育专业设置一览表

序　号	专业代码	专业名称	学　制	培养层次
1	081301	化学工程与工艺	5	高起本
2	080601	电气工程及其自动化	5	高起本
3	120203K	会计学	5	高起本
4	040106	学前教育	5	高起本
5	080207	车辆工程	5	高起本
6	081001	土木工程	5	高起本
7	050101	汉语言文学	5	高起本
8	080202	机械设计制造及其自动化	5	高起本
9	130502	视觉传达设计	5	高起本
10	120901K	旅游管理	5	高起本
11	120201K	工商管理	5	高起本
12	120206	人力资源管理	5	高起本
13	040201	体育教育	5	高起本
14	560301	机电一体化技术	2.5	高起专
15	540301	建筑工程技术	2.5	高起专
16	640101	旅游管理	2.5	高起专
17	130202	音乐学	2.5	专升本
18	080901	计算机科学与技术	2.5	专升本
19	040201	体育教育	2.5	专升本
20	071001	生物科学	2.5	专升本
21	080601	电气工程及其自动化	2.5	专升本
22	040106	学前教育	2.5	专升本
23	080202	机械设计制造及其自动化	2.5	专升本

序　号	专业代码	专业名称	学　制	培养层次
24	030101K	法学	2.5	专升本
25	050101	汉语言文学	2.5	专升本
26	130502	视觉传达设计	2.5	专升本
27	120203K	会计学	2.5	专升本
28	120206	人力资源管理	2.5	专升本
29	040104	教育技术学	2.5	专升本
30	120601	物流管理	2.5	专升本
31	070201	物理学	2.5	专升本
32	080203	材料成型及控制工程	2.5	专升本
33	020101	经济学	2.5	专升本
34	060101	历史学	2.5	专升本
35	082702	食品质量与安全	2.5	专升本
36	030503	思想政治教育	2.5	专升本
37	050201	英语	2.5	专升本
38	070302	应用化学	2.5	专升本
39	081001	土木工程	2.5	专升本
40	120201K	工商管理	2.5	专升本
41	080207	车辆工程	2.5	专升本
42	130401	美术学	2.5	专升本
43	070301	化学	2.5	专升本
44	120204	财务管理	2.5	专升本
45	070101	数学与应用数学	2.5	专升本

三、人才培养

（一）学历继续教育情况

1. 总体规模

截至 2019 年底在籍学生人数 2447 人，其中高中起点专科 1110 人，高中起点本科 650 人，专科起点本科 687 人。

2. 生源分析

表2　陕西理工大学在校生性别及分年龄情况表

	合计	17岁及以下	18岁	19岁	20岁	21岁	22岁	23岁	24岁	25岁	26岁	27岁	28岁	29岁	30岁	31岁及以上
甲	1	2	3	4	5	6	7	8	9	10	11	12	13	14	15	16
成人专科生	1110	8	93	97	62	88	104	113	127	121	79	46	41	32	21	78
其中：女	659	6	69	53	36	52	76	87	64	78	36	27	23	17	9	26
成人本科生	1337	9	19	56	98	107	126	162	194	148	116	98	71	48	44	41
其中：女	685	8	10	23	44	61	88	103	102	84	67	46	18	14	8	9

在校生政治面貌

（二）非学历继续教育情况

我校非学历继续教育主要为"国培计划"和"省培项目"。培训项目课程为师风师德专题培训模块、培训类课程模块、教学类课程模块、教研类课程模块等。为贯彻落实习近平总书记关于"四有"好老师、"四个引路人"、"四个相统一"的重要论述，强化师德师风建设，在不同教学阶段都融入师德师风教育内容，将新时代教师职业标准落实到培训全过程。2019年，承担"国培计划"——陕西省中小学幼儿园教师培训项目3项，培训人次546人；承担陕西省中小学幼儿园教师和校院长省级培训项目2项，培训人次91人。

四、质量保证

（一）制度建设

学校制定了《陕西理工大学成人高等教育人才培养方案》《陕西理工大学成人高等教育教学管理制度汇编》《陕西理工大学成人高等教育学生手册》等文件，从制度上为非学历教育工作的规范化发展和有序开展提供保障，为继续教育工作再上一个新台阶打下了坚实基础。

（二）师资保障

在多年的继续教育办学实践中，我校形成了一支师德高尚、专兼职人员结合、业务素质精良的师资队伍。

表3　陕西理工大学授课教师基本情况统计表

类别		专业技术职务				学历情况				年龄情况		
		正高	副高	中级	初级及以下	博士	硕士	本科	专科及以下	35岁以下	36~50岁	51岁以上
授课教师	专职	7	11	23	32	3	33	31	6	22	45	6
	兼职	26	38	29	13	4	63	39	0	27	56	23
辅导教师		1	4	15	16	0	16	14	6	21	13	2
管理人员			1	3	1		2	3		0	2	3

（三）学习支持服务

我校主要通过导学和助学两方面进行学习支持服务。

导学方面：一是向函授站和学生提供《陕西理工大学成人高等教育学生自学任务书》，引导学生学会使用自学；二是引导学生在自愿、就近或基于网络平台的基础上组成自主学习小组，开展学习互助活动。

助学方面：一是制作好多媒体教学一体化的电子教案或课件，帮助学生消化理解主讲资源中的重点、难点和疑点，完整把握专业和课程的知识体系。二是指导学生完成平时作业、课程实验和集中实践环节。

（四）内部质量管理

为保证教学质量，学校建立健全质量监控体系建设。

第一，设立专岗，负责质量监控。加强校外教学站点的办学质量监控，要求各站（点）严格执行学校统一制订的教学计划和教学大纲，使用统一教材，统一组织考试和阅卷。

第二，建立退出机制，动态管理站点。实施常态化管理，根据管理水平、招生规模、专业需求契合度等，调减站点数量，建立退出机制。

第三，联合校内二级学院，确保教育教学质量。对校外站点的教学工作给予足够的师资与教学资源支持，专业核心课程必须委派主办学校教师授课，没有把教学和考试工作完全委托给教学站点。四是每年召开函授站工作会议，及时传达国家有关函授教育的方针、政策，通报最新情况，安排工作，交流经验，表彰先进，研究解决工作中的有关问题。通过以上措施，规范成人学历继续教育发展，提高教育教学质量。

五、特色创新

（一）实践特色与模式创新

因自学考试制度有高度开放、灵活和工学矛盾少的特点，可以更有效地满足社会各方面日益增长的接受继续教育的需求。这些优点恰恰是继续教育学历教育面临的困难，同时，将自考的优点和继续教育函授的优点相衔接，更加突出了学校服务学生的特点，为学生提供了便利学习的平台，节省学习时间，提高了学生思想和文化层次，帮助学生毕业后更好地服务于社会。

（二）教育教学研究与成果等情况

学校继续教育学院高度重视教学研究工作，组织完成并申报校级教改科研项目2项，2019年成功申报省级教改项目1项。目前在研的省级教改项目2项。

六、问题与对策

（一）优势专业不够明显，努力加强品牌专业建设

学校继续教育将结合办学实际，坚持以市场为导向，优化学科建设，调整专业设置，扩大学校优势品牌专业和特色专业的招生规模，进一步突出学校学历继续教育办学特色。

（二）信息化程度欠佳，进一步完善信息化平台建设

针对当前形势下网络学习带来的便利，继续教育网络利用度不高的问题，下一步学校将进一步投入经费进行信息管理平台建设，提高继续教育的管理效率，进而为师生提供便捷、高效的服务；此外，创新传统的招生宣传形式，加强新技术在招生宣传中的应用，通过微信、公众号等方式扩大宣传对象。

西安文理学院继续教育发展报告

一、学校情况

西安文理学院是 2003 年经教育部批准，由西安市政府主办、省市共建、面向全国招生的一所全日制普通本科高校。设有 13 个二级学院、1 个继续教育学院、1 个关中书院，在编教职工 1192 人，在校生 12028 人。学校继续教育工作依托学校资源，经过多年的努力发展，逐步形成了以学历教育为主体，以教师培训为品牌，以非学历教育为发展重点，以社区老年教育为特色的多元化继续教育办学体系。

二、专业设置

（一）学历继续教育专业设置情况

本年度，我校成人高等教育以"合理调整，做优师范"为指导思想，共设置专升本、高起本、高起专三个层次 26 个专业，其中学前教育（高起本）专业 2015 年经陕西省教育厅批准获得陕西高等继续教育特色专业。

（二）学历继续教育专业调整情况

为适应经济社会发展的需求变化，结合国家和省厅成人类招生要求，2019 年我院适时调整专业设置，其中高起专层次减少 3 个专业，专升本减少 1 个专业，招生专业总数由 30 个减少为 26 个，全部停止省外高起专层次招生。

（三）专业人才培养方案制定及调整情况

以全日制专业人才培养方案为基础，结合成人教学的特点和相关政策规定，制定了继续教育专业人才培养方案，根据专业知识结构要求和专业发展情况进行定期修订和更新，使之符合继续教育学习特点和应用型人才培养目标要求。所开设课程都有教学计划和课程教学大纲。

三、人才培养

（一）学历继续教育情况

1. 总体规模

2019 年我校学历继续教育在籍学生共计表：

2019年学校继续教育发展报告（摘编）

表1　2019年在籍学生概况一览表

办学层次你	在籍人数	招生数	毕业生人数
高起专	5189	2910	2018
专升本	3969	2224	1079
高起本	248	42	81
合　计	9406	5176	3178

2. 生源分析

性别：男1841人、女7565人；年龄：20岁及以下2597人，30岁及以下5430，31岁以上1379人；生源：省内8333人，省外1073人；职业分布：行政管理1086人，企业管理316人，专业技术4508人，技术辅助1022人，服务工作1534人，其他940人。

3. 人才培养模式与教学基本情况

依托各二级学院的教师队伍，严格按照成人高等教育各专业人才培养方案实施教学，所有课程均采用传统面授教学模式，严格按照教学计划授课，构建完整的教学过程管理体系，有效提升培养质量

按照人才培养方案，选聘学校学科骨干、优秀教师担任教学授课工作，给学生和授课老师采购教学教材，利用周六、日时间采用学生来校学习模式，完成教学内容和考核，继续教育学院专职管理人员负责教学的组织实施。

（二）非学历继续教育情况

1. 总体规模

2019年我校顺利完成国培项目13项、省培项目12项、市培项目6项，培训4634人；委托培训项目8个，共计培训11000余人。

2019年专业技术人员培训共15期，培训15066人次；开展校企合作项目2项，招收学生79名；开展保育员、育婴师职业技能鉴定3期，报名332人，获证192人；开展域外项目3项，培训102人。

2019年我校老年大学共开设15个专业，35个班，合计1535人。

2. 培训模式

我校非学历教育工作实行"分级管理、项目负责"的管理体制，设有专门的科级部门具体执行各项培训业务的实施，按照"项目分工、集中统筹、协作运行"的模式运行。教师培训：以"转变培训模式，改进培训内容"为抓手，以增强实效性为目标，减少通识课，增加研训、研学等环节，形成了"三对接"的教师培训特色；职业技能培训：注重突出行业特点，契合行业发展需求，采取线上线下相结合的方式开展培训；老年大学：主要以面授和开展文体活动的形式开展培训。

（三）人才培养中的思政教育

以习近平新时代中国特色社会主义思想为指导，坚持立德树人，教学中重视对学生思想和意识形态教育。建立了一支思想正派，作风过硬，业务优良的管理队伍，利用入学教育、日常交流、毕业鉴定、论文答辩等工作，把思想政治工作落地生根，形成全员育人、全程育人、全面育人的思想政治工作运行机制。

（四）学生学习效果

学校坚持以学生发展为中心，在服务学生学习、及时解决个人诉求、个性化服务和解决工学矛盾方面，受到学生一致好评。学校已经累计向社会输送了2万余名本、专科毕业生，数百名毕业生获得了成人学士学位。用人单位对我校毕业生反馈良好，部分优秀毕业生已成为社会各行业的骨干，为陕西省和邻近省（区）经济社会发展培养了大量人才。

四、质量保证

（一）制度建设

以建章立制为抓手，制定和完善了《继续教育学院日常运行综合管理制度》《西安文理学院成人高等教育函授站（点）管理办法》《教师培训项目实施流程图》《老年大学教学管理制度》等8项规章制度。

（二）师资保障

成人高等教育依托本校二级学院专业教师，选聘个别校外优秀教师，组成了一支经验丰富、熟悉成人高等教育规律和特点、教学水平较高的学历教育教师队伍；教师培训依托学校骨干师资力量，聘请省内外高校知名专家、一线优秀教研员和教学名师组成专家团队，形成了一支理论基础深厚、实践经验丰富的专家队伍；老年大学则聘请建立了一支热爱老年教育事业、热心为老年人服务的校内外结合的专业教师队伍。

（三）资源建设

建成了成人教育管理平台；目前已上线《学前教育学》《学前心理学》《学前卫生学》三门专业主干课程；另有《大学英语》《计算机基础知识》《毛泽东思想和中国特色社会主义理论体系概论》公共必修课程。

（四）设施设备

除共享高新校区图书馆、体育场地外，继续教育有专门的培训楼、学生食堂等。2019年先后对多功能报告厅、多媒体教室、专业教室、计算机机房、实训室等教学场地进行了升级改造，满足了各项业务工作的需要。

（五）合作办学及校外学习中心、教学站点建设和管理情况

依据国家、省、市教育部门关于高等继续教育相关文件精神，我校制定出台高等继

续教育教学与学籍管理制度,要求函授站点遵照相关规章制度规范日常教育教学管理工作。2019 年重新修订《西安文理学院校外函授站点管理办法》,加强对校外教学站点监督管理工作,目前各函授站点未发现点外设点、中介招生、违规收费、虚假承诺和宣传等现象。

五、社会贡献

1. 提供教育机会,服务国家教育战略

2019 年共招生录取学生 5280 人,为广大在职人员提供了接受高等教育的机会,向社会输送毕业生 3178 人,为经济社会发展提供人才支持;

2. 面向基础教育,助推建设教育强市

通过各级各类教师培训,提升了市内外中小学幼儿园教师的执教能力和管理水平;

3. 立足职业技能培训,助力地方经济发展

为本市培训各类专业技术人员 15066 人次,助力地方经济社会发展;

4. 推进全民终身学习,加快学习型社会建设

积极响应中央提出的"大力发展老龄服务事业和产业"的号召,组织和引导社区老年人积极参与终身学习活动、提高生活质量。

5. 对口支援、教育帮扶

教育扶贫:为宁陕县小学、幼儿园培训教师 360 名。国培计划项目:为白河县、宁陕县、佳县培训中小学、幼儿园教师 750 人次。

六、特色创新

1. 深化改革、规范管理

维护党政团结,坚持实行党政联席会议决策下的院长负责制,开好党政联席会,讨论、解决学院工作中的重大事项。深化内部改革,充分发挥所有人员的积极性,打破部门人员条块管理,全院一盘棋。

2. 抓住一个根本,发挥 2 个中心职能,创建 2 个品牌

扎实做好高等继续教育工作,巩固教学规模的根本;发挥学校资源优势,做好学院培训中心工作,用好"西安市教师发展研究中心"这个平台,发挥我校服务西安教育事业的作用;积极作为,努力创建文理教师培训品牌和老年大学品牌。

七、问题挑战

近年来,我国高等教育毛入学率逐年提高,学历继续教育生源规模迅速下降,同时西安高校林立,高校间的竞争日趋激烈。2019 年,高职扩招百万的政策,给继续教育的

发展带来了新的挑战

生源竞争归根结底表现为人才培养质量的竞争，人才培养质量的提升将成为成人高等教育的新要求。学院将在加大宣传力度、优化专业设置的基础上，积极开展"互联网＋继续教育"模式。加大对继续教育信息化基础设施和教育信息资源建设的力度，整合校内外资源，挖掘学校特色课程等优质教育资源，推动我校成人高等教育"规模、结构、质量、效益"协调发展。

宝鸡文理学院继续教育发展报告

一、学校情况

（一）学校概况

宝鸡文理学院是一所省属普通本科高校，成立于 1958 年。共有石鼓、高新、蟠龙三个校区，拥有全日制在校生 19368 名，教职工 1388 名。设有 17 个二级学院，65 个本科专业。

（二）总体规划与办学定位

1. 总体规划

"学校办学模式：以普通本科教育为主，发展研究生教育，稳定继续教育，拓展中外合作办学""定期向校友通报学校发展情况与发展规划，优先为校友提供继续教育和培训"。

2. 办学定位

依托学校办学优势，加强政、企、校合作，主动探寻继续教育市场；针对招生实际，压缩学历教育规模、大力拓展非学历培训；按迈开步、拿项目、再优化的三步走的发展步骤，逐步形成系统、规模、优质、高效的办学体系。

（三）办学体制与管理机制

1. 办学体制

把继续教育作为学校的一项重要事业，和普通高等教育互为补充、互为依托、相互促进、相得益彰，成为支持学校发展的一支重要力量。

2. 管理机制

继续教育学院由主管科研、社科、财务等部门的副校长分管，校领导经常性检查指导站点工作。继续教育学院与校内其他二级学院和职能部门为平等、合作的办学关系。

二、专业设置

（一）学历继续教育专业设置和调整情况

我校涉及学科门类有文史、艺术、法学、教育学、工学、理学、经管，有汉语言文学、英语、会计学、美术学、音乐学等 34 个专业。对于内容陈旧，口径偏窄的专业进行调整。汉语言文学和学前教育是我校的省级特色专业和教改优秀专业，将依托这些优质资源，积极开展继续教育。

（二）专业人才培养方案制定及调整状况

对照专业类教学质量国家标准、专业认证标准等，制订人才培养方案。根据学历层次实际，对专升本，高起专各专业的人才培养方案每2.5年进行修订；对高起本各专业每5年修订。

三、人才培养

（一）学历继续教育情况

1.总体规模

我校开展有高中起点专科、本科，专科起点本科三个层次34个专业，分函授和业余两种学习形式。截至2019年底共有在校生887人。2018年毕业583人。

2.生源分析

我校在籍学生中男生282人，占总人数的32%；女生605人，占68%。生源主要分布在渭南、咸阳、宝鸡等地，大多数学生在行政部门、企事业单位、等行业任职。

3.人才培养模式与教学基本情况

高起本及专升本通过公共课、专业课、毕业论文设计三个阶段完成学习，公共课、专业课、毕业论文设计分别占总课时的25%、60%、15%。

通过线上线下两种方式完成教学任务。2019年函授各专业面授3265课时，占总课时的30%。

（二）非学历继续教育情况

1.总体规模

承担国培项目7个，省培项目5个，其他培训1个，参训学员887人次。另外还承担了宝鸡市水利局读书班项目。

2.培训模式

课程设计将前沿理论与实践关注相结合，授课形式线上与线下、讲授与见习相结合，师资遴选高校专家与一线教师相结合。

（三）人才培养中的思政教育

在国培项目中开设《义务教育学校校长专业标准》专题，省培项目中开设《中学教师专业标准解读》专题。

（四）学生学习效果

定期或不定期通过教师和学生座谈、电话访问、问卷调查等方式，进行满意度调查，满意度高达90%以上。

四、质量保证

（一）制度建设

制定了继续教育学院《教学管理制度汇编》《人才培养方案》等相关规定和程序办法。健全质量监控体系。一是设立专岗，负责质量监控；二是建立淘汰机制，动态管理站点。

（二）师资保障和资源建设

由校内外知名专家教授、一线教学名师组成专家团队。专项建设线上授课平台；优先选用国家级、省部级等符合成人高等教育的教材。

（三）设施设备

在假期和双休日调用学校一切教学设施设备以保障继续教育学院教学所用。

（四）合作办学及校外教学站点建设和管理情况

招生、办学无投诉。未进行委托招生、点外设点、违规招生，无违规收费、虚假承诺和宣传等现象。

（五）内部质量管理

建立多元评估体系和评估标准。通过定期与不定期结合、现场检查和归档资料相结合、普遍检查和特定抽查相结合的多种形式实施教育质量监控。

（六）外部质量评估

国培、省培项目区县意见反馈、专家验收终结评估等方面连续多年获得赞誉。

（七）信息化建设

积极开展"线上＋线下混合式"教学模式。初步建成继续教育线上网络教学平台。

（八）经费保障

严格财务管理制度，收费符合规定，无超范围收费、捆绑收费问题。办学经费有保障，经费使用科学合理。

五、社会贡献

（一）继续教育服务国家战略和面向校内、社会开放服务情况

学历教育学员887人，毕业学员583人，覆盖34个专业。非学历培训举办培训班9期，其中国培项目5个，共培训学员近1000人次。对国培、省培培训班中如北京师范大学《高中地理新课标"核心素养"的解读与教学建议》等优质课程资源面向社会开放。

（二）对口支援、教育帮扶情况

对镇安县开展专业实用性技术培训2期，培训人员306人，其中贫困户人员87人。开展扶贫就业创业讲座4期，参训人数400余人次。

六、特色创新

（一）"以学员为关注点的项目管理评价"的管理模式创新

借鉴柯氏四级培训评估模式，对相关评价内容和评价方法作了修改。确定了关注重点，然后把学员培训解构为过程性变化和结果性变化。在"国培计划（2019）"——陕西省市级教学能手学科教学能力提升三段式培训项目中效果显著。

（二）国际交流与合作情况

我校教育学院是我们学历教育和非学历教育依托的资源，幼儿师范专业是其优势专业。近期，教育学院与英国约克圣约翰大学签订学前教育专业办学协议。

（三）教育教学研究与成果等情况

作为培训实践基地，挖掘、培育出清姜小学校园文化特色、三迪小学教研成果特色、高新一小大爱教育特色的优质基地学校。为宝鸡、咸阳等地教育部门教师学历达标培训教师上万人。

七、问题挑战

（一）面对的新挑战、新需求

1. 继续教育市场竞争激烈

教育国际化、市场化使高等院校继续教育招生的市场受到巨大冲击。

2. 国家政策带来的新机遇

《国家中长期教育改革和发展规划纲要 (2010 — 2020 年)》公布和人才强国战略的实施，成为继续教育发展的重要机遇期。

3. 全民终身学习理念的深入和，使继续教育打开了新的发展局面

（二）存在的主要问题及原因

1. 学历教育受地域限制，生源流失

受宝鸡地域限制，更多学生会选择西安高校。

2. 非学历教育面临挑战

近年来，受多方因素的影响，国培、省培项目承担较少。受行政机构制约，宝鸡教育学院、宝鸡职业技术学院承担的宝鸡市培训项目相对较多。

八、对策建议

（一）发展对策

1. 学历教育方面

从 2020 年起，向省教育厅申请停止继续教育招生。对在校生的管理，遴选优秀教

师担任教学任务，将线上、线下教学相结合。

2. 非学历培训方面

（1）整合资源，开拓培训市场。主动牵手政府部门，承接政府继续教育培训项目。深入了解企事业单位的培训需求，并开发针对性的培训项目。开展适应行业和企业需求的职业资格与岗位培训。主动与国际教育机构进行合作。

（2）加大投入，建立品牌效应。在已有专家库的基础上，2019年国培，我们从北京师范大学、陕西师范大学等名校聘请专家教授进行授课。

（3）学习经验，创新管理体制和运行机制。学习借鉴浙江大学继续教育方面的成功经验，实现大力拓展非学历培训的转型，理顺非学历培训的管理体制。

（二）政策建议

（1）建议省教育厅针对全省继续教育学院设立"继续教育研究"专项社科基金课题，以促进省继续教育工作的深入研究及经验推广。

（2）建议设立继续教育研究的专门期刊，激励更多的业内人士关注继续教育发展，分享国内外继续教育的特色案例。

咸阳师范学院继续教育发展报告

一、学校情况

咸阳师范学院是一所以教师教育为特色的省属本科院校。继续教育学院（陕西广播电视大学咸阳市分校，简称"咸阳电大"）为咸阳师范学院下设二级学院，与咸阳师院教学设施、教师资源等资源共享。2019年，我校开放教育开设本科专业22个，专科专业43个，函授教育开设专科专业17个，本科专业25个专业。在籍学生8486人，其中开放教育学生8362人，函授教育学生124人。学校树立终身教育理念，以优化体制机制为目标，以提升人才培养质量为重点，以提高支持服务水平为手段，充分利用现代教育技术和信息技术手段开展远程教学和开放教学，不断提升为地方经济发展服务的能力，形成学历与非学历教育协调发展的办学格局，为全民终身学习型社会服务。

二、人才培养

（一）学历继续教育情况

我校主要采取网络自主学习、远程支持服务与面授相结合的"线上 + 线下，自学 + 面授"的混合式教学模式。

我校坚持"网上教学为主，面授辅导为辅"的原则，积极引导、督促学生经常性登录国家开放大学学习网，指导学生利用网上教学资源学习，重点加强网络教学互动学习，要求学生每周至少上网学习1小时，每门课程发帖回帖合计不少于10条。另外依据课程性质及学生实际需求，着重安排计算机、英语等公共课程和理工类难度较大课程、课改课程进行集中面授辅导，2019年组织面授辅导12天，共计96课时，对网上教学起到了良好的补充作用。

2019年度我校共聘请455人次教师开展网上答疑、作业评阅等教学活动，组织完成134门课程的网上作业评阅工作，辅导教师配置率达34.74%。要求教师至少3天上线1次，3天内必须回复学生帖子，并安排教学科和电教科专人负责督促检查。2019年教师上线率、回帖率明显上升，被省校评为2019年度"网上教学工作先进单位"，1人被评为"网上教学优秀管理人员"。

（二）非学历继续教育情况

我校非学历教育已形成以中小学教师为主体、专业技术人员继续教育和干部教育培训为辅助的"一主两辅"培训架构。2019全年申报实施各级各类培训项目20余项，培训教师干部4500人，完成陕西师范大学金泰丝路花城幼儿园等培训教育的新一批实习基地建设。建成"国培计划"项目；职业院校教师素质提升计划创新项目；"双师型"教师专业技能培训等项目。

（三）学生学习效果

2019年度我校开放教育工作取得了较好的成绩，教学质量、教学效果稳步提高。我校安排专人全程指导学生完成学业，新生的满意度100%。学生课程成绩及格率、实践环节合格率、学生毕业率等满意度继续提高。毕业生满意度达97%，比2018年提高2个百分点。

2019年我校推荐的杨刚等3名同学获得国家开放大学奖学金，焦亚娟等23名同学获得省级奖学金；2019年我校推荐的优秀毕业生赵文举等同学在各自单位努力工作，表现优秀，受到单位表彰，社会评价度较高。

三、质量保证

（一）师资建设

我校根据人才质量培养标准形成完整规范的人才质量培养、监控、检查、评估指标体系。制定一系列管理制度，全面规范教学过程，确保教学质量。同时充分依托咸阳师范学院的师资力量，聘请中级以上职称的辅导教师，基本形成了一支以师院专职教师为主、其他院校兼职教师为辅的教师队伍。2019年共配备专兼职教师232名，其中专职教师196名，占教师总数的84.5%。高级职称教师112名，占教师总数的48.3%。教师35岁以下50人，35岁至50岁160人，50岁以上22人，辅导教师配置率达34.74%。

（二）学习支持服务

2019年，我校平台共导入64811门次，并为网络课程考核改革的课程选聘了43名指导老师，以满足学习者多样化的学习需求。另外在班主任配置，组织学生报名、论文答辩、课程注册、考试、考勤、教材发放、毕业申请、奖学金申领、评优等每个环节规范有序。

（三）内部质量管理

我校根据远程教育特点，重点加强网上教学工作，分校以国开学习网教师教学行为、学生学习行为统计数据为主要依据，安排专人每周统计公布各县区教学站点网上学习数据及排名情况，督促网上教学工作。2019年分校网上教学工作取得了明显进步，成绩突出，被省电大评为"网上教学先进单位"。

我校把教学督导与检查作为提高教学质量的重要措施并形成制度，成立教学督导检查组，每个学期开展常规教学检查，监控教学质量，促进办学质量和教学水平的不断提高。

2019 年我校制定了《教学检查自检方案》，分校和各教学站点依据方案进行了自检，完成了自检报告。

（四）外部质量评估

2019 年 11 月国家开放大学对我校教学工作进行了综合检查。专家组对我校师资力量和教学工作给予了充分肯定。专家组认为咸阳分校在教学工作中"思路清晰、工作扎实、成效显著，是对省电大工作的有力支撑"。尤其是关于"思政课程""课程思政"方面的探索给予了充分的肯定和赞扬。

四、社会贡献

我校积极对接陕西省精准扶贫工作，与优利士乳业集团结对，与彬长集团小庄矿业公司联合办学，新增沣西工作站，高新教学点，以着力提升企业职工学历层次、技术技能为落脚点，增强高校服务社会的能力，助力全省脱贫攻坚，为淳化县义务教育学段各类学校培训教师干部近 500 名。支持社区教育、职工教育、农民工教育等各类社会教育进一步发展，培养"学习型市民"，满足人民大众化学习、终身学习和个性化学习的需求。

我校从咸阳当地的经济结构和产业特色出发，发挥学校"关中古代陵寝文化研究中心"优势，与乾陵博物馆等文化行业进行订单式培养，使成人继续教育贴近企事业生产经营活动，彰显服务地方职能。

五、特色创新

我校积极探索"课程思政，思政课程"新途径。我们借助学校二级学院"马克思主义学院"下设的"行为分析实验室"和"决策实验室"两个实验室。2019 年新建"思想政治教育卓越人才培养实训基地"一个，通过 VR 技术进行虚拟仿真实验，服务于思想政治教育教学的需要。

我校制定了《关于加强"课程思政"建设的实施方案》，在教学过程中深入挖掘拓展各门课程思想政治教育元素，同时从学生报名时的道德教育，入学时的理想信念教育，学习过程中的思想政治教育、考试时的诚信教育，到毕业时的职业道德教育等，每一位管理、教辅人员和教师都能够结合自身业务紧抓每一个环节，将教育工作寓于其中。除此以外，利用"奖学金""优秀毕业生"等形式评优树模，以点带面，树立良好的风气，促进全员育人、全程育人、全方位育人，"三育人"格局的形成。

六、问题挑战

随着高校的不断扩招，学习型社会催生了社会成员多样化、个性化、泛在化、终身化的学习需求，现有的培训项目不能满足信息社会、知识社会、网络社会、全球化社会、学习型社会中学习和教育的需求。

七、对策建议

加大招生工作力度，稳步扩大办学规模，加强学分银行认证体系建设，向服务于全民终身学习转型。继续加强校企合作办学，推进与行业企业共建专业和课程体系，依托电大系统办学优势，逐步开展社区教育、农民工培训、职业技能培训、老年大学等非学历培训继续教育，推进学习型城市建设，统筹城乡继续教育发展，促进全民终身学习。

渭南师范学院继续教育发展报告

一、学校情况

（一）学校继续教育工作的指导思想和办学定位

1. 指导思想

学校继续教育工作的指导思想是：以习近平新时代中国特色社会主义思想为指导，全面贯彻落实党的十九大及十九届二中、三中、四中全会精神和全国教育大会精神，主动适应我国经济社会发展和人的全面发展需求，树立终身学习、人人学习和多样化人才培养的观念，以现代信息技术为支撑，积极推进优质资源建设与共享，不断优化办学和服务体系，积极构建灵活开放的终身教育体系，加快推动全民学习、终身学习的学习型社会建设，为全面建成小康社会服务。

2. 办学定位

学校继续教育工作的办学定位是：围绕应用型人才培养目标，积极探索具有成人特点的多样化人才培养模式的改革与创新，立足陕西，侧重渭南，稳固发展学历教育，大力开展非学历继续教育，为服务地方经济建设提供人才支撑，更好地服务区域经济社会发展。

（二）学校继续教育办学体制与管理机制

1. 办学体制

学校始终将继续教育作为高校"以培养人才为中心，开展教学、科学研究和社会服务"的重要组成部分，把继续教育工作列入年度学校重点工作，为开展继续教育工作提供了有力的政策支持和良好的发展环境。学校分管领导经常性地深入继续教育学院调查研究，听取汇报，分析形势，制定发展策略，对学校继续教育工作在发展规划、规范办学等方面提出了明确要求。寒暑假面授前，学校发文统一部署面授工作任务，继续教育学院负责教学环节的实施，后勤服务中心负责水电暖，校医院负责医疗保健，保卫处负责安全保卫，计财处负责收费，分工明确，各负其责，密切配合，为学生创造了良好的学习和生活环境。

2. 管理机制

学校继续教育管理服务机构健全、分工合理、职责明确。学校继续教育实行二级管理，由一名校领导分管继续教育工作，继续教育学院是学校继续教育工作的主管部门，负责对全校的学历继续教育和非学历继续教育培训工作，统筹各成教专业人才培养方案的制定与实施，负责成人高考招生录取、学籍注册、毕业生办证等工作，负责招生宣传、组织教学和考试及日常的学生管理等工作。

二、专业设置

（一）学历继续教育专业设置和调整情况

2019年，学校立足本校，面向市场，充分考虑学生需求，增设应用化学、软件工程、电子商务等3个专升本专业，学校成人高等教育专业总计30个。

（二）专业人才培养方案制订及调整情况

继续教育学院的人才培养方案以毕业生需要具备的知识、能力、素质结构为出发点，以促进学生全方位协调发展，培养学生科学素养和终身学习能力，培养学生的创新精神和工作实践能力为目标，在培养目标、培养要求、修业年限、课程设置、毕业合格标准、学时学分分配表及培养计划进程表等内容上不断完善，形成了比较完备的成人高等教育专业培养方案和教学大纲。

三、人才培养

（一）学历继续教育情况

1. 总体规模

2019年，录取成人本专科新生共计557人，其中专升本315人，高起本26人，高起专216人。2019年，学校成人高等教育在校生1295人，其中专升本634人，高起本213人，高起专448人。2019年，学校成人高等教育毕业学生555人，其中专升本214人，高起本137人，高起专204人。

2. 人才培养模式与教学基本情况

成人学历继续教育教学环节主要包括自学、面授、作业、答疑辅导、实验、实习、课程设计、考核（考试或考查）、毕业论文及答辩等。按照《渭南师范学院成人高等教育管理工作实施细则》有关规定，在寒暑假前一个月把函授各专业的面授时间、地点和《面授课程表》制定完备，并通知至每个学生。继续教育学院落实场所和设备条件，加强组织管理和学员的思想政治教育，保证各项教学环节顺利进行。授课教师根据成人高等教育的办学形式和学生特点进行备课，在前一个学期结束时，布置、安排学生的自学进度，并介绍自学指导用书。辅导答疑着重帮助学生解决疑难问题，启发学生思考，改进学习方法。教师对作业中发现的共性问题通过答疑辅导或面授进行讲解。毕业设计（毕业论文）的选题既符合本专业的培养目标和教学要求，又结合学生的生产、工作实际，并安排指导教师做好论文指导修改、答辩、评定成绩等工作。

（二）非学历继续教育情况

2019 年，渭南师范学院承办了国培计划陕西省项目区县小学语文、小学数学学科新教师入职培训、白水县培训团队研修、白水县青年教师助成长送教、陕西省乡村小学初任校长领导力提升三段式培训、陕西省乡村幼儿园幼儿舞蹈专项技能提升培训 6 个项目以及高中信息技术、数学、化学等 3 个省培项目。

四、质量保证

（一）制度建设

为实施系统化、规范化管理，使学校成人高等教育工作有章可循，继续教育学院不断加强教育管理制度体系建设，对办学的各环节实行全方位规范化管理，先后制订了以下各项管理文件：《渭南师范学院授予成人高等教育本科毕业生学士学位工作细则》《继续教育学院函授教学过程管理实施细则》《继续教育学院教师授课要求》《继续教育学院教材管理工作条例》《继续教育学院关于函授题库建设的实施意见》《继续教育学院学生学籍管理规定》《继续教育学院关于加强教学档案建设与管理的有关规定》《继续教育学院考试管理工作暂行规定》《继续教育学院课程考试命题规范》《继续教育学院保密管理暂行规定》等制度。

（二）师资保障

学校学历继续教育的师资全部来自全日制普通高等教育，严格执行《渭南师范学院成人高等教育教师教学工作规范》和《渭南师范学院成人高等教育教学督导工作条例》的有关规定，规范教师教学过程，严格教师教学纪律。

表 1 渭南师范学院学历继续教育教师构成统计（人数）

类别		专业技术职务				学历情况				年龄情况		
		正高	副高	中级	初级及以下	博士	硕士	本科	专科及以下	35岁以下	36～50岁	51岁以上
授课教师	专职											
	兼职	15	52	24		2	85	4		12	71	8
辅导教师		5	32	11		2	42	4		12	34	2
管理人员			2	3	6		2	8	1	1	7	3

（三）资源建设

学校所有教室、实验室、教学设备在函授面授期间均可服务于函授师生。在成人高等教育授课期间选用多媒体性能完善、实验设备先进、教学辅助设施齐全的场所进行教学，并给授课教师提供课间休息场所，给学员提供开水。财务处、后勤服务中心、宿舍管理中心、保卫处、校医院等部门按职责要求做好学员的收费、食宿、安全保卫和医疗保健工作。继续教育学院教师和工作人员均配备工作需要的办公室及必需的办公设备。

（四）学习支持服务情况

学校新修订的各专业各课程均配套相应地教学大纲、自学指导书、教学课件和8套试题库。学校充分利用"青书学堂"网络课程资源，扩大网上授课比例，完善网络学习规范，满足学生利用闲暇时间的学习需求，实现线上学习与线下学习相互补充，移动终端与台式电脑无缝切换。同时，平台还提供了完善的管理功能，数据统计工作简单高效，工作流程科学合理，大大提高了工作规范性和工作效率。在日常管理过程中，学校通过QQ、微信公众号与学员进行双向沟通交流，及时发布教学通知与相关信息，了解学员学习状况，并安排专业教师进行网络答疑，在继续教育学院开通投诉、服务邮箱和电话，对学生的诉求进行及时处理。

（五）内部质量管理

学校不断完善教学管理制度，逐步实现教学管理过程全覆盖的制度管理，保障教学过程的顺畅运行。学校坚持和完善校、院二级教学质量保证与监控体系。除学校的教学督导小组外，继续教育学院还建立了自己的教学督导队伍。督导组通过深入课堂、随机听课、定期检查等方式，对教学管理工作的监督、检查、评价和指导不断深入。继续教育学院通过调查问卷、座谈等方式积极开展教学质量评价，充分采纳好的意见和建议，改进教学方法与教学模式，不断提高教学质量。

（六）经费保障

学校继续教育学院不设财务人员，执行学校大财务管理制度。2019年，学校严格按照上级物价部门学费收取标准全额收取成人高等教育学费，并严格执行"收支两条线"管理规定。2019年学校继续教育收入共计444.5万元，其中成人高等教育学费收入210万元，非学历培训教育收入234.5万元。2019年继续教育学院经费支出144万元，其中教学人员106万元、管理人员25万元、资源建设5万元、平台系统2万元、基础设施6万元。

五、社会贡献

渭南师范学院是传统师范院校，从建校起就将师范教育专业作为学院发展的基本方向，在招生就业方面，立足渭南，面向陕西，服务西部，辐射全国，坚定不移地发展教师教育，为国家培养了数以万计、合格的基础教育师资，形成了一定的办学优势。学校在白水县雷牙镇、史官镇、林皋镇等村镇开展了电子商务、农作物种植管理、电子商务农产品营销等一系列有针对性的特色帮扶活动，使农户能够借助移动商务平台，扩宽农产品销售渠道，为提高农产品销售收入，促进白水县主导产业的转型升级和快速发展，对白水县脱贫攻坚工作起到了积极的推动作用。在白水县开展"双百工程"结对帮扶基础教育师资培训 10 期， 992 人次。

六、特色创新

（一）送科技下乡，助力地方特色产业发展

学校充分结合学科专业优势，针对县域产业需求，持续开展扶贫帮扶工作。学校培训帮扶团队开展了教师培训、农业电子商务营销产业化培训、信息化服务培训等。学校组建实践团队，赴白水县开展电商培训、文创产品设计、苹果园土壤施肥情况调研等特色产业帮扶工作。

我校略阳农民培训基地是由陕西省教育厅批准成立的首批高校农民培训基地。2019年，多次开展公司员工和农民工培训，安排本地就业农民 120 余人，资助贫困学生 10 名，既解决了当地农民工的务工就业问题、还实现了贫困户脱贫困难问题。

（二）教育帮扶，提升基础教育质量和脱贫能力

学校在白水县集中师资力量开展基础教育师资培训、扶学扶志类教育培训和信息化服务培训。基础教育师资培训方面，开展了结对帮扶教师系列培训，围绕"专家引领、修德敬业、精细精准、教育帮扶"的主题，开展 10 期培训，培训 992 人次。聚焦帮扶五校，设立"教育帮扶优秀师生奖"，奖励资助建档立卡学生及指导教师 40 人。

七、问题挑战

近年来，随着普通高校连年扩招，加之成人高等教育办学主体的多元化以及各类成人高校之间的激烈竞争，成人函授、业余等学历教育招生日益困难。同时，由于教育政策的不均衡，造成教育竞争的不公平，大量生源趋易避难，流向开放式教育和远程网络教育，也造成成人高考人数锐减，生源严重萎缩。

八、对策建议

（一）扩大招生宣传，稳定招生规模

今后，学校将充分发挥办学优势，积极扩大学校办学影响。校内通过电话咨询服务、网络平台等手段，扩大招生宣传覆盖面，挖掘社会各行业生源，稳固并扩大招生规模。

（二）积极发展非学历教育，打造地方非学历教育品牌

继续做好国培、省培等教师研修项目，制定和完善有利于非学历教育较快发展的政策和制度，加强与各级政府、行业（企业）、其他办学机构合作，开拓培训市场，扩大影响力。开展与省内知名高校或知名培训认证机构的合作办学，引进培训项目。

榆林学院继续教育发展报告

一、学校继续教育办学定位与管理体制

榆林学院是榆林唯一的省属本科院校，也是榆林国家级能源化工基地唯一的高等院校。我校办学应定位于培养应用型人才，服务榆林市地方经济发展。继续教育是学校总体发展和规划不可或缺的一部分，把握陕北地方经济、社会发展脉络，以市场需求为导向，坚持多层次、多形式、多渠道办学模式，逐步形成多元化的办学格局。

我校继续教育学院是继续教育工作管理职能部门，对学校各教学院系开展的各类继续教育办学活动及其他形式的继续教育活动进行监督管理和检查评估，协调、指导和规范全校各教学院系开展继续教育活动。我校非学历继续教育工作统筹部门也设在继续教育学院，主要负责各级各类干部培训以及社会行业类培训，组织行业考试等相关工作.

二、专业设置情况

（一）学历继续教育专业设置情况

我校学科专业建设规划原则是以应用学科建设为导向，提高服务榆林区域经济和社会发展的能力。其中汉语言文学、石油工程、学前教育专业为我校优势学科，其中机械设计制造及自动化专业为我校省级特色专业。目前我校开设成人本科专业30个、成人专科专业10个，专业设置以工科为主，工、管、文、理、农、法等多学科协调发展。

（二）学历继续教育专业调整情况

（1）根据教育部要求，我校集中力量办好高等学历继续教育本科专业为主，统筹兼顾高等学历继续教育专科专业。2019年专业40个，其中本科专业10个，专科专业30个。2019年招生人数共1224人，其中本科招生人数742人；专科专业招生人数482人。

（2）榆林市是国家重要能源化工基地，也是现代特色农业示范基地。根据学校所处地理位置，我校成人本科招生重点发展能源化工和管理专业，专巩固师范专业，突出农牧特色，多学科共同协调发展。

（三）专业人才培养方案制定及调整情况

我校高等继续教育学习形式主要为函授和业余；修业年限：高起本为5年；高起专和专升本为2.5年。

经过多年的教学实践和改革探索积累了一定的办学经验，已完全具备了培养综合性

人才的条件和能力。根据教学计划及培养方案，必修课一般采取闭卷考试，选修课采用开卷考试。成绩评定按百分制进行评定，平时成绩总成绩40%，期末卷面成绩占总成绩60%。

三、人才培养

（一）学历继续教育教育情况

1. 学历教育办学的总体规模及生源分析

目前我校成人招生生源全部为陕西省内，无外省招生计划，现有成人高等教育在籍学生2196人，学历层次为专科、专升本、高起本，其中函授学习形式2069人，业余学习形式127人。2019年招生数1224人，毕业生数190人。

2. 人才培养模式与教学基本情况

学校各专业成人高等教育教学计划参照普通高等教育的教学计划，并结合成人教育的特点制定，将课程体系分为公共课、专业基础课、专业课。各课程的教学计划，由继续教育学院组织有丰富教学经验和实践经验的教师进行编写，能满足成人教育对教学内容和学时的要求。我校要求各学院严格按照教学计划和培养方案来安排课程，由继续教育学院教学管理人员负责监管。

（二）非学历继续教育开展情况

2019年度举办了"公文写作与处理技巧暨文秘人员核心技能再提升"培训班，受训人数近500人；面向在校生开展了职业技能鉴定工作，报名参加鉴定的学生近303人；为银行业协会、西部机场、华电集团等行业组织考试，服务对象达9545人次。2019年07月中国煤炭工业协会培训中心榆林工作站在继续教育学院挂牌成立。

四、管理规范保证教学质量

（一）学校继续教育规章制度建设情况

坚持规范办学，提高教学质量一直是我校继续教育工作的核心任务。我校继续教育学院成立初期阶段，起草了《榆林学院继续教育学院管理制度汇编》《榆林学院继续教育学院学生管理办法》和《榆林学院继续教育学院学生手册》等各项规章制度。

（二）继续教育教师构成及管理情况

我校继续教育学院专职管理干部4人，内设教务科、教学科，内部机构健全，分工明确。

我校的校内继续教育教学工作均有各学院负责，继续教育师资依托各专业师资队伍，师资力量充分，可完全满足学校成教学生的学习。

（三）资源建设及设施设备

继续教育学生可共享学校的教学资源，学校现占地840亩，其中教学行政用房面积

13.6 万平方米，生均面积 9.49 平方米；实验室、实习场所面积 5.25 万平方米，生均面积 3.65 平方米；学校教学、科研仪器设备资产总值 14342.5681 万元。学校图书馆纸质图书 115.3 万余册，纸质期刊 1044 种，电子图书 135.6 万册，数据库 27 个。我院现有的教学设施条件能够满足教学的需求，确保教学工作顺利进行。

（四）规范管理，保证质量

（1）严格执行教育行政部门相关政策和规定，在招生宣传方面，禁止发布一切虚假招生信息和承诺招生行为发生；毕业生毕业前，我校对每个专业的每个学生的毕业信息和学籍情况进行前置审核，确保信息的准确无误。

（2）学习支持服务方面，我校继续教育管理有完整系统的人才培养计划、教学大纲和计划；有专业的师资队伍；有教材征订要求；有场地设备等办学硬件标准和要求；有教学过程管理监管措施等。

（3）内部质量保证，为了保障教育教学的正常活动，我校始终重视教学过程的实施。在寒暑期或节假日我校继续教育在校内组织面授和统一考试，面授和考试期间，我校继续教育学院组织有关人员检查督促教学和考试情况。

（4）外部质量评估，我校继续教育一般每年接受陕西省教育厅年检抽查，每次检查评估都严格对照指标进行检查，促进我校继续教育的规范办学。

（五）经费保障学

2019 年学校学历继续教育学费收入 418 万元，非学历教育收入 18.9 万元，继续教育支出 280 万。继续教育办学经费主要来源于学生学费，继续教育支出经费主要用于成人招生及招生宣传、教学管理与改革专业建设、办公业务费等其他开支。继续教育学生学费统一上缴学校财务处，教师讲课酬金等均由继续教育学院计算核准，校财务处审核开支，严格贯彻"收支两条线"管理规定。

五、存在问题与对策建议

（一）学校继续教育发展存在的问题

1. 成人学历教育形势严峻

随着高等教育大众化时代的到来，成人学历继续教育迎来了前所未有的严峻形势；学校整体从思想上对继续教育重视程度不够，人力、财力和物力上投入较少；学校主要还是传统的面授教育，课件资源建设经费不足等原因，只能购买少量在线课程。

2. 非学历继续教育竞争激烈

学校本科建校时间短，尚未打造出自己的本科教育品牌，很难凸显出自己的办学特色，办学主体位于陕北地区，地理位置偏僻，不具备地域的吸引力。非学历培训的开展主要来源于政府部门的安排，依靠人际关系网络来开设培训项目，这类培训一般具有生源不稳定、零散无系统及形式化的特点。

（二）学校下一步开展继续教育工作的思路、目标和举措

1. 稳步开展学历继续教育

（1）榆林市已经成为陕西省经济强市、国家能源化工富集区。根据前期调研，目前各大能源企业职工和退役、转业的军人学历普遍较低，成为继续教育的主体，我们将根据情况调整专业，满足学员学习需求；

（2）贯彻落实教育部《高等学历继续教育专业设置管理办法》，规范办学行为，提升教学质量；

（3）重视继续教育转型发展，加大对学历继续教育的投入力度，向网络信息化办学模式转变。

2. 积极拓展非学历教育培训市场

整合校内外优势资源，建立专家团队，搭建培训工作平台，依托榆林旅游和能源化工资源，更好地发挥榆林学院教育资源优势，形成品牌效应。

（三）对"办好继续教育"的建议

（1）建议实行"成人招生制度改革"，放低入学门槛，提高毕业门槛，可施行免考注册入学制度。

（2）继续教育应进一步向"职业型"和"技能型"转型，做好有针对性和实践性的继续教育。

（3）充分运用"互联网+"的教育理念，有效化解继续教育"工学矛盾"问题。

安康学院继续教育发展报告

一、学校继续教育办学定位

安康学院高等继续教育"十三五"规划中，确定了我校高等继续教育的指导思想、基本原则、总体规划和建设目标。

（一）指导思想

学校继续教育办学要坚持社会主义办学方向，全面贯彻党的教育方针，主动适应国家及区域经济和社会发展的需要，突出学校特点与人才培养特色，以专业人才培养为核心，以专业基本建设为基础，以教学内容与课程体系改革为重点，以师资队伍建设为关键，分层次、分类别开展专业建设，不断提高教育教学质量和学科整体水平，实现创新应用性人才培养目标。大力拓宽服务区域经济、社会、教育等方面的培训业务工作。

（二）基本原则

1. 坚持适应社会发展需求原则

我校成人高等教育要立足于安康及陕西省产业结构的调整、社会事业发展的需求。在已有比较成熟的师范类专业持续发展的基础上，逐步向农林、水电、化工、电子技术、信息技术、医学护理、金融保险、社会工作等行政、企事业单位渗透。

2. 坚持统筹规划、突出重点、优先建设原则

我校优先建设与发展能体现学校办学特色与优势的学科专业，为基础教育服务和基础教育课程改革相对应的学科专业，办学基础条件厚实和我校及社会能提供配套设施的学科专业，交叉学科试点专业。

3. 坚持以人为本，全面协调可持续发展原则

积极调整专业结构，优化资源配置。在注重专业外延发展的同时，加强专业内涵的建设，促进规模、结构、质量、效益协调发展。

（三）总体思路

一是巩固成人教育办学规模，提高成人教育办学质量，构建人才培养模式多样化的教学新体系；扶持与建设特色，体现学校与区域的办学特色，提高学校人才培养的层次与知名度。

二是发展服务地方、服务区域经济、社会、教育等的非学历继续教育培训业务，创新培训模式，提高培训质量。

二、学历继续教育办学情况

（一）总体规模

1. 学历教育

安康学院 2019 年高等继续教育招收业余形式专升本新生共计 98 人，2018 年初毕业学生计 112 人。

目前安康学院高等继续教育在册学生 297 人。

2. 非学历教育

a. 2019 年，我校通过以集中面授的形式开设各类非学历继续教育培训班 28 次，培训总人数达 3576 人。

b. 国省培项目（共计 17 班次，培训人次 750 人）。

c. 短期培训项目（共计 11 班次，培训人次 2826 人）。

（二）基本建设情况

安康学院于 2006 年通过整合地方教育资源，建院升本，高等继续教育主要是本校的高起专层次。2009 年我校开始申报并开启了高等继续教育本科层次的人才培养，在专业建设方面也是依据社会需求，以师范类为主，近几年随着专业建设的发展，开始向非师范类转向，向农、林方向和金融建筑等发展。

我校高等继续教育师资是依托安康学院。安康学院教师队伍的发展为我校高等继续教育提供有力的师资力量。我们要加强同各院系深度合作，共同培养高等继续教育师资队伍，建立安康学院高等继续教育师资库。并注重教师加强高等继续教育学习和培训。每年定期组织成教教师进行学习交流，共同探讨高等继续教育的教学和发展。

（三）主要特色

1. 领导重视，加强培训保障体系

学校成立继续教育工作领导小组，以主管副校长为组长，继续教育学院院长、项目县教育局长，项目县师训教研中心主任及项目县教研室主任、相关教学单位、党政办、教务处、计划财务处、国有资产管理处、信息技术中心、后勤集团、保卫处、图书馆等机构主要领导为成员的工作机构，具体负责项目实施管理工作。

2. 加强调研与论证，不断优化培训方案

由于开展的项目种类及数量较多，我们根据不同项目的培养目标，在制定培训方案前都会进行专题研究。通过与项目主管单位、项目受众对象及向有关机构单位咨询调研，通过网络信息资料分析等多渠道多形式调研参训工作人员工作实践情况，了解管理机构、工作单位及其参训者对继续教育培训的不同诉求，坚持在政府、行政主管部门的全程监管下和有关专业机构及专家学者全程指导下研制培训方案，保障培训工作健康有效运行。

3.严格师资团队建设标准，保障专家与高等继续教育相匹配

一是质量原则，备选专家高学历、高职称、专业实践经验丰富或专业研究成绩突出、课程资源有创新的专家、学者；

二是相关原则，备选专家研究方向与培养目标指向关联度高，课程资源切合当次培训课程教学需要；

三是"接地气"原则，备选专家熟悉相关继续教育工作实践，有一线工作或培训的丰富经验；从而克服了专家选择聘任的随意性，保证教学的质量，突出了名师名课的效应，教学理论联系实际，注重训学互动交流，方法灵活，深入浅出，受到学员的好评。

4.规范继续教育培训管理，强化培训学习效果

一是加强学员思想政治教育，引导学员正确认识学习的权利和责任，明确积极认真参加研修学习既是自己专业化发展的需要，更是提高专业工作能力的需要。

二是设立双班主任，实行伴随式跟班管理，强化学员学习的自觉性。

三是加强学员作业管理，督促学员做好听课程笔记，认真撰写学习体会，做好催收和记录工作，并将学员学习体会装订成册，记录在案。

三、社会贡献与改革创新情况

安康学院高等继续教育本着"服务基础教育、服务'三农'、服务区域经济社会发展"的办学方向，加强同地方合作，为地方服务。

多年来一直承担教育部、教育厅基础教育教师培训国培计划、省培计划。承担安康市财经审计系统继续教育培训项目，安康市档案系统培训项目，陕西省专业技术培训基地，陕西高校农民工培训基地，安康市汉滨区公安系统继续教育培训基地。

四、问题与对策建议

安康学院高等继续教育起步较晚，近十年正是高等继续教育市场逐步衰退的时候，导致我校高等继续教育发展很缓慢。作为才开始起步的省属地方高等学校，基础差，规模小，社会认可度低，能在强烈的市场竞争中生存，很不容易。现在还是学习阶段，提高办学知名度，加强管理，规范办学是我们的首要任务。

（一）存在的问题分析

（1）我校虽然承担高等继续教育工作有30多年的历史，但到2009年才开始招收我校本科层次学生，况且一些著名高校在安康区域开展高等继续教育时间长，根深蒂固，我校缺乏与之竞争的实力，因而招生规模不大。

（2）课程功能定位理想化，亲和力不能令人满意。有些培训课程内容过分追求研究性、系统性，却让学员短时间内很难消化吸收，学员学习兴趣提不高；有些课程内容

做成了技能教育的简要提示或操作指南，专业视野不宽，智慧高度不够，难以让学员有效心领神会，举一反三。

（3）学员参加学习动力不足，学习自觉性有待提高。由于部分学员缺乏高远理想信念的支撑，对继续教育价值认识不足，参与集中培训积极性不高，终身教育观念和变革创新的意识不强，缺乏培训学习的内驱动力，难以形成主动参与培训学习的积极态度。

（二）学校下一步开展继续教育工作的思路、目标和举措。

1. 总体建设目标

学历教育通过增设新专业，适当扩大学校规模，到"十四五"末，力争使专业总数达到 20 个左右。加强应用性专业建设，围绕教育、文、理、工、管等学科进行专业布点。专业设置相对齐备，各学科门类均衡发展，基础性学科专业发展稳定，特色专业突显优势，重点专业水平较高。在籍人数控制在 500 人左右。

2. 专业科目分类培训，努力适应继续教育的多元需求

为了适应不同专业、不同学科、不同岗位的人员继续教育的不同需要，专业科目培训最好是按类别分设培训班，根据工作业务与专业实践的不同实际和素质与能力提升的不同需要，改革课程结构和课程内容，强化培训的针对性和实用性，以提高学员参加培训的兴趣和热情。

3. 改革培训方式方法，引领教师深入研究教学实践、专业工作能力的提升，在于发现、研究、解决实践问题，促进专业工作行为

培训应采取专家主题讲座与学员课后自主研讨相结合的方式进行。专家专题讲座应集相关创新理论解读、实践案例分析、现实问题研究于一体，并注意多视角多途径互动教学；课后学员自主研讨是学员在专家讲座的启发下，结合本人工作实际进行实践反思与研讨，查找问题与研究解决问题，从而为改进专业工作行为提供依据和经验。

商洛学院继续教育发展报告

一、商洛学院继续教育的办学定位和管理体制

（一）商洛学院概况

商洛学院创办于 1976 年，2006 年经教育部批准升格为普通本科学校，2011 年成为省市共建高校，2014 年列入陕西省首批转型发展试点高校，2017 年入选国家发改委、教育部、人社部确定的全国百所产教融合发展工程应用型高校，2018 年被确定为陕西省"一流学院"建设单位。当前，学校正在认真落实全国教育大会精神、陕西省"五个扎实"要求和"四个一流"实施意见，奋力追赶超越，努力打造一流应用型本科院校。

（二）学校继续教育工作的总体规划

学校高度重视继续教育，学校章程及整体发展规划中明确提出：要"全面加强继续教育工作，围绕创建终身教育体系和学习型社会的新目标要求，整体推进成人高等教育教学工作改革，全面提高继续教育的办学水平和办学规模"，要"健全学校培养培训体系，积极发展成人继续教育"，充分利用商洛学院办学资源，深入挖掘社会继续教育潜力，科学整合校内外继续教育资源，促进我校继续教育又好又快发展。

二、学历教育专业设置

学校专业设置以全日制本科专业为基础，选取学校优势、成熟学科，重点突出生物学、秦岭矿产资源综合利用、商洛文化及贾平凹研究等三个特色方向，集中优势资源，构建特色鲜明、结构合理、协调发展的学科体系。目前开设有学前教育、汉语言文学、食品科学与工程、计算机科学与技术、应用化学、制药工程等 14 个专业。

三、人才培养

（一）学历继续教育情况

1. 总体规模

继续教育学院学历教育现有学前教育等 14 个函授本科专业，截至 2019 年 12 月 31 日，我院学历教育业余学习方式和网络教育学习方式在招生的 14 个专业里共有在学人数 269 人。

2.人才培养模式

我校的继续教育工作是学校整体工作的一部分，依托我校丰富的教学资源、雄厚的师资力量、优美的教学环境和完善的教学管理规章制度，目前已形成多种办学形式、多种培养层次、多种专业设置、多种培养对象的综合办学体系，与本校普通高等教育的发展形成了相互补充、彼此促进的办学格局。

（二）非学历继续教育基本情况

我校坚持以满足地方经济社会发展的需求为导向大力开展非学历面授形式培训。2019年的培训情况如下：

（1）教育行业：承担陕西省教育厅"国培计划"勉县培训团队等七个项目，培训人数650人；实施4项商洛市中小学校长、中小学教师培训项目，培训640人；联合丹凤县举办第三届"学前教育发展论坛"、商洛市教育局举办商洛市"首届幼儿全人发展论坛"，培训570人。

（2）非教育行业：开展国家职业资格全国（省）统一鉴定和国家职业资格日常鉴定，共计鉴定1200余人；承担商洛市自然资源局职工地质灾害防治技术的业务培训400人；举办12期青少年运动技能班培训300余人。

（三）学生学习效果

学校从教学态度、教学内容、教学方法、教学效果等方面通过问卷调查对课堂教学质量进行评价，98%的学生认为课堂教学质量为优，从课程设置、教学管理、教学质量等方面对用人单位发放评价表，满意率达到95%。

四、质量保证

（一）制度建设

我校继续教育学院设置招生、学籍、教学等科室，配备专职工作人员12名。制定和修订了《商洛学院继续教育管理办法》《商洛学院继续教育学院学生学籍管理办法》《商洛学院继续教育学院成人教育教学管理规定》和《商洛学院继续教育学院本科毕业生授予学士学位实施细则》等规章制度并汇编成册。

（二）师资保障

我校继续教育教师队伍：一是现任我校各专业的课任教师，二是各高校科研院所的知名专家学者，三是企业行业中的专家；对校内教师择优选用，对社会知名专家实行聘期制，对企业专家按行业资格业绩录用。

（三）资源建设

我校建立了学生在线学习平台，实现了以学生为导向，线上线下融合、资源共享、管理运行高效的混合教学模式。根据人才培养方案，共开设课程43门，其中35门课程由第三方匹配电子教材，匹配率达到81%。学校持续不断丰富自建教学资源，省级特色课程和校级特色课程数量在逐年增加。

（四）学习支持服务。

我校继续教育专业录取的在册学员的教学采用线上线下相结合方式，即课程教学内容和要求通过QQ群、微信群和APP发放，学员在线就课程学习中的问题提问，课任教师必须在24小时内给予答复，对于学员反映的教师态度和其他服务问题3天内给予答复解决。

（五）外部质量评估

学校实行继续教育年度质量报告制度，将其列入年度工作计划，每年对继续教育工作进行梳理和总结，定期向社会发布，接受社会监督。

五、教育培训

学校与丹凤县科教局、商洛市教育局联合举办"学前教育论坛"和"幼儿全人教育发展论坛"；在商洛市推动幼儿足球运动项目；联合商洛市动物卫生监督所、丹凤县动物卫生监督所举办了三期"商洛市乡村兽医暨非洲猪瘟防控技术培训班"；联合商洛市林业局举办了三期"苏陕合作专业技术人才扶贫项目技能提升培训班"；在山阳、丹凤、商州、商南等县开展农业栽培技术、病虫害防治、农产品加工、营销等多种形式培训。依托我校的"商洛市小学校长和幼儿园园长任职资格培训基地"，为商洛市培养基础教育管理干部；积极组织本校毕业年级学生创业创新培训班、大学生创新创业辅导班；积极承担陕西省"国培计划"、省级培训和市培项目，与行业、企业合作开展了干部职工培训项目。

六、特色创新

学校自2017年始与丹凤县结对进行教育脱贫帮扶：一是开展教师培训帮扶，重点在校（园）长培训、骨干教师培训、送教下乡等方面提供人力物力支持，连续三年与丹凤县联合举办"幼儿教育发展论坛"；二是科技文化知识的宣传教育培训，强化贫困劳动力实用技术培训和转移技能培训，通过发展产业或就业创业实现脱贫致富。三是实施志愿服务工程，组织志愿者团队赴丹凤县开展大学生暑期社会实践暨扶贫攻坚专项活动，开展支教、文化艺术展演、健康生活与卫生知识宣讲、食品安全知识宣讲等活动；每年选派教育类专业学生赴丹凤县各乡镇中、小学幼儿园支教，缓解丹凤县基层教育师资不足的问题。

七、问题与挑战

（一）面对的新挑战、新需求

一方面，普通高等教育大众化的不断普及和经济社会的快速转型分流了学历继续教育的潜在生源，学历继续教育逐渐从补偿性向实用性转变，需要重新审视和定位高等学历继续教育。另一方面，新基建和乡村振兴计划需要一大批高技能的人才队伍，需要一大批高素质高技能的"新型技工"和"新型农民"，而普通高等教育一时解决不了这一问题，这就为继续教育发展提供了良好的机遇和发展空间，通过高层次、有针对性继续教育技术、技能培训，能够快速解决人才短板和瓶颈。

（二）存在的主要问题及原因

（1）我校学历继续教育缺少吸引力，作为集中面授形式的学历教育已经很难开展。

（2）继续教育师资力量有待进一步加强。目前，本土优质行业培训专家比较缺乏，教师队伍结构也不尽合理，需要进一步优化。商洛地处山区，需要接受继续教育的人员大多工作在山区且地点分散，不易集中，工学矛盾比较突出，集中培训难度大。

八、对策建议

（一）发展对策

进一步在提升层次、优化结构、规范管理等方面下功夫，不断增强服务区域经济社会发展的能力，树立大继续教育理念，

（1）围绕商洛市着力打造秦岭休闲之都、丝路产业新城和循环经济示范城市的发展目标，积极争取行业支持，进一步提高继续教育服务区域经济社会发展的能力和水平，有效地为产业升级、技术进步和社会管理创新服务。

（2）广泛宣传，加强培训及成人教育生日常教学管理，梳理与大基建相关的我校成人教育专业，开拓高层次的学历教育，树立商洛学院品牌。

（二）对办好继续教育的建议

新的历史时期，需要重新审视继续教育这一特殊领域在国家经济转型和快速发展中作用，出台更多支持政策，构建全体关注、全员参与的社会氛围。

西安航空学院继续教育发展报告

一、学校情况

（一）学校概况

西安航空学院是一所以工科为主、多学科协调发展的全日制普通高等学校，学校创建于 1955 年，原名为西安航空工业学校，隶属原航空工业部。1957 年合并兰州航空工业学校。1960 年升格为专科学校，更名为西安航空工业专科学校，后因国民经济调整而复原。1985 年经原国家教委批准升格为西安航空工业技术专科学校，1993 年更名为西安航空技术高等专科学校。1999 年划转地方，隶属陕西省人民政府，为中央与地方共建院校。2012 年经教育部批准升格为普通本科院校，更名为西安航空学院。建校 60 多年来，学校始终围绕立德树人根本任务，坚持"立足陕西，服务航空，面向西部，辐射全国"的办学定位，为我国航空工业建设和地方经济社会发展培养了 7 万余名应用型专门人才。

（二）学校继续教育总体规划与办学定位

总体规划：继续教育服务航空产业和陕西经济社会发展的能力得到大幅提升，成人学历教育本专科专业设置能基本满足行业和地方发展的需求，非学历培训教育与行业地方形成较为紧密的耦合关系，专业技术认证和职业技能鉴定能较好地满足学生和社会人士技术技能提升的要求，使我校继续教育在社会发展中发挥重要作用。

办学定位：立足学校学科专业和社会资源，面向经济社会发展需求，满足行业和地方企事业单位职工、在校学生、社会人士对本专科层次的成人学历教育、各类非学历培训教育、专业技术认证和职业技能鉴定等方面的继续教育需求，走合作型、内涵式、特色化发展道路。

（三）学校继续教育办学体制

学校继续教育管理服务机构健全、分工合理、职责明确。学校继续教育实行二级管理，由一名校领导分管继续教育工作，继续教育学院是学校继续教育工作的主管部门，负责对全校的继续教育工作进行监管，统筹各专业人才培养方案的制定与实施，负责招生录取、学籍注册、毕业生办证等工作。

二、专业设置

我校学历继续教育专业设置坚持依托学校统招学科专业，遵循"努力将学校建设成为特色鲜明的高水平应用型高校"的办学特点，以市场需求为导向，科学进行专业设置，发挥学校优势学科，强化特色专业的建设和调整，突出发展航空特色专业。我校学历继续教育目前共开设专业11个,其中包括: 机械设计制造及其自动化、电气工程及其自动化、建筑环境与能源应用工程、财务管理及计算机科学与技术5个专科起点本科专业，机电一体化技术、建筑工程管理、民航运输、物流管理等6个高中起点专科专业。开设的专业均为西安航空学院普通高等教育开设的专业。

三、人才培养

（一）学历继续教育规模

2019年，学校成人高等教育招生专业11个，其中专升本5个，高起专6个，学习形式有函授、业余两种。招生对象主要为社会从业人员，招生地域为陕西省内。

截至2019年底，在校生共102人，其中本科4人，专科98人。

2019年共毕业1人，为本科机械设计制造与自动化专业。

2019年底，共录取本、专科新生58人，其中专升本51人，高起专7人。

各专业人数见下表1。

表1　2019年西安航空学院各专业招生人数一览表

序号	层次	招生专业名称	2019招生数	在学人数	当年毕业人数
1	专升本	机械设计制造及其自动化	31	0	1
2		电气工程及其自动化	11	0	0
3		建筑环境与能源应用工程	0	0	0
4		财务管理	0	4	0
5		计算机科学与技术	9	0	0
6	高起专	机电一体化技术	0	0	0
7		电气自动化技术	0	15	0
8		建筑工程管理	0	0	0
9		环境工程技术	0	1	0
10		民航运输	7	81	0
11		物流管理	0	0	0
12		汽车检测与维修技术	0	1	0

备注：汽车检测与维修技术专业在2017年招生专业目录调整时已取消。

表2 全日制教育各专业与学历继续教育各专业招生、在学人数的对比情况

全日制教育			继续教育		
专业名称	专业招生	在学人数	专业名称	专业招生	在学人数
电气自动化技术	120	340	电气自动化技术	30	15
环境工程技术	100	245	环境工程技术	30	1
机电一体化技术	0	250	机电一体化技术	30	1
工程造价	0	200	建筑工程管理	30	1
民航运输	100	340	民航运输	100	81
电气工程及其自动化	105	281	电气工程及其自动化	30	2
机械设计制造及其自动化	132	315	机械设计制造及其自动化	30	0
财务管理	35	103	财务管理	30	4
建筑环境与能源应用工程	98	258	建筑环境与能源应用工程	30	0
计算机科学与技术	99	285	计算机科学与技术	30	0

（二）人才培养模式

我校成人高等继续教育学历教育的人才培养模式为业余和函授。日常教学采用部分面授加自学形式进行。为方便学员学习，我校还大力推行混合教学模式，开展线上教学和集中面授相结合的方式，引导和督促学生充分利用业余碎片时间，提高学习效率，学员可通过电脑和手机端随时随地观看视频课件、查阅幻灯片和电子教材。我校在教学过程中重视课程考核，建立平时学习过程与期末考试相结合的考核机制。重视实践教学环节，委派经验丰富的各院系专业教师指导学生毕业设计及毕业论文答辩工作。

（三）学生学习效果

在成人学历教育方面，我院依托学校丰富的教师资源和实验室资源，发挥我校立足航空的优势，在课程设计方面，以培养应用型高级人才为主要目标，通过面授、实践、网络等多种教学模式，为学生提供便利高效的学习途径，学生学习体验良好，效果显著。

四、质量保证

（一）制度建设

我校学历继续教育管理规范、制度健全，制定了一系列规章制度，做到各个环节的管理有章可循。根据近几年继续教育发展实际情况，有针对性地先后制定和出台了招生

管理、学籍管理、教学管理等管理办法。2019年，学校继续落实有关规定，对规范招生、教学管理、等方面的制度进一步进行了修订和完善，出台了培训合作机构管理、高技能人才培训基地管理等制度，有效规范了我校继续教育的办学模式，提高了教学质量，赢得了良好的社会声誉。

（二）师资保障

学校继续教育学院的教师主要负责管理工作，授课教师均聘请各院系相关专业的专职教师担任。专职管理人员4人，副高2人，中级职称2人。授课教师共70余人，其中正高职称2人，副高42人，中级30人。绝大多数授课教师为硕士和博士学历。我院学历继续教育授课教师全部为本校教师。

（三）资源建设

学校新修订的各专业各课程均配套相应地教学大纲、自学指导书、教学课件和试题库。利用"青书"网络课程资源，学生在面授课外，自学课程可以利用网络化进行学习。

（四）质量管理

学校不断完善教学管理制度，逐步实现教学管理过程全覆盖的制度管理，保障教学过程的顺畅运行。学校坚持和完善校、院二级教学质量保证与监控体系。各二级学院建立了自己的教学督导队伍。各教学单位通过调查问卷、座谈等方式积极开展教学质量评价，充分采纳好的意见和建议，改进教学方法与教学模式，不断提高教学质量。

我院对成人高等教育的考试工作历来十分重视，严格执行《函授、夜大学成绩考核实施细则》和《关于进一步严格考风考纪的意见》等有关规定，严格落实各项准备工作，加强考试期间的巡查，及时发现并正确处理考试过程中的问题，确保考试工作的顺利进行。

五、教育培训

我校继续教育学院下设三个培训基地，具体培训如下：

表3　培训基地概况一览表

序　号	基地名称	总班次	总人次	培训模式
1	航空工业高技能人才培训基地	3	45	面授
2	省级专业技术人员继续教育培训基地	10	1951	混合
3	陕西省建筑工人职业培训基地	59	13795	面授
4	文都考研培训辅导	—	150	混合

六、问题挑战

（一）文凭含金量不高，社会认可度较低

学历继续教育文凭含金量不高，无论是用人单位还是学生本人，普遍对学历继续教育不重视。多数用人单位不愿意招收继续教育文凭的学生。导致授课教师不重视，学生同样不重视，这影响了学历继续教育的办学质量。

（二）在职学生工学矛盾突出

在职学生边工作边学习，受到时间和精力的限制，学生的学习效果差。且由于生源复杂，基础参差不齐，也在很大程度上影响了教学质量。

陕西学前师范学院继续教育发展报告

一、学历继续教育办学情况

（一）总体规模

1. 各类型

我校函授业余教育一共设置了 2 个层次 39 个专业。其中学前教育专业为我校函授特色专业。2019 年度各层次、各专业入学 1539 人，在学 2722 人；当年毕业生 752 人。

2. 在学学生来源

学历继续教育在学学生共 2722 人，其中女性 2591 人，男性 131 人。学生主要集中在 21～30 岁之间，共计 1777 人，20 岁以内的学生共计 615 人，31 岁以上的学生共计 230 人，年龄跨度大，逐渐呈年轻化趋势。在学学生户籍所在地陕西省内 2517 人，省外 205 人，我校未在省外设立函授站点。专业分布集中在教育学类共计 2475 人，其他类共计 247 人。

3. 本校继续教育与全日制教育协调发展情况

在符合学校总体发展规划下，充分发挥学校资源开展继续教育，促进优势互补；制定继续教育的发展目标、计划和方案。全日制教育 39 个专业 2019 年度共计招生 4083 人，在学人数共计 13625 人；学历继续教育 2019 年入学 1539 人，在学人数共计 2722 人。

4. 本校在学历继续教育办学投入方面的情况，特别是学历继续教育学费收入及使用情况

2019 年函授教育学费收入共计 394.05 万元。根据与函授站签订的协议约定，函授站收费总额的 70%，约 269 万元返还函授站点用于日常办公及教学。

（二）学生学习效果

1. 社会用人单位对毕业生的反馈评价

我校成人教育 1978 年恢复举办以来，为社会培养的 15 万余名毕业生，主要分布在陕西地区。目前多数从事教师职业，许多学生已成为当地学校的业务骨干、校园长或教育主管部门的领导，为当地的教育事业发展做出了贡献，也获得社会、家长和学生的充分肯定。

2.举例说明毕业生成就

表1　陕西学前师范学院继续教育学院知名校友

姓　名	职　务
李　忠	陕西师范大学教育科学学院教授、博士生导师
石朝霞	西安交大一附院幼儿园园长、省级学科带头人
王常劳	西北农林科技大学附中校长、正高级教师
翟斌儒	柞水中学副校长、全国优秀教师
张小英	高新一中初中部副校长

二、非学历继续教育发展情况

（一）非学历继续教育基本情况

2019年度教育培训学院非学历教育培训中，校园长培训共开展14个班次，总计756人次。教师培训共承担各类培训25大项，44个班次，共计培训2294人。

（二）非学历继续教育招生方式与教学模式

1.招生方式

我校的招生方式主要是教育行政部门委托培训和省教育厅统一发文的政府计划性培训。

2.教学模式

（1）专题报告、咨询答疑、交流互动、案例分析、现场诊断、文化体验、经验交流、改进方案设计、校长论坛相结合；

（2）主讲人报告与主持人点评相结合；

（3）任务驱动和自我培训与自主研修相结合；

（4）就事论理和依理谋事相结合；

（5）集中研修和返岗实践相结合；

（6）省内集中培训与省外合作培训相结合；

（7）实施省、地、县、校培训质量协同管理模式；

（8）线上网络研修、线下研修与送教下乡相结合。

（三）非学历继续教育培训的主要特色

（1）培训方式特色；

（2）专家团队特色；

（3）资源研发特色；

（4）基地建设特色；

（5）制度保障特色；

（6）管理服务特色。

三、社会贡献与改革创新情况

（一）学校继续教育服务国家战略、经济社会发展与学习型社会建设的情况与经验

自 1978 年恢复建校以来，我校成人学历教育已累计为社会培养各类师资师范类人才 15 万余人。成人非学历教育工作，2019 年承担省国家及省级校园长培训和教师培训任务，累计培养培训 58 个班次，3050 人。

（二）学校继续教育的创新、特色与经验

1. 成人学历教育

我校函授业余教育始终坚持师范特色，以服务陕西基础教育为宗旨，以坚持服务幼儿园中小学为己任，旨在打造三秦基础教育师资培养培训重要基地。

2. 成人非学历教育

2019 年，我校校园长培训项目积极探索教育行政管理干部培训新机制，成功举办 2 期全省区县教育局长高级研修项目。同时积极探索基层学校德育副校长培训新模式。教师培训项目积极探索人性化管理机制及创新性培训模式，与省内外相关培训机构建立长效合作模式。

（三）学校继续教育科学研究情况

校园长培训部充分利用教育厅省级培训项目资金支持，开展校园长培训课题研究。2019 年度完成 4 个校园长培训课题研究的结题工作，研究成果已在校园长培训项目的设计及实施过程中得到充分应用。

（四）学校继续教育获奖及立项情况

2019 年度我校再获乐高教育全国 "最受欢迎案例" 第一名和 "STEAM 优秀教学案例三等奖"。申报立项教师教育校级重点扶持学科。

四、问题与对策建议

（一）继续教育发展与人才培养质量方面存在的问题及对策

1. 存在问题

（1）成人学历教育

生源分布不均衡，部分专业开班教学困难；教学计划的修订更新速度较慢，无法适应社会高速发展的需求；面授教师对继续教育教学的重视不够；生源质量不高。

（2）成人非学历教育

培训特色需进一步凝练和提升，针对性和实效性还不强；没有建设学校自有的远程培训平台；培训团队建设需进一步加强；培训的专业化水平需进一步提升；培训的保障能力需进一步加强。

2. 问题对策

（1）成人学历教育

第一，强化学前教育办学优势。与时俱进的进行教学计划修订，更新课程设置计划；加强教师教育宣传工作；严把招生入学考试关。

第二，优化和加强专业建设。落实和扩大学校继续教育专业设置自主权，以市场需求为导向进行增减、调整与改造。

第三，结合互联网技术的发展，用足用好我校高等学历继续教育综合管理平台。通过混合型教学模式，彻底解决生源不足导致的开班困难等问题。

第四，加强校外教学站点的规范管理。函授站点必须严格执行陕西省教育厅审核备案要求及年报年检标准，从根本上杜绝欺诈宣传行为。

（2）成人非学历教育

第一，凝练提升职前教育与职后培训相贯通的培训特色。

第二，尽快建设学校自有的远程培训平台，以满足培训信息化要求。

第三，侧重于对培训的研究和改革，出台培训质量保障措施和质量检测评估制度。

第四，切实加强职前教师教育，紧密结合基础教育改革发展对教师的要求，与中小学、幼儿园深度合作。

第五，积极参加国家级培训团队研修项目，并加强与其他高校间的交流与合作，取长补短，提升培训的专业化水平。

（二）学校下一步开展继续教育工作的思路、目标和举措

1. 成人学历教育

（1）进一步研究成人继续教育的教学内容，加强专业内涵建设同时，要突出社会实践和技术发展实践结合紧密的优势，凸显当前继续教育的办学特点。

（2）做好国家高等教育自学考试学前教育专业（专升本）的开考工作。发展有组织生源能力的助学单位，并加强对助学单位的管理，同时配合陕西省教育考试院命题处，做好省考科目的题库建设工作。

2. 成人非学历教育

（1）整合全校资源，形成合力；加强培训需求调研，改进培训管理，做好培训质量检测评估工作。

（2）切实加强培训理论与实践研究和资源建设；有效整合学校专家资源，充实培训的专家团队与研究团队；设立校级培训研究专项课程和资源研发课题，建设一批校园长培训省级精品资源。

（3）积极协调指导全省校园长培训机构做好培训工作，支持构建全省统一、协调、高效的省、市、县三级校园长培训机构体系。

（4）积极研制方案，尽快启动全省校园长骨干队伍建设，构建我省"两级三类"的校园长骨干体系。

（5）作为陕西省基础教育教师发展中心，应当充分发挥教师教育的传统优势，坚持职前培养与职后培训相贯通的办学特色。

（三）对"办好继续教育的建议"

1. 明确办学定位与任务

把继续教育纳入章程和总体规划，依托办学优势，形成开放灵活、规范有序、质量较高、适应社会需求的办学服务体系。

2. 实施中小学幼儿园教师和校园长培训学分制管理制度

研究建立并完善培训学分落实与管理细则及使用办法。

3. 加强培训质量监督

从需求分析、政策研制、统筹规划、项目实施、培训绩效、训后跟进、经费投入与使用等环节加强对培训的自我管理与评估以及对全省培训的指导。

4. 启动我省继续教育教学资源共享平台建设

加快省内高校资源整合，同时改善培训设备和生活条件。

5. 建立继续教育资源的有偿利用机制

积极制订课件技术标准，力求通过建立资源市场，形成交易规则，以增加资源建设工作的经费来源，为有效推动继续教育教学资源建设。

6. 建立长效培训合作机制

建议教育行政部门积极搭建基础教育与高等教育合作的桥梁；组织省级培训机构与境外、域外培训机构建立长效合作机制，逐步形成资源共享、相辅相成的继续教育发展格局。

西安培华学院继续教育发展报告

一、学校情况

（一）学校概况

西安培华学院是一所经教育部批准的西部首家拥有学士学位授予权的民办本科高校。学校办学历史悠久，文化积淀深厚，具有女性教育和职业教育的传统和特色，学校前身可追溯到 1928 年由陕西女子职业教育促进会筹办、陕西省教育厅批准设立的"西安第一女子平民职业学校"。1984 年经陕西省人民政府批准，国家教委备案，由著名教育家姜维之先生在恢复原"培华女子职业学校"的基础上，恢复成立了新中国首家专门招收女性学生，开展女性教育的普通高校"西安培华女子大学"。2003 年经教育部批准升格为普通本科院校，并更名为西安培华学院（男女兼收），2007 年成为西部首家拥有学士学位授予权的民办高校，2014 年获批为陕西省应用技术型转型发展试点院校，2017 年获评为全国创新创业典型经验 50 强高校，2018 年获批为陕西省"一流学院"。

西安培华学院成人教育学院依托西安培华学院丰富的教育资源，开展成人高等学历教育、高等自学考试助学和非学历教育。学院始终坚持社会主义办学方向，坚持"以人为本、以德为先"的办学理念，以满足地方经济社会发展、行业发展和各类人才继续教育需要为目标，坚持以强化教育教学管理、提升人才综合素质为培养核心。自办学以来，积极推进大学生素质教育，创建"一专多能、一精多通"的职业教育技能特色，并高度重视大学生创新创业工作，目前已为社会培养毕业生 2 万余人，取得了良好的办学效果，赢得了社会各界广泛赞誉和好评。

（二）学校继续教育总体规划与办学定位

总体规划：以习近平新时代特色社会主义思想统领我校继续教育各项事业，统筹兼顾规模、结构、质量、效益、健康可持续发展，坚持依法办学、规范办学、诚信办学，以满足地方经济社会发展、行业发展和终身教育需要为目标，发挥我校传统办学优势，以学历教育和非学历教育相结合为重点，树立正确的人才质量观，加强教育教学管理，提高办学质量，为祖国建设和发展做出应有的贡献。

办学定位：学校明确了"地方性、应用型、国际化"的办学定位，制订了人才强校、质量立校、专业集群、项目带动、开放合作的发展战略。继续教育依托西安培华学院丰富系统的教育资源，紧贴地方经济社会发展实际，建设多类型、多规格、多层次的继续教育办学格局，不断提高教育教学质量，大力发展非学历教育，优化办学和服务体系，逐步建立终身教育学习体系。

二、专业设置

（一）学历继续教育专业设置情况

我校学历继续教育专业设有高中起点本科专业5个，专科起点本科专业12个，高中起点专科专业9个。专业设置围绕学校全日制优势和特色专业进行配置和协同发展，以服务当地经济社会发展为目标，针对行业企业需求设置专业方向，凸显专业特色和品牌。

（二）专业人才培养方案制订及调整情况

我校结合成人高等教育实际，2019年全面修订了各专业人才培养方案，并对课程设置做了适当调整，建立了开放式、网络式成人高等教育教学管理平台，完成了2019级学生网络学习、考试等教学管理，形成了线上与线下，分散与集中、异步与同步的混合型教学模式。

三、人才培养

（一）学历继续教育情况

1.总体规模

截至2019年底，我校成人高等教育在籍学生人数1545名（其中本科187名，专科1358名）。当年录取新生518名（其中专科358人，本科160人），毕业人数662人。

2.生源分析

我校成人高等教育只限于陕西省内招生，性别统计：男生568人，女生977人，女性比例占63.2%，女性学历需求明显高于男性；年龄统计：20岁以内403人，占26.1%，21岁至30岁841人，占54.4%，31岁以上301人，占19.5%，主要以青年在职人员为主；民族统计：汉族1483人，占96%，少数民族62人，占4%；生源地统计：陕西省户籍1298人，占78%，省外户籍347人，占22%；职业统计主要来自专业技术和服务工作人员，行政、企业管理工作112人，占7.3%，专业技术工作620人，占40%，服务工作358人，占23.2%，其他455人，占29.5%。

（二）非学历继续教育情况

学校拥有雄厚的师资力量、浓厚的人文底蕴和优良的办学设施。以市场为导向，优化资源组合，制定非学历继续教育培训方案，在人才培养培训方面进行了卓有成效的探索与实践，逐渐形成校地、校企等多种合作培训模式，主要面向在校生开展各专业相关技能资格课程培训，2019年度共开办各类培训班28个，总人数达1951人，培训项目日趋完善。

本科高校

四、质量保证

（一）师资保障

目前成人教育学院设院长 1 名，由西安培华学院校长李映方教授兼任，副院长 3 名，另设综合办公室、教务科、学生科、招生办、财务室 5 个管理机构。专、兼职教师 52 人，教职工 33 人，其中行政管理人员 13 人，教职工均为本科以上学历，综合素质较高，服务意识强。均与学校签订劳动合同，养老、失业、医疗等社会保险按期交纳，保障了教职工权益。

（二）经费保障

我校严格按照物价局核定批准的收费标准进行收费，继续教育经费设立专门账户，实行专款专用。年学费收入 218.87 万元，其他收入 202.7 万元，收入合计 421.57 万元，教育教学经费支出合计 151.45 万元。教学经费投入有保障，并严格执行年度审计制度。

（三）外部质量评估

学校与麦可思数据有限公司合作，通过走访用人单位，跟踪调查毕业生所学专业知识和技能是否提高，工作态度、团队合作、沟通能力、创新精神、竞争意识等综合素质是否提升。从调查情况来看，近年来成人高等教育毕业生学历提升后，在业务能力、职称晋升、工资提高等方面都有一定的进步，受到用人单位一致好评。

五、特色创新

学校高度重视国际化工作，成人高等教育与中国对外友好服务中心签订"中德护理人才交流计划"合作协议，搭建了中德友好合作交流的平台，建立了出国前德语语言培训基地，为优秀的护理专业人才提供了出国留学及就业的机会，也为中德两国人口老龄化社会面临的医疗、养老、护理起到积极的作用。

六、问题与对策

（一）存在的主要问题及原因

因国家招生政策变化，学生对成人高等教育的关注明显减弱，直接影响我校成人高等教育办学规模和社会影响力。非学历教育运行机制和管理方式有待进一步改变，终身教育体系的建立需要进一步构筑。

（二）发展对策

1.进一步规范办学行为

严格遵循教育发展规律，遵守国家关于成人高等教育发展的规章制度，依法办学，照章办事。根据我校发展实际，进一步理顺成人高等教育管理体制，突出成人教育学院的办学窗口功能，为大力开展学历教育、非学历教育和终身教育搭建良好服务平台，推进我校继续教育各项工作持续健康发展，不断提高办学质量，提升学校声誉和美誉度。

2. 推进教学科研水平，提高教学质量

进一步加强师资队伍建设，提高教师自身综合素质，建立多渠道研修机制，努力提高科研整体水平，核心期刊和论文发表数量力争新台阶。并全面修订各专业人才培养方案，不断探究符合我校继续教育学生学习特点的方法，注重理论学习和实践操作相结合，激发学生积极思考，培养学生分析、解决问题的能力，着重培养学生应用能力和创新能力。

3. 大力发展非学历教育，打造核心竞争力

借鉴先进的培训理念和教育管理方法，充分利用学校的学科专业优势，积极开展学历继续教育与职业技能培训相结合，加大校企合作、技能与学历结合的办学模式。引进国内外优质培训资源，引进高端培训项目，丰富培训内容，开拓培训市场，建成多类型、多规格、多层次的非学历教育格局。

西安翻译学院继续教育发展报告

一、学校情况

（一）学校概况

学校下设英文学院、亚欧语言文化学院、商学院、教育学院、继续教育学院（培训学院）、马克思主义学院等 12 个二级学院。学院开设本科专业 37 个，专科专业 24 个，涵盖文、经、管、工、艺、法、教育、医学等八大学科门类。

西安翻译学院自建校以来，始终坚持社会主义办学方向，实施"外语＋专业＋现代技能"和"专业＋外语＋现代技能"独具特色的应用型人才培养模式，历年来良好的人才培养质量，受到社会各界的广泛关注和各级领导的充分肯定，赢得"学在西译"的良好社会声誉。学校于 2018 年被陕西省教育厅认定为陕西省"一流学院"建设单位；2019 年荣膺全国创新创业典型经验高校；经教育部审批，学校的翻译专业于 2019 年荣获国家级一流专业（全国民办高校仅有两所获此殊荣），国际经济与贸易等四个专业荣获省级一流专业。在 2020 软科中国大学排名中位居陕西民办大学第一。

（二）学校继续教育办学定位

继续教育学院是我校为贯彻落实国家学习型社会建设、推进终身学习，实施成人高等学历教育、继续教育和相关培训工作的二级学院，是建设复合型应用型人才，弘扬高尚教育，办人民满意大学的重要组成部分。学院以教学为中心，以人才培养为根本，开展以成人高等教育的学历教育；大力发展技能培训、岗前实践培训等，立足西安，面向省内，辐射西北，形成满足区域经济和社会发展需要的、多类型、多层次办学格局。

二、专业设置

截至 2019 年底，我校学历继续教育专业目前开设专业 17 个，其中高起专专业 6 个，高起本专业 1 个，专升本专业 10 个。

三、人才培养

（一）学历继续教育情况

1. 生源分析

我校成教在校学生主要以专升本为主，专业以英语、人力资源管理、财务管理专业为主，截止到2019年年底在籍学生68人，我校成教的招生范围为陕西省境内，招生对象主要是我校专科毕业生，在陕西省内企事业单位、行业协会人员。

2.人才培养模式与教学基本情况

根据我校复合应用型人才培养的特色，落实"外语＋专业＋现代技能"和"专业＋外语＋现代技能"的人才培养模式。

（二）非学历继续教育情况

1.总体规模

校内外培训主要包括：全国计算机等级培训，全国英语四、六级培训，普通高等院校专升本培训等十余种，全年共培训1万余人次。我校与陕西省三星物产建设（西安）有限公司、韩松电子材料（西安）有限公司、等12家外企建立起培训合作关系，培训内容包括语言培训，管理培训、技术培训、翻译服务、人力资源服务等，培训10次，累计培训500余人次。并与陕西建工集团等公司进行开展复合型人才、新员入职等培训，共培训5批次，培训430余人次。

2.培训模式

我校非学历继续教育采取一级管理体制，面向校内外开展非学历继续教育，对各类业务进行统筹管理，负责非学历继续教育的项目研发、市场开发、教学实施等全过程。

（三）人才培养中的思政教育

全面把握党的十九大报告提出的"要以培养担当民族复兴大任的时代新人为着眼点"和"青年一代有理想、有本领、有担当"的目标定位。以习近平新时代中国特色社会主义思想为指导，站在新的历史起点上，以新时代更高标准，持续有力深入推进全国教育大会精神落地。

（四）学生学习效果

通过跟踪调查对本校往届已毕业学生的学习满意度进行文件调查，调查结果显示，学生对我校继续教育学院教育教学"满意"的比例为达90%以上，用人单位对我校毕业生在单位的工作态度和工作能力总体满意度较高。

四、质量保证

（一）制度建设

学校根据教育部新修订的《普通高等学校学生管理规定》文件精神，结合我校继续教育工作实际，制定并印发了《西安翻译学院成人高等教育学生学籍管理规定》《西安翻译学院成人高等教育学士学位授予实施细则（试行）》等文件。

（二）师资保障

学校继续教育的师资全部来自全日制普通高等教育专兼职教师，担任继续教育学院授课教师学历要求研究生以上，职称为讲师以上，并具有丰富的社会实践经验。

（三）内、外部质量管理

严格执行教育行政部门相关政策和规定，规范招生、考试与毕业管理。2019年我校陕西师范大学学习中心接受陕西省教育厅关于高等继续教育校外教学站点的检查评估，评估结果合格。

（四）信息化建设

学校引入"华夏大地""泛雅网络课程教学平台"网络课程源，学生基本能够实现大部分课程的网络化学习。

（五）经费保障

继续教育学院收入主要用于教师授课、管理人员费用、教学费用、教研教改、条件建设等教学日常运行支出。继续教育学院费用收取由我校财务处统一收取和进行管理。

五、特色创新

（一）实践特色与模式创新

与全日制教育资源共享、设备共用、优势互补，协调发展。在整个教学活动中，坚持以学生为中心，突出成人高等教育人才培养和教学工作的职业性、应用性和针对性，创建与学习对象、学习形式、学习方式的多样化要求相适应的成人高等教育教学新模式。

（二）国际交流与合作情况

我校作为"新丝绸之路高校联盟"，陕西省民办高校唯一的成员单位。2019年，我校接待英国文化教育协会、巴塞罗那自治大学、康普顿斯大学等境外高校及教育机构来访30余次；签署国际交流合作协议及备忘录11项，新增合作单位（境外高校及教育组织）10个；新增8个合作项目，涉及海外硕士直通车项目、海外留学预科项目、境外带薪实习等项目，满足学生出国的个性化需求。

（三）教育教学研究与成果等情况

陕西高等教育教学改革研究项目高等继续教育组的《高等继续教育学分互认转换现状与思考》获批重点项目，《高等继续教育学分互认转换机制研究与实践》获陕西省高等继续教育教学成果二等奖，《高等继续教育学分认定和转换机制构建的思考》获陕西省高等继续教育优秀论文评选二等奖。

六、主要问题

（1）继续教育学历社会认可度较低。

（2）民办高校的社会认可度还有待进一步的提升。

（3）我校继续教育各专业招生人数较少。

（4）我校继续教育教学科研究有待进一步加强。

七、对策建议

（一）发展对策

（1）做好思想政治工作，创造和谐环境，增强队伍凝聚力和进取心。注重职工队伍的思想政治建设，加强与教职工的交流与沟通，把思想政治工作渗透到各种场合，增进教职工的认同感，创造团结和谐、积极向上的局面。

（2）发挥学院办学优势，优化继续教育专业设置。

（3）完善管理体制，建立良好的继续教育运行机制。

（二）政策建议

建立"学分银行"作为统一的继续教育学分认定转化机构，进行学分互认、折算、管理和监控等方面的管理，探索"学分银行"在线课程购买，实现网络开放课程与"学分银行"对接。通过"学分银行"建立起各级各类学校、教育机构、技能培训在学历继续教育与和非学历继续教育领域的学分转换认定的"立交桥"，帮助学生整合学习成果，促进各级各类教育纵向衔接、横向沟通，解决在职人员继续教育"工学矛盾"，满足个人多样化的学习和发展需要。

西安外事学院继续教育发展报告

一、学校继续教育办学定位与管理体制

（一）学校概况

西安外事学院创建于 1992 年，是一所以本科教育为主的国际化、应用型、综合性、高水平民办非营利性普通高校。学校地处西安高新技术开发区，占地面积 126.4 万㎡，建筑面积 66 万㎡；学校开设本专科专业，涵盖经济学、管理学、文学、医学、工学、艺术学、农学、教育学 8 个学科门类，形成了以经、管、文、医为主，工、艺、农、教协调发展的学科专业体系和独特的创新创业教育、国际化教育、德育教育和构建终身继续教育四大办学特色。学校设有商学院、人文艺术学院、医学院、工学院、国际合作学院、创业学院等 8 个二级学院，在校学生 2.1 万余名，教职工 1700 人。2018 年学校获批陕西省"一流民办高校"建设单位。

目前，继续教育学院设院长一名，副院长一名，下设"两室两中心"，即：学院办公室、基础教研室教学服务中心和学生服务中心四个部门。是西安外事学院建设特色鲜明的国际化、应用型高水平民办大学和创办百年名校的重要组成部分。

（二）学校继续教育工作的总体规划和定位

2019 年是学校全面深化内涵式发展，建设一流学院的一年。继续教育学院的办学发展，一方面牢记习近平总书记在"十九大"报告中所提出："要办好网络教育""要办好继续教育，加快建设学习型社会"这一总要求；另一方面紧紧围绕"拓展性学院"这一办学定位，按照学校对继续教育制定的"十三五"规划方案，在学校董事会、校党委、校委会的正确领导和关怀下，始终不断探索高等继续教育和终身教育如何利用"互联网＋"突破发展瓶颈，创新人才培养模式。学校董事长黄藤教授在全校年度工作会议上强调"学校高等教育与继续教育、非学历培训要并重发展，继续教育要起到学校发展的源动力和基石作用"。

二、学历继续教育办学情况

（一）总体规模

截至 2019 年底，西安外事学院继续教育学院成人高等教育（业余）在籍学生人数高起专、专升本共计 409 人。

（二）基本建设情况

自 2003 年陕西省教育厅批准西安外事学院开设成人高等教育招生以来，截至 2019 年底学院拥有批准开设的成人高等教育（业余）高起专专业 20 个。

（三）规范管理情况

西安外事学院继续教育学院严格按照陕西省教育厅、陕西省招生办公室关于成人高等教育招生计划编报、招生简章备案、新生录取原则等规定认真落实各项工作。

为了构建终身学习体系，更好地服务于广大学员，学院积极探索"互联网＋教育"发展模式。2019 年底与北京超星（尔雅）教育科技公司对接签署搭建"互联网＋教育"成教业余制网络学习管理平台。平台的搭建开启了西安外事学院继续教育学院成人教育招生、学籍管理、教学管理、毕业审核等工作的网络化、移动化、智能化时代。为学院成人高等教育进一步发展奠定了坚实的基础。

（三）学生学习效果

继续教育学院始终坚持西安外事学院"以生为本，立德树人"的育人理念，强调个性发展，注重特色教育，释放学生潜力。

学院优秀毕业生吴振轩，男，陕西周至人，继续教育学院旅游管理专业 2007 级学生，通过在学校扎实的理论学习和实践锻炼，该生经过自身的努力和拼搏现任西安通利行汽车销售服务有限公司董事兼总经理。2016 年创办极道体育俱乐部，注册资金 1000 万元人民币，经营面积 20000 多平方米。现有员工 103 人。

学院优秀毕业生林晨阳，男，甘肃兰州人，继续教育学院工商企业管理专业 2012 级学生，在校期间担任学院学生会主席，专业理论知识扎实，在学院学习期间注重专业实践，现就职中国国际旅行社，自己创建企业管理咨询公司，年净利润 500 余万元。

三、非学历继续教育发展情况

（一）非学历继续教育基本情况

2019 年我校秉承"提升全民素质和职业技能水平，更好地服务于社会"的宗旨，面向校内外开展了一系列的培训认证工作。学校非学历继续教育 2019 年度开展总班次和总人数如下表：

表 1　2019 年非学历继续教育概况一览表

招生对象	班　次	人　次	招生对象	招生方式	教学模式
培训行业、企业在职人员	58	11600	涵盖企业、院校、医院、研究所、建筑公司等	委托社会招生和社会招生两种方式相结合	面授
面向校内教职工及学生	105	21000	在校学生		面授
合　计	163	32600			

（二）非学历教育工作的特色和发展状况

（1）学校培训内容科学，在做到因材施教的基础上能够结合市场需求制定具有针对性、实用性和科学性的培训课程；

（2）通过非学历教育培训，学员能够在理论学习的基础上，掌握一定的实操技能，同时通过培训取得相应的职业资格及培训证书，作为学员求职、任职的凭证，有效促进了学生的就业；

（3）非学历继续教育在课程安排上，尽可能考虑到各类学生的实际工作、生活等客观因素，为最大限度地提高培训质量和效果，学校非学历技能培训的上课时间灵活，可根据自身实际安排上课时间；

（4）非学历继续教育培训结合培训专业为学生搭建了实训、实践平台。让学员能够充分了解专业领域的前瞻发展，提升专业知识水平；

（5）由于学校长期的专项投资和积累，拥有比较完善的学习条件，实验室、计算机机房及大批实习实训基地，为非学历教育提供了良好的基础条件。

（6）我校在非学历继续教育专门成立培训中心和职业技能鉴定站，组建专门的专业化管理团队组织校内外的培训工作，经过多年的发展和积淀已经拥有了一套完善的管理机制和专、兼职管理队伍。在教学过程管理、学生日常管理方面具有长期的工作经验，实现培训教育培训工作健康、快速发展。

四、问题与对策建议

（一）学校继续教育存在的问题及对策

继续教育是构建职业教育与普通教育相互沟通、职前教育与职后教育有效衔接的人才培养体系，是构建学习型社会，打造全民终身教育的重要教育类型之一。但目前继续教育人才培养仍存在诸多问题。

一是就民办普通高校的继续教育发展，与公办学校继续教育竞争时处于品牌弱势地位。但优质的民办高校恰恰对继续教育的发展非常重视，并有极大的热情。建议教育主管部门在继续教育办学政策和教育经费投入上更倾向于优质民办高校，让民办高校有动力全身心的开拓、研究继续教育事业。

二是质量不高，流于形式。"教"与"需"的脱节。从事继续教育的专职教师缺乏对生产、技术等实际情况地了解教学过程、教学方法、教学内容、习惯于以教材为本，教学很难结合实际，无法满足专业技术人员的需求。

三是继续教育师资队伍整体适应性较弱，不能满足继续教育的人才培养需要。相对固定的师资队伍是保证教学秩序稳定性的基础，要努力构建专门的继续教育师资队伍。继续教育事业只有拥有了一批高素质的教师队伍，才能真正提高教学效果，才能提高学生的整体素质。

　　高校是继续教育资源的汇集地，高校举办继续教育，既是教育法赋予高校的职责，也是高校服务社会的重要渠道。高校举办继续教育，可为全民学习、终身学习提供更多更好的服务，也促进了高等教育与社会教育的融合、职前与职后教育的沟通。在高校的继续教育中，学历教育与非学历教育并重，是贯彻终身学习的最好体现，大力发展高校的继续教育是社会赋予的重要责任。一定要抓住这一历史机遇，立足行业，服务地方，力争将西安外事学院的继续教育办出特色，办出水平，为全民学习型社会的建设献一己之力，为构终身学习体系做出应有的贡献。

西安欧亚学院继续教育发展报告

一、学校概况

（一）学校简介

西安欧亚学院创办于 1995 年，是一所经教育部批准，以管理、经济学科为主，艺术、文学、教育、工学、理学等协调发展的国际化应用型普通本科高校。目前，学校共有 20000 余名学生在会计学院、物流贸易学院、金融学院、休闲管理学院、文化传媒学院、人文教育学院、艾德艺术设计学院、信息工程学院、人居环境学院、高职学院、通识教育学院 11 个二级学院的近 50 余个专业学习，他们根据自己的特长有选择地完成大学学业。

学校始终坚持初心，立德树人，践行"以学生为中心"的教育教学理念，秉承"为学生提供高质量教育服务"的使命，为实现"成为中国最受尊重的私立大学"的愿景而努力奋斗。20 年来，学院历经规模扩张、规范发展、战略转型三个阶段，走出了一条既有别于传统公办高校、也区别于其他民办高校的差异化道路。

（二）规划定位

学校继续教育工作坚持把立德树人作为根本任务，全面贯彻落实党的十九大会议、习近平总书记在全国教育大会上的重要讲话精神，立足陕西，面向全国，以市场为导向，以服务为宗旨，以项目为载体，以信息技术为支撑，在完成全日制普通高等教育教学任务的基础上，积极探索具有成人特点、多样化的继续教育工作新途径和新机制，推进职业教育和继续教育融合发展，构建具有欧亚特色的灵活开放的继续教育培养体系，更好地服务区域经济社会发展，全面提高人民群众的文化素质，助推学习型社会建设。

二、专业设置

我校共设有工商管理、工程管理、新闻学、金融学和软件工程等 5 个学历继续教育专业，均为专升本专业。专业设置借鉴学校普通本科教育的办学优势和经验，以管理类专业为主，符合学校的办学定位和发展规划。现在的专业设置既解决与全日制本科专业相衔接问题，体现了继续教育的规范性；又适应经济社会发展和产业结构调整需要，满足学习者多样化终身学习需求，体现了继续教育的灵活性。

目前，我校继续教育各招生专业在招生前均制定了规范、完整的人才培养方案，就各专业的培养目标、基本要求、学制及毕业要求、课程设置等进行了系统的设计与规定。

三、人才培养

（一）思政教育

思想政治工作是学校各项工作的生命线。学校坚持党对教育事业的全面领导，坚持社会主义办学方向，将党的建设工作融入继续教育的日常教学工作中，在坚定理想信念、厚植爱国主义情怀、加强品德修养、增长知识见识、培养奋斗精神和增强综合素质上加功夫，在人才培养实践中立德树人。不断强化责任意识，通过定期召开思政工作例会、强化阵地意识、狠抓思政课教学改革等，形成了环环相扣的思政教育工作责任体系。

（二）培养方案

我校继续教育专业课程设置分为通识教育课程、专业基础课程、专业核心课程和专业选修课程四个模块。总学分为82学分，总学时1480左右。课程设置能较好地支撑专业人才培养目标的实现。

为保证继续教育人才培养方案的有效实施，我校继续教育各专业人才培养方案所开设的课程均制定了大纲，保证了人才培养方案的有效执行。

（三）学习效果

我校秉持"为学生提供高质量的教育服务"的使命，不断改进教与学，提升学生在课程设置、教学安排、学习组织、考试组织、作业答疑、面授安排等方面的满意度。学生学习满意度达到95%以上。

从对用人单位的问卷调查和反馈来看，我校继续教育毕业生在学历提升后，业务能力、职称晋升、工资待遇等方面均有较大进步和提高。毕业生在专业基础知识及实践动手能力方面表现出色，受到用人单位的高度好评。

四、质量保证

教学质量是衡量学校办学水平的重要标志，是学校发展的生命线。我校不断加强继续教育教学投入和建设，实现教学过程全面质量管理，保证教学质量稳步提升。

（一）师资建设

学校坚持把教师队伍建设作为基础工作，注重继续教育师资队伍建设。制定了较为完善的教师聘任制度、管理办法、考核制度及培养体系，坚持从实际需求出发，立足本校，整合校外优质师资资源，形成"以项目和课程需求为导向，学校教师、企业专家、培训机构专家相结合"的师资组合模式，目前，学校现有继续教育专兼职教师50人，教师队伍年龄结构、学历结构、职称结构合理，能较好地满足教学需求，得到了各类学员及用人单位的充分认可。此外，还配备有职业导师8人，对学员进行学业指导、学习过程监控和职业发展指导。

（二）资源建设

学校倡导"大教学"思想，推动继续教育和普通教育以学科专业建设、实验室、实践实训基地共建为纽带，推进资源共建共享，实现学校继续教育与校内全日制本科教育、高职高专教育统筹协调发展。

学校以信息化为手段，大力加强继续教育教学资源建设，对立项建设的重点课程，按每门课程15万元的标准予以拨付建设经费。为方便学生学习，学校规定所有教师使用TronClass平台开展辅助教学，实现网上布置作业、答疑、教学互动等。学校各种软硬件设施可很好地支持学生学习。

（三）制度建设

为了保证继续教育工作的规范发展，学校先后制定完善了招生管理、学籍管理、教学管理等相关的规章制度。在招生管理方面严格按照省教育厅的相关政策和规定，建立了健全的招生管理制度。成立招生领导小组，依法依规利用各种途径开展继续教育招生宣传工作，拒绝违纪招生、违规收费、虚假承诺和宣传。在学籍管理方面，强化服务意识，注重细节管理和过程管理，逐一落实每名学生的学籍注册情况，确保学生学籍信息准确无误。在教学管理方面，逐步完善了各主要教学环节的管理制度和质量标准，确保教学规范、有序运行。

（四）信息化建设

学校基于继续教育开放性的特点，牢固树立以学生为中心的教学与服务理念，不断加强信息化建设，充分利用现代信息技术手段，为学习者提供适应其需求且有效的支持和服务，为学生顺利实现学习目标提供有力的支持和帮助。学校自建"畅课系统"，为学生提供个别化的选课、课程学习过程辅导、咨询答疑、主动促学等服务，解决学生在学习过程中遇到的各种疑难问题。学校引入"尔雅""智慧树""中国大学MMOOC""知到"等网络课程源，积极推行ZOOM、腾讯课堂等在线教育服务平台，支持学生进行个性化的在线学习。

五、教育培训

学院继续教育资源面向社会开放，主动推动学校人才培养链与地方产业链对接，加强与企业深度合作，提升继续教育服务能力。一是进行课程输出，通过定期和非定期相结合的方式，为合作企业员工提供在岗培训知识和技能培训。二是为合作企业提供场地租赁服务，合作企业利用学校实训平台开展在岗培训。

通过开放办学，实施校企合作定制教育，双方根据企业业务及人力资源发展规划，共同研究制定人才培养方案，搭建企业在线学习平台和培训管理平台，培养学员分析问题、解决问题的能力，为现代服务业及合作企业培养一线需要的适应现代人和现代城市发展需求的高素质技能型人才。

六、特色创新

我校继续教育特色创新主要表现在以下三个方面。

（一）以学生为中心构建培养模式

我校继续教育各专业基于以"学生为中心"的就业、升学、创业及终身学习理念，瞄准产业行业发展趋势，加强与企业深度合作，研究分析企业目标岗位胜任力模型，构建了"2+1+2"的人才培养模式。

（二）以结果为导向实施教育教学

我校继续教育教学工作坚持以 OBE 理念为指导，实施"反向设计、正向实施"，即以就业为导向、以结果为导向反向设计教学，从教学层面正向实施教育教学。

（三）以成才为目标推动协调发展

我校继续教育学院和高职学院"一套班子、两块牌子"，以学生成长成才为目标，积极推进继续教育和职业教育融通发展、协调发展，为学生成长成才搭建"立交桥"。

七、问题与对策

（一）存在问题

目前，我校继续教育工作存在以下三个方面的问题：一是继续教育招生人数较少，制约了继续教育的进一步发展，招生工作需要有新的突破；二是专业特色不明显，专业内涵建设需要进一步加强；三是教学资源建设尚处于起步阶段，可共享和推广应用的数字资源不足。

（二）发展对策

下一步，我校将秉承"国际化、应用型、新体验"的办学理念，以稳定招生规模为前提，加强内涵建设，加大教学投入，提高办学效益。

（1）优化专业布局，稳定招生规模。对现设专业进行梳理、调整，打造重点"产品"。集中精力进行重点宣传，稳步扩大招生规模。

（2）加强内涵建设，强化过程管理。将继续教育与职业教育紧密结合，加强专业内涵建设，在广泛调研的基础上进一步优化人才培养方案，重构课程体系，形成欧亚特色。

（3）加大教学投入，建设网络资源。大力发展"互联网＋教育"，探索数字化转型下的全新教育治理模式，推动欧亚高职教育的数字化转型从提升师生信息化应用能力向全面提升其信息化素养转变，从融合应用向创新应用转变，满足学习需求，增强学生体验。

西京学院继续教育发展报告

一、学校情况

（一）学校概况

西京学院始建于 1994 年，占地 1858 亩，建筑面积 76 万平方米，2005 年获批为普通本科高校，2009 年获学士学位授予权，2010 年通过教育部本科合格评估，2011 年成为全国首批获得硕士专业学位研究生培养资格的 5 所民办高校之一，2017 年通过教育部本科教学工作审核评估，2018 年获批陕西省"一流学院"建设单位。现设有 14 个院系，7 个书院；5 个专业硕士点，38 个本科专业，14 个高职专业，在校师生 2 万余人。

（二）学校继续教育工作的总体规划、办学定位

1. 在办学定位方面

将举办继续教育作为全校事业发展的重要组成部分，努力提高服务国家战略与区域经济的能力，把握"一带一路"及陕西的产业变革与技术革新的趋势，以应用型人才培养为主要任务，以创新驱动技术开发、工程研究、先进技术转移等为目标，努力成为区域和行业的科技服务基地、技术创新基地、人才培养基地、创新创业基地。

2. 在办学指导思想方面

全面贯彻落实中央和省委、省政府有关高等教育改革发展的部署和要求，以服务"一带一路"倡议为契机，以人才培养为根本任务，以质量求生存，以特色求发展，通过多元办学，实现继续教育持续、协调发展，建设与西京学院发展目标相匹配的高水平的继续教育，为构建终身教育体系和学习型社会贡献力量。

3. 在办学发展目标方面

继续贯彻实施"多元化、信息化、国际化"发展战略，遵循"适度规模、优化结构，提升层次，提高质量，凸显特色，增强效益"的方针，稳步发展成人学历教育，大力发展非学历教育，努力将继续教育打造成为陕西省有一定影响力的办学水平。

（三）学校继续教育办学体制与管理机制

（1）继续教育学院统一管理全校的非学历继续教育，举办学历与非学历继续教育。除专门从事继续教育办学的继续教育学院外，其他二级院系积极配合，开展非学历继续教育。形成了以继续教育学院为主导，专业院系和书院为主体的继续教育管理运行体系，分工协作，合力推进。

（2）学校将继续教育学院纳入全校"一院一品"改革体系中，推进建设与我校发展目标相匹配的高水平继续教育。

（3）学校领导重视继续教育工作。调配资源，加强师资队伍建设，聘任王震教授等专业学科带头人8名，各类培训专兼职教师68名，储备一批对党忠诚、业务精湛、结构合理、专兼结合、相对稳定的专业化高水平师资队伍。同时，积极改善硬件条件，为继续教育学院新配1万余平方米用于办公、教学、培训场地。

二、专业设置

2019年度我校学历继续教育现有25个专业，其中专升本12个，高起专10个，高起本3个，涵盖文、理、工、经、管、艺、医等学科。

三、人才培养

（一）学历继续教育情况

（1）2019年度，我校学历继续教育共计招生124人。其中，专升本84人，高起专39人，高起本1人。

（2）2019年度，在学人数358人。性别、年龄、民族、生源地、专业分布情况如下图1-图5所示。

根据图1分析，2019年度在学学生女性占比46.36%，男性占比53.64%，男性学生高于女性。

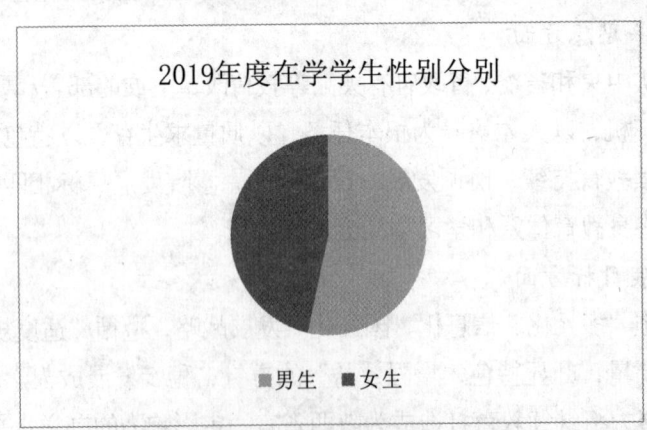

图1　2019年度在学学生性别分布

根据图2分析，17～20岁占18.43%，21～24岁占比31.84%，25～30岁占比27.93%，31～40岁占比22.06%。在学生几乎是18岁及以上，说明在校学生和在职青年从业人员对学历继续教育需求强劲。

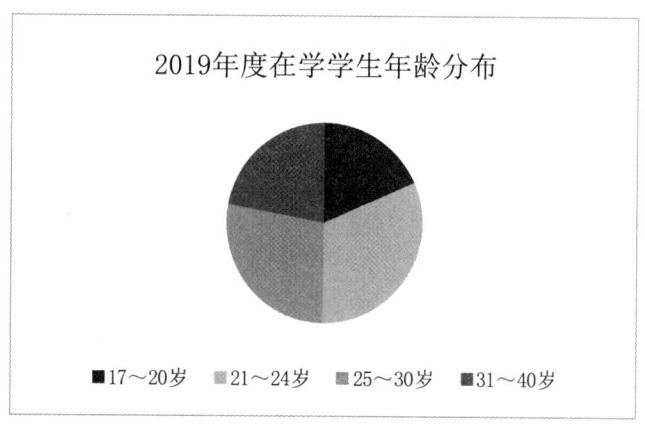

图 2　2019 年度在学学生年龄分布

根据图 3 分析，在专业分布中，理工类专业占比 33.80%，经管类专业占比 51.68%，医学类专业占比 5.87%，艺术类专业占比 3.07%，文史类专业占比 5.59%，说明在继续教育中经济管理类专业技术人才需求较为旺盛。

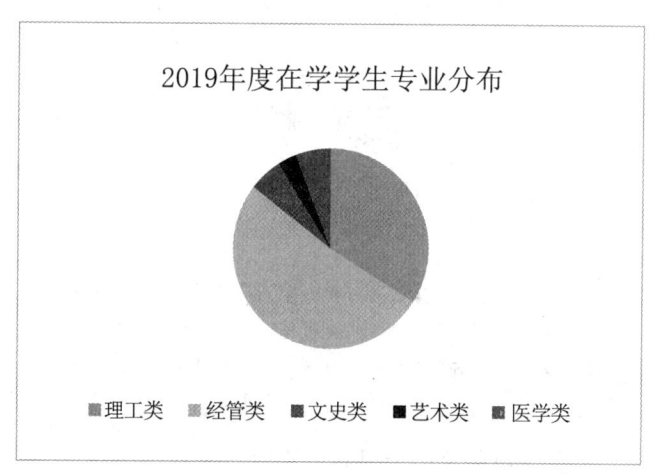

图 3　2019 年度成人在学学生专业分布

根据图 4 分析，在学学生民族分布中，汉族学生 354 人，占比 98.88%，回族学生 2 人占比 0.56%，满族学生 1 人占比 0.28%，羌族学生 1 人占比 0.28%。

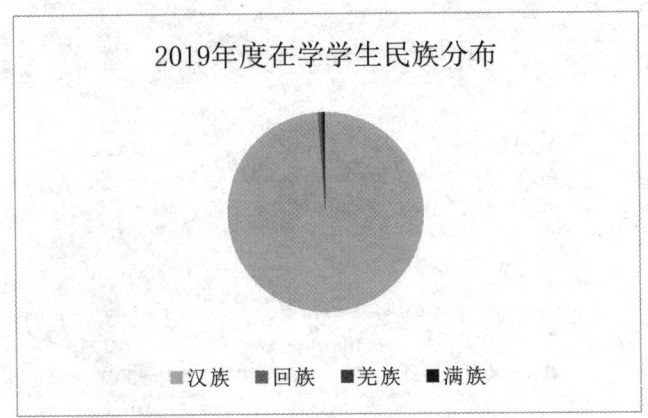

图4　2019年度在学学生民族分布

根据图5分析，在学学生生源地分布中，户籍在陕西的288人，占比80.45%，本地学员占主流群体。

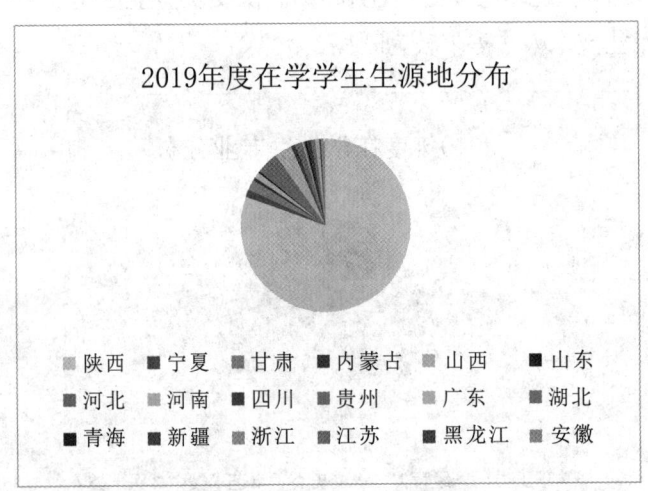

图5　2019年度在学学生生源地分布

（二）非学历继续教育情况

1.总体规模

2019年度非学历继续教育在校生培训共开展2个大类48个班次，总计2691人次。长安区中小学教师师资培训共承担各类培训3大项，7个班次，共计培训3500人，机关事业单位培训2365人，总培训到位率达到98.7%。

2.非学历继续教育的工作进展

2019年，我部门加强各类培训项目的宣传工作，积极引导学生参与各类培训项目，贴近培训单位实际，优化培训课程体系，提高培训服务质量。随着国家相关政策的调整，职业技能鉴定项目陆续改革或取消，我部门也积极做好宣传工作和制定应对措施，及时调整招生方案。

3. 非学历继续教育的主要特色

（1）为了鼓励非学历教育的发展，学院积极开拓培训教育项目，大力支持与优质培训单位建立校企合作项目。通过创新模式、完善机制和强化队伍等手段不断加强自身建设。

（2）我校积极拓展教育市场，加大内容创新，为在校学生提供方便、灵活、个性化的学习条件，开展订单式的人才培养与培训，培养特色品牌。

（3）坚持"立足陕西、辐射西部、面向全国"的发展原则，以学校会计学院、理学院、商学院等相关院系专业教授为主干，充分发挥优质师资的研究、策划、指导专长，积极拓展培训者队伍来源渠道。

（4）为了形成良好长效机制，学院建立了相对完善的培训制度体系。具体包括：培训项目立项制度、课程设置标准制度、学员证书管理制度等系列制度，以及涵盖整个培训环节的一系列制度保障体系。

四、质量保证

（一）制度建设

2019年，学校根据成人高等教育发展的实际情况，修定了《西京学院成人高等教育学生学籍管理办法》《西京学院成人高等教育本科毕业生学士学位授予细则》《西京学院成人高等教育课程考核管理办法》对成人高等教育学生的管理、教学质量、过程性考核等进行了进一步规范。

（二）师资保障

1. 授课教师情况

2019年，学历继续教育授课教师68人，95%为西京学院本校师资。授课教师构成情况如下：

（1）专业技术职务：正高职称8人，副高职称10人，中级职称47人，初级职称3人。

（2）学历情况：博士12人，硕士50人，本科6人。

（3）年龄情况：35岁以下13人，36～50岁40人，51岁以上15人。

2. 辅导教师情况

2019年，学历继续教育辅导教师9人，均为西京学院本校师资。辅导教师构成情况如下：

（1）专业技术职务：副高职称1人，中级职称6人，初级职称2人。

（2）学历情况：硕士8人，本科1人。

（3）年龄情况：35岁以下9人。

3. 专职管理人员情况

2019 年，学历继续教育专职管理人员 15 人，均为西京学院本校师资。专职管理人员构成情况如下：

（1）专业技术职务：副高职称 3 人，中级职称 4 人，初级职称 8 人。

（2）学历情况：硕士 6 人，本科 9 人。

（3）年龄情况：35 岁以下 9 人，36 ~ 50 岁 3 人，51 岁以上 3 人。

（三）资源建设

（1）优化学历教育师资库，聘请校内学科带头人，组建专业化师资团队，保障教学质量。

（2）深入优化继续教育学习平台，优化课程资源。

（3）增加教学场地，提升学历继续教育和非学历继续教育办学水平，贴近学生实际、贴近工作实际，提高工作的实效性和针对性。

（四）设施设备

（1）硬件资源共享，370 间多媒体教室，计算机中心 2000 台设备，全方位支持学历继续教育和非学历继续教育。

（2）图书资源共享，188.7 万册图书资源和 6500 种电子阅览资源全力支持学历继续教育和非学历继续教育发展。

（3）实训设备资源共享，校内实验实训中心、厂房、设备辅助学历继续教育和非学历继续教育发展。

五、特色创新

（一）实践特色与模式创新

1. 学历继续教育

我校成人高等教育始终坚持以服务陕西高等教育为宗旨，将我校研究生资源与海外优质高等资源有效结合起来，为学员提供广阔的提升发展空间，以创新驱动技术开发、工程研究、先进技术转移为目标，努力成为区域和行业的科技服务基地、人才培养基地、创新创业基地。

2. 非学历继续教育

2019 年，我校开展长安区中小学师资培训项目和西安市机关事业单位工勤人员培训项目，积极探索校内集中培训与校外合作培训相结合的培训模式。同时，充分发挥校内实习、实训场所的功能，参训的西安市机关事业单位工勤人员在校内集中面授，统一组织到校内实训场馆进行考核、认定，提升了培训服务质量。

六、问题挑战

（一）学校继续教育发展与人才培养质量方面存在的问题及对策

1. 存在的问题

（1）继续教育体制机制不够灵活，学历继续教育特色专业建设相对滞后，人才培养的职业能力导向还不够鲜明。

（2）非学历教育规模小，缺乏特色，专业化的项目研发团队和市场拓展团队缺失，培训项目的管理、运作和服务能力总体偏弱。非学历办学的后勤保障条件严重不足，已严重制约学校非学历教育的发展。

（3）继续教育做大做强的发展基础还十分薄弱，与我校办学地位和发展目标不相匹配，迫切需要加大工作力度，抢占发展先机。

2. 问题对策

（1）要进一步改革非学历管理体制和机制，形成职责分明，协调统一，效高质优的办学体制机制，完善和修订继续教育管理制度。

（2）优化和加强成人学历教育专业建设，打造继续教育网络化教育平台，推进继续教育教师队伍建设。

（3）搭建非学历教育公共服务平台。深化交流与合作。引导和鼓励举办非学历教育的单位开发具有市场适用性和竞争力的培训项目，实施"一院一品"战略，逐步打造我校继续教育和高层次培训品牌。

七、对策建议

（1）明确办学定位与任务，依托办学优势，形成开放灵活、规范有序、适应社会需求的办学服务体系。

（2）建议建立相关制度规范和法律法规，对社会上非法使用、打着高校旗号虚假招生宣传的招生中介进行全面清理，净化继续教育招生环境。

（3）建议教育行政部门充分发挥陕西教育资源密集的优势，挖掘和利用高等学校、科研院所等专业性教育教学和研究机构的资源，搭建高等继续教育合作的桥梁。

西安思源学院继续教育发展报告

一、学校情况

我校是教育部批准设立的普通本科高校，是陕西省教育厅等部门联合批准设立的研究生联合培养示范工作站高校，是陕西省第一所获批招收港澳台侨学生资格的民办高校。

学校成立于1998年，经过22年发展已成为一所集工、文、经、管、教、法、艺、医等多个专业学科，本科、高职、继续教育及研究生等多种教育形式协调发展的新型大学。目前学校拥有11个二级学院，并分别建立了与长安大学、延安大学、西安体育学院联合培养硕士研究生工作站。目前在校学生17,000余名，学历继续教育学生1522人。

学校东依白鹿原，西临浐河灞水，南眺巍巍秦岭，北瞰西安世界园艺博览会园址，环境优美，空气清新，风景宜人。

二、继续教育人才培养稳中求进

（一）学历继续教育工作平稳有序

我校学历继续教育的办学类型主要是业余和函授两种；办学层次有高中起点专科、专升本、高起本三个层次，招生范围仅限于陕西省内招生。学历继续教育招生专业15个，在校生总计1522人。

我校针对学历继续教育专业组织专家制订了人才培养方案，由学校教务处实行信息化管理。每个学期开始前，由专业负责人根据人才培养方案的要求，制定开课计划，选聘任课教师，下达教学任务书，选购教材、安排实验，明确课程性质、教学学时、课程考核方法等。这一切工作，都严格执行人才培养方案中的教学进度安排，否则，其相关教学信息数据无法上传至教务处教学信息管理系统。同时，学校教务处和继续教育学院联合组成教学质量检查小组，针对教学过程每学期进行开学教学准备检查，期中教学检查，期末考试检查活动，保证了人才培养方案的有效落实。

课程教学大纲由专业负责人牵头组织教研室相关教师编写，在编写课程大纲时，必须落实培养目标和人才培养方案。课程教学大纲中，必须明确课程性质、与其他课程的关系、本课程的教学内容、教材及相关辅助教学资料的选择、教学方式、学时分配、考核方式、考核结果的记录依据等相关问题。课程大纲编制完成后，由专业负责人结合教务科实施、监管。教师根据课程教学大纲和教材，进行授课。

（二）非学历继续教育成绩斐然

1.总体规模

2019年，我校的非学历继续教育培训及辅导工作共进行了289个班次，参加人员累计10432人次，生源来源为校内生源，主要培训项目为：计算机类、驾驶证、教师资格、人力资源师、护士执业资格、会计等。

2.培训模式

我校非学历继续教育在教学模式上采用以面授教学为主，在线答疑为辅的混合教学模式。例如，人力资源师职业资格、教师资格考试培训中，我们就以主讲教师面授教学为主，辅导教师答疑为辅助，结合网络视频讲授和网络练习，完成培训教学，学员学习满意度较高。

三、人才培养质量不断提升

（一）管理制度健全完善

目前，我校继续教育制度相对健全，体系比较完整。我们制定了完整的各业务部门职责和各级管理人员岗位职责，以及教学、教务、学籍、教材、学生管理等一系列相关管理文件制度，作为开展工作与处理问题的主要依据，规范办学行为，提高管理水平。同时，基于日常教学管理需要，统一工作流程，规范各种工作表格。各项管理制度汇编成册，随时查阅，用以指导日常教学与管理工作。

（二）师资质量进一步提高

继续教育学院现有专任教师7名，其中高级职称教师2名，占比为28.57%；35岁以下专任教师4名，占比为57.14%；双师型教师1名，占比为14.29%。近五年新增教师4名，占比为57.14%。校内聘用教师15名，其中具有高级职称的11名，校外聘用教师31名，其中具有高级职称的19名。这些教师基本满足继续教育学院学历继续教育教学需要。教师中本校教师占到36.73%。继续教育学院还有管理人员7名，其中行政人员2名，教辅2名，辅导员3名，安排教学任务和学生管理工作。

（三）教学资源建设持续投入

继续教育学院依托西安思源学院教学资源，进行教学活动。学校有多媒体教室289间，实验室62581平方米，教学电脑4091台，图书1337.8万册，教学、科研设备11519.2万元，可容纳2万余学生进行学习。学历继续教育学生利用周末和节假日上课学习，这些资源完全满足继续教育学院的教学需求。

（四）内部质量管理不断优化

我校设有教学质量监控与评估中心，继续教育学院也成立了以院长为组长的教学质量督导小组，实行院校两级监控。学校先后出台了一系列关于教学质量监控文件，定期进行教学质量反馈，教学质量监控的制度体系和运行体系比较完善。质量监控与评估中心全程监督指导各个教学环节，从教学组织管理、教学质量监控与评析、教学信息反馈、知识考核的内容与形式等环节进行教学质量监控。继续教育学院也加强了教学质量的检查、监控力度，进一步优化"教师评教、学生评教、领导评教、资料抽查"为主要手段的教育教学质量的检查、监控体系，及时地预防和解决教学过程中出现的问题。

四、面临的问题

（一）学历继续教育形势严峻

随着高等教育大众化时代的到来及普通高等院校的大规模扩招影响，作为曾经的"高等教育补偿教育"的成人学历继续教育，迎来了前所未有的严峻形势。报考成人教育入学考试与最终参加入学的人数下降明显。目前，学校成人学历办学项目不断减少，办学规模日趋萎缩。结合近三年学校成人学历继续教育报考情况，成人高等教育、网络教育、自学考试呈招生人数逐年减少，成人学历教育总体呈收缩趋势。

（二）非学历继续教育竞争激烈

学校非学历培训发展困难，以市场的竞争法则吸引而来的非学历培训项目基本没有。非学历培训的开展主要来源于政府部门的安排，或者是"打友情牌"，依靠人际关系网络来开设培训项目。这类培训一般具有生源不稳定、零散无系统及形式化的特点。面对激烈的市场竞争，学校非学历培训工作迫切需要做出改变，以适应社会发展新常态。

五、进一步发展思路

我校继续教育办学较之公办高校而言，起步晚，规模小，在办学形式、专业设置、教学组织、教务管理等诸多方面还存在不小差距。为缩短差距，我们适时调整办学思路，统一思想、统一认识，重点做好以下几个方面工作：

（一）以市场需求为导向

增强教育适应社会发展的活力，重点抓好招生和就业两个端口的管理。我们紧扣市场，根据市场需求制定发展规划，确定专业设置和招生计划。要靠信息灵、定位准、决策快、政策好、运作措施得当，实现办学的规模化，突出办学的社会效益与经济效益，更好地服务社会。

（二）持续推进教学改革

人才培养质量关系着学校的生存与发展，不断提高教育教学质量，是我校继续教育一个永恒的主题。教学改革方面，学校统筹规划，制定文件和流程，出台相关政策、健全激励机制，通过一系列培训活动，更新教师观念，把课程项目化理论融入开放教育教学中，提高学生应用能力。

（三）完善教学服务体系

教师是主导，学生是主体，学校的一切活动都是围绕学生这个主体开展。教职员工要牢固树立为学生服务，为教学服务的意识。对学生的教育和管理，无疑要倾注更多的心血和精力，这是我们的工作性质和学生的构成所决定的。在学习支持服务方面，学校构建一套完整的教师教学业务档案管理系统，及时跟踪服务情况，为学生提供有效的支持服务。

陕西国际商贸学院继续教育发展报告

一、总体情况

陕西国际商贸学院继续教育学院属学校二级教学单位，早在 2005 年，便开始招收高等继续教育学生，2011 年 5 月成立成人教育学院，2012 年 6 月更名为继续教育学院。学院秉承学校"立德笃学，允能躬行"校训，坚持遵循"因材施教，保证质量，规范管理，助力学校发展"的原则，由校领导分管，直接面向社会组织开展各类继续教育教学活动。继续教育学院负责统筹各专业人才培养方案的制定和实施，认真做好继续教育制度建设、组织协调、服务保障、过程管理等工作，切实加强对继续教育工作的统筹规划和管理。

学校在"十三五"发展规划中着重强调了继续教育的重要性，并制定了专门的继续教育发展战略规划。坚持面向国家经济建设和社会发展需要，以发展高水平继续教育为目标，稳固适度发展学历继续教育，大力发展非学历继续教育，积极探索以药为特色、以商为主干的多学科相互支撑协调发展的教学模式改革与发展。打造立足西咸，辐射西北、行业特色鲜明的继续教育基地，以步长制药企业为推手，强化服务社会职能，拓宽服务渠道，提高服务水平。

二、专业设置

（一）学历继续教育专业设置情况

依据学校重点建设经管类、药学类专业为目标，以药、商为基础，专业设置形成多学科专业体系的总体规划。为适应地方经济和步长制药等行业发展需求，继续教育学院设置了药物制剂、制药工程、中药学、药品生产技术、药学、市场营销、电子商务、工商企业管理等突出药、商特色的专业。另有宝石及材料工艺学、首饰设计与工艺、口腔医学技术、会计等社会发展需求专业相互支撑协调发展。学校重点建设的药品生产技术（中药制药技术）专业，也是继续教育省级特色专业建设专业。学校现有高等继续教育专业 31 个，其中高中起点专科 15 个，高中起点本科 9 个，专升本 7 个。

（二）学历继续教育专业新变化

根据我国现阶段和区域经济发展需求，继续教育学院深入社会、企业调研，认真听取企业、行业专家意见，分析社会需求现状及学校学科专业优势，对重点建设专业进行调整，2019 年积极申报专升本"人力资源管理""酒店管理"专业，并获得省教育厅批准。

三、学生情况

陕西国际商贸学院现有成人高等继续教育在籍学生 1124 人（男生 596 人，女生 528 人），学习形式均为业余类型，其中高中起点专科 318 人，高中起点本科 804 人，专升本 2 人。从生源户籍来看，陕西省内学生 257 人，占总数 22.8%，陕西省外学生 867 人，占总数 77.1%。在学学生主要包括待业青年、转岗人员、技术辅助工作、服务工作和一线生产工人，其大都想通过成人继续教育选择适合的工作岗位。2019 年，毕业生人数 584 人，招生人数 164 人，招生规模总体下滑较快。

四、质量保证

（一）制度建设及师资保障

学校高度重视继续教育规章制度建设，并将现有的教学制度汇编，依据规章制度，从严治教，从严治学，使继续教育的教学管理有章可循。

学校拥有教师 744 人，有副高以上职称教师 230 人，博士、硕士学位教师 546 人，双师型教师 186 人，外籍教师 2 人，院士 1 人，"步长学者"特聘教授 2 人，国务院特殊津贴获得者 4 人，省级教学名师 7 人，省级教学团队 4 个。根据学校规定，所有校内专职教师有义务承担继续教育教学，本校教师承担教学达到 100%。

（二）资源建设及设备设施

在继续教育学院教材选用方面，学校根据人才培养方案统一征订发放，并选用适合成人教育特点的教材。此外，继续教育学生可共享学校图书馆各类馆藏纸质文献与数字化文献及其他各类教学资源及学校各类设施设备。

（三）信息化建设及经费保障

学校拥有独立的教务管理信息系统、官方网站、微信公众号、数字图书馆等现代信息技术手段，电信、教育网双链路接口，千兆宽带。可实现线上线下多平台学习，满足不同层次、不同类型的继续教育学生多样化学习需求。

继续教育学费收入由学校统一管理。学校本着"积极筹措教育经费，优先保障教学投入，不断改善教学条件"的原则，教学经费预算逐年增加。

五、教育培训

根据《陕西省人民政府陕西省军区关于加强退伍士兵职业教育和技能培训工作的实施意见》（陕政发〔2011〕43 号）和《陕西省民政厅关于建设士兵职业教育和技能培训有关的规定通知》（陕民发〔2011〕178 号）文件精神要求，2012 年我校被定为陕西省退伍士兵职业教育和技能培训定点机构，负责承接咸阳地区的退伍士兵职业教育和技能培训。截至2019年底培训咸阳籍退伍士兵1887名。2019年共招收退伍士兵475人，涉及物流管理、计算机应用、市场营销、汽车驾驶、建筑工程管理、工商管理等多个专业。退伍士兵职业教育和技能培训全部采用线上线下混合式培训模式。退伍士兵进入学校培训实现了军到民的角色转变，掌握了一门技术，扩大了知识积累，为退役士兵服务社会、创新创业创造了有利条件。此外，随着学历继续教育生源减少，我校还积极支持、参与西咸新区委员会沣西新城的社区教育工作，提供力所能及的教育资源，为区域发展服务。

六、特色创新

（一）实践特色和模式创新

一是坚持"应用型"办学定位，突出药、商专业特色，积极拓展服务面向渠道，为加快建设学习型社会、大力提高国民素质贡献力量。

二是提升面向西部经济发展，基层建设的服务能力，助力国家解决教育不平衡问题。比如依托步长企业药品在全国的影响，面向我国西北、西南地区招生，让那些没有了接受普通教育机会的、边远地区的、各行各业的从业和非从业人员人人有学上，为西部地区发展奠定基础。

三是步长制药和学校积极探索现代培养模式，部分专业实行校企联合招生，共同培养，产教融合，课程无缝对接生产过程。既充分发挥了企业的作用，提升企业员工的综合素质并促进了企业产品的销售，做大做强品牌实体，也锻炼了"双师型"教师和教学管理队伍，培养了更多一线应用型人才，助力学校发展。

四是学校坚持教育以"立德树人"为本，不歧视不放弃每一名学生，以正确思想引导，用尊重提升自信，结合步长文化培养德智体美劳全面发展的社会主义建设者和接班人。

（二）教育教学研究与成果等情况

学校立足继续教育办学实践，积极开展教育教学研究工作。2019年省级教学改革项目《企业办药类高等继续教育专业教学质量保障和监控体系探索与实践》，经陕西省教育厅评审，验收合格，顺利结题。

七、问题与对策

（一）存在的新问题

（1）随着社会经济发展，人们对学习的多样化要求凸显，但目前成人教育招生制度及学习培养模式还无法满足现代社会"人人可学、处处可学、时时可学"的需求。

（2）从就业渠道看，分析入职条件等方面，对成人教育的毕业生还存在人为的歧视。现阶段社会对继续教育的认同，与失去了普通教育机会、在职渴望提升学历水平同学的努力极不相符，严重影响了学生的学习情绪。

（二）新对策

（1）继续教育必须与职业教育相结合。改革创新学历继续教育教学模式，采取多样化培养渠道和培养过程，助推学生成长成才。

（2）通过发展学校所在地的社区教育等，积极发展非学历继续教育，加强与政府、行业、企业联合，积极开展适合区域经济发展特点的项目，提升服务地方经济发展的能力。

陕西服装工程学院继续教育发展报告

一、学校情况

陕西服装工程学院成立于 1994 年，是一所教育部批准的普通本科高等院校。学校下设服装学院、艺术设计学院、经济管理学院、信息工程学院、健康学院、教育学院、高职学院、基础部、思政部、体育部等 10 个二级教学单位。是一所以服装艺术为重点，工、艺、文、管、经、教育相结合的多学科协调发展的全日制本科高校。设有全国唯一一所"季羡林国学院"，为传统文化教育提供了平台。

学校在办学实践中坚持"市场化思维、国际化视野、特色化发展"的理念，以"锲而不舍 玉汝于成"为校训，倡导"爱国孝亲 励志践行"的校风，"兼收并蓄 择善固执"的学风，实施"人才强效、创新兴校"战略，以育人为中心，产教深度融合，教育教学质量不断提高，被评为全国综合实力十大品牌民办大学和全国就业十佳民办大学。

二、继续教育专业设置

我校继续教育于 2005 年开始申报专业，至今已有 14 个专科专业：服装与服饰设计、视觉传播设计与制作、市场营销、艺术设计、电子商务、广告设计与制作、计算机网络技术、首饰设计与工艺、工商企业管理、物流管理、计算机信息管理、环境艺术设计、会计、建筑工程技术。由于近年来继续教育专科需求逐渐萎缩，招生十分困难，从 2017 年我校开始申报继续教育专起本专业，目前已经获批 9 个本科专业：服装与服饰设计、市场营销、会计学、服装设计与工程、视觉传达设计、环境设计、物流管理、计算机科学与技术、工程造价；今年拟申报继续教育 7 个专业，以期壮大继续教育专业和学生队伍。

三、目前存在的问题

（一）招生规模不理想

目前成人高等学历教育生源大幅萎缩，高考录取率逐年提高，高中和中专、职高、技校毕业生还可以通过陕西省分类考试入学，普通高考又放宽报考限制，一些落榜生和社会成人均有机会再次参加高考，成人高等教育生源大幅度减少，学员素质下降，办学规模锐减。

（二）招生专业结构不平衡，课程服务体系尚待确立

目前成人高等教育专业完全是依托统招专业设置，专业建设与行业、产业结构的调整与转型相对脱节。系统化、特色化、市场化、精品化的课程服务体系尚待确立，适应成人特点、满足社会应用型人才培训需要的精品教材建设相对缺乏。授课教师绝大多数缺乏成人学历教育教学实践经验，不太适应主要针对在职从业人员的教学方式，教育研发队伍及管理队伍素质、结构欠佳、缺乏主动开拓市场的能力。

（三）教育管理制度有待进一步完善

在实际工作中存在对继续教育的地位和作用的认识偏差，普通高等教育与继续教育相对割裂，没有形成优势互补的办学格局。

四、工作措施及设想

2020年，我校将不断强化继续教育专业内涵建设，规范教学管理，强化服务意识，提高管理水平，争取今年成人高等教育办学规模取得新突破。

（一）适应深化综合改革新形势，着力提升管理能力和水平

（1）加强政治理论学习，推进"学习型、服务型、创新型"部门建设工作。深入学习领会习近平总书记系列讲话精神实质，不断增强全体教师尤其是党员、干部的宗旨意识和群众观点，努力提高服务校院事业发展和广大师生的能力水平。

（2）开展专题调研，认真探索继续教育管理改革路径。一是校内调研，围绕学校继续教育管理体制改革、规范招生宣传等，召开座谈会，充分听取意见和建议；二是校外调研，走访省内高校，学习经验；三是专题研究，召开专题会议，贯彻学校深化人才培养机制综合改革要求，对调研过程中各方面反映的建议和意见进行梳理分析和专题研讨。

（二）面向经济社会发展需求，继续教育办学规模取得新突破

（1）主动适应社会需求，优化专业设置，开拓办学新领域。今年拟申报专起本专业4个：宝石及材料工艺学、机械设计制造及其自动化、制药工程、物联网工程；高起专专业3个：人物形象设计、数字媒体设计、金融管理。

（2）坚持统一宣传和分类指导相结合，加大招生宣传工作力度，提高宣传工作的针对性和有效性。适时组织召开学校继续教育专题工作会议，着力抓好办学拓展、教学基本建设和制度保障等方面工作。

（3）不断加强与地方行政主管部门、行业系统、大型企业和高职院校的学习交流，拓展招生渠道。

（4）坚持开展"全员招生、全年招生"的思路，扩大继续教育办学规模。

（5）结合学校现状，合理开发高职资源，大力发展专升本专业。我校现有在校生

11529人，其中高职生人数6000多人，由于社会企业和用人单位的需求不断提升，高职生对学历提升较为渴望，所以在专业申报调整和教学计划方面尽量结合学校实际，和高职类专业接轨，做好校内高职毕业生的继续教育。

（三）加强内部建设，确保继续教育工作健康发展

（1）加强内涵建设，提升工作水平。加强队伍建设，提升管理水平，针对学校干部岗位调整，适时进行自考管理人员业务知识培训，狠抓自考助学教育规范化管理和管理人员素质提高。

（2）规范组织管理，严格审核环节。加强统筹管理，认真做好自考学生各类审查审核组织工作，严格把好资格审查关。

（3）牢固树立"服务至上"工作理念，扎实做好部门日常管理工作。

总之，继续教育工作任重道远，我们决心在省教育厅的关心和支持下，在学校董事会、校委会和党委会的正确领导下，团结一心，努力工作，提高质量，增强继续教育的吸引力与竞争力，争取在2020年开创我校继续教育新局面。

西安汽车职业大学继续教育发展报告

一、继续教育总体情况

（一）学校概况

西安汽车职业大学是全国首批本科层次职业教育试点院校、陕西省唯一以汽车命名的省属本科层次职业大学，也是"陕西省教育系统文明校园"。

至 2019 年底我校共有教职工 600 余人，专任教师 425 人，具有高级专业技术职务的 43 人（其中教授 40 人），具有研究生学历及以上的有 203 人，"双师型"教师 214 人，还有来自行业企业的产业导师、兼职教师 120 余人，专业带头人、教学团队配备齐全，师资力量雄厚。现在校本科生 1599 人，三年制高职学生 6149 人，继续教育学生 464 人，学校面向全国招生，招生规模基本稳定，近三年毕业生就业率均在 96% 以上。

（二）继续教育工作的总体情况

随着社会的发展，我校高职在随着市场的需要新增专业，新增的专业已经成熟，教学计划师资已经稳定，在这个前提条件下，继续教育也增加相应的专业，使我们的继续教育适应社会多元化，专业多样化，培养社会所需要的各类人才，为各类学子搭建继续教育的平台。

学校将继续教育纳入了学校"双一流"建设和其他重点建设工程项目；坚持立德树人，加强党建和学生思想政治教育，每年评比优秀党员给予奖励，每年吸收新的入党积极分子壮大队伍建设。

继续教育招生由学校招办统一招生，教学由教务处统一管理，人才培养方案由专业所在院系具体负责，学生管理由学生处和院系的辅导员管理，其余事务性工作由院系承担。

二、学生情况

（一）规范管理情况

1. 在规范招生、严格考试与毕业管理方面的举措

严格执行教育厅行政部门相关政策和规定，由我校招办规范招生，学生采取期末闭卷考试和实训考试综合成绩，毕业学生严格按各科成绩合格后才可以给予办理毕业证。

2. 本校继续教育没有外设点、中介招生、虚假承诺和宣传、违规收费等现象

3. 内部质量保证的机制建设及实施效果

学校的住宿由学生处统一管理，对有问题的宿舍及时维修及更换危险的家具等，学习质量由教务处和督导办统一管理，对学生上课存在的问题不定期地组织调查问卷，并在期末研究教学方法和授课内容。

（二）学生学习效果

1. 学生学习满意度

学生对在校学习较为满意，工作后遇到问题会结合在校所学解决问题，达到了预期的学习效果。

2. 社会用人单位对毕业生的反馈评价

社会用人单位对我校毕业生普遍反映较好，每年学生还未毕业，就业单位就开始到校招聘，并和就业办谈及合作事宜。

3. 举例说明毕业生成就

学生毕业后大部分从事的是汽车行业，也有部分学生自己创业，收入也很可观。例如王洪福2008级学生，自己创建的恒安利达汽车维修养护中心，一年的流水大概500万。

三、教学质量监控与保障

学校不断完善教学管理制度，逐步实现教学管理过程全覆盖的制度管理，保障教学过程的顺畅运行。学校坚持和完善校、院（站）二级教学质量保证与监控体系。除学校的教学督导小组外，各二级学院还建立了自己的教学督导队伍。各级督导组通过深入课堂、随机听课、定期检查等方式，对各教学单位教学管理工作的监督、检查、评价和指导不断深入。各教学单位通过调查问卷、座谈等方式积极开展教学质量评价，充分采纳好的意见和建议，改进教学方法与教学模式，不断提高教学质量。

四、学校继续教育教学改革创新研究

（一）学校继续教育教学改革措施

1. 继续规范教学管理工作

学校进一步完善成人高等继续教育教学管理规章制度，继续加强专业、课程、教材、考试等环节的基础性建设，修订了《西安汽车职业大学成人高等教育教学及管理运行规范》《西安汽车职业大学成人高等教育考试管理规定》和《西安汽车职业大学成人高等教育考试纪律及违规处理办法》，制定了《巡考人员工作职责》。

2. 启动了人才培养方案的修订工作

为适应经济发展新形势和成人高等教育发展新要求，学校启动了现有专业的人才培

养方案的修订工作，下发了《西安汽车职业大学关于修订成人教育人才培养方案的指导性意见》，要求按照学年学分制的原则，将课程体系分为公共必修课、专业必修课、专业选修课、任意选修课，要求更加注重专业特色塑造、课程体系优化、人才培养模式创新、优质教学资源建设和共享，力求以特色提高质量，提升水平，塑造品牌，形成优势。

3. 开启混合式教学模式

经过前期大量的调研，开启了"以学生为导向、线上线下融合、资源众筹共享、管理运行高效"的"面授＋网络"的混合式教学模式。

4. 支持特色课程建设

2019 年 5 月，组织有关专家对 2015 年立项的校级特色课程进行验收，评选出 2 门优秀课程，6 门合格课程，投入特色课程建设经费 3.4 万元。

五、问题与对策建议

（一）存在的问题

1. 保障方法不完善

高校继续教育质量保障的方法主要有内部评估和外部评估，只有建立内外结合的评估机智才能有效保障高校继续教育的质量。当前，我校的继续教育质量保障方法比较单一，主要体现在各级教育部门的检查和监督。这种检查本质上离评估还有一段不小距离，因为教育部门监管的大都是常规化的审批和监督，系统性和科学性的程度较低。

2. 观念上仍对继续教育有误解

有不少人认为继续教育是非正式的教育，只是学历教育的补充，而非社会上认可的主流教育，在这个观念的支配下，高校的继续教育发展思路也跟随着社会发展的需求。只是把继续教育作为一项"副业"，没有对继续教育进行系统的研究和规划，重视的程度也不够。

3. 教学质量有待提高

我校的继续教育历经十几年的发展，有了一定的规模，但学生大部分都是在职人员，他们来接受继续教育的目的不是很明确，急功近利，没有充沛的精力和时间放在真正的学习上，这样严重影响了我校继续教育的质量。

（二）高校继续教育的对策研究

高校继续教育在终身学习的公共服务体系中占据举足轻重的重要地位，如何终身学习公共体系中的高校继续教育是当前终身教育、终身学习的重要课题，针对我校继续教育中存在的问题，提出以下对策：

1. 完善高校继续教育的政策法规

目前，我国继续教育还没有一部完整的法律。高校要推动继续教育相关法律进一步整合与完善。在构建终身学习公共服务体系中，高校继续教育是重中之重，也是国家构建和谐社会的关键。因此国家要加快完善和颁布继续教育的相关法规和政策，对高校继续教育实行倾斜政策，规范继续教育工作，制定继续教育标准，加强继续教育办学监管和质量评估。

2. 转变对高校继续教育的认识

继续教育是当前终身学习的一个重要组成部分，想要与时俱进跟上时代的发展步伐，必须要发展高校继续教育。高校继续教育要转变思想观念：根据终身学习的需要，把继续教育与社会发展与人的发展联系起来，从被动应付向积极探索方面转变，从单纯的暂时创收观念向人才资源建设长远服务方面发展。

3. 加大对高校继续教育的资金投入

继续教育发展滞后的一个主要的原因就是资金不足，严重影响了继续教育的发展。但是在国际激烈的竞争中，发展终身学习是必然的趋势。是关乎可持续发展的大事，所以国家要支持继续教育发展。

以上综述，作为高校而言，要想发展好继续教育，就需要分别构建科学的外部质量评估体系和内部评估体系。两者相互形成合力，才能有效保障高校继续教育的质量。

杨凌职业技术学院继续教育发展报告

一、学校对继续教育的办学定位和管理体制

（一）学校继续教育工作的指导思想和办学定位

杨凌职业技术学院以习近平新时代中国特色社会主义思想为指导，牢固树立新发展理念，全面贯彻党的教育方针，坚持立德树人根本任务。贯彻落实党中央、国务院对职业教育工作的决策部署和全国教育大会精神，推动全面落实《国家职业教育改革实施方案》，不断完善职业院校治理体系建设，提高职业院校治理能力和治理水平，为职业教育现代化提供智力支持和人才保障。

（二）办学体制健全完善

继续教育与培训学院由学院统一领导，归口管理，认真抓好继续教育建设、组织协调、服务保障、过程管理等工作，切实加强对继续教育工作的统筹规划和宏观管理；各二级分院确立一名人员负责继续教育工作，构建校院两级培训管理体系，对继续教育教学管理与实施师资队伍建设、教学质量监控，学习效果等进行专题研究部署。学院领导重视继续教育工作，对口联系领导分别出席继续教育的开班仪式、结业仪式并做讲话、专题讲座，看望学员，会见授课教师、颁发证书，对继续教育工作高度重视并给予直接指导。

（三）学校不断完善继续教育办学体制

学校始终将继续教育作为高校"以培养人才为中心，开展教学、科学研究和社会服务"的重要组成部分，把继续教育工作列入年度学院重点工作，开展继续工作有力。学院分管领导经常性地深入继续教育学院和各教学单位调查研究，听取汇报，分析形势，制定发展策略，对学校继续教育工作在发展规划、规范办学等方面提出了明确要求。学校继续教育管理服务机构健全、分工合理、职责明确。学校继续教育实行二级管理，由一名院领导分管继续教育工作，继续教育学院是学校继续教育工作的主管部门，负责对全校的继续教育工作进行监管，统筹各专业人才培养方案的制定与实施，负责招生录取、学籍注册、毕业生办证等工作，各教学单位负责生源发动、组织教学和考试及日常的学生管理等工作。

（四）学校不断强化继续教育规范办学

根据近几年继续教育发展实际情况，有针对性地先后制定和出台了招生管理、学籍管理、教学管理、函授站管理等一系列规章制度。学院不断对规范招生、教学管理、收

费管理等方面的制度进行修订和完善，有效规范我院继续教育的办学模式，提高了教学质量，赢得了良好的社会声誉。

二、招生与管理

学院在对行业社会需求以及学院实际情况认真分析和研究的基础上，向省教育厅合理申报招生计划，严格按照省教育厅核准公布的专业和招生计划开展招生工作。学院严格按照上级有关规定制定招生简章，并利用学院网站等媒体向社会发布，招生信息的内容，数据和表述准确规范，实事求是。

作为全省首家高职院校函授学院现开设有水利工程、道路桥梁工程技术、畜牧兽医等7个函授专科专业，除自有成人专科函授继续教育外，还设有西北大学、西安石油大学、华北水利水电大学、西安财经学院等函授教学点和西北工业大学网络学习中心，先后培养各类专业技术人员3万余名。

三、师资队伍与管理队伍建设

在师资管理方面，我院根据教学需要及学员反馈意见，及时调整安排面授教师。一是优选。根据教学需要，在校内外优选专、兼职面授教师。不但要求具有教书育人良好的职业道德，而且要有过硬的理论知识和扎实的专业技能。二是严管。对教师的备课、授课、辅导、作业批改、答疑等环节制定规范，从严管理。三是勤考。随时对教师的教学活动进行考核，并做翔实的教学记录，对学员反映不好的教师及时进行调整，确保教学效果。同时，改变传统的信函邮寄与联系的方法，通过电话、微信等网络形式，加强与学员的沟通，并将主要信息放在校园网上进行交流，这样不仅密切了与学员的关系，而且提高了教学效果，也为学生提供了良好的学习环境。

四、教学质量监控与保障

学校不断完善教学管理制度，逐步实现教学管理过程全覆盖的制度管理，保障教学过程的顺畅运行。学校坚持和完善校、院（站）二级教学质量保证与监控体系。除学校的教学督导小组外，各二级学院和函授站点还建立了自己的教学督导队伍。各级督导组通过深入课堂、随机听课、定期检查等方式，对各教学单位教学管理工作的监督、检查、评价和指导不断深入。各教学单位通过调查问卷、座谈等方式积极开展教学质量评价，充分采纳好的意见和建议，改进教学方法与教学模式，不断提高教学质量。

五、当前存在的问题及其原因

（一）生源日益枯萎，招生困难

近些年随着普通高校的连年扩招，普通全日制本专科录取分数逐步下降，招生日益困难。各层次各专业招生日渐萎靡，专科层次尤其严重，一个专业少的只有几人，教学成本日益提高。这些都严重影响着我院的成人学历教育发展。

（二）学生重学历，轻能力

当前重学历、轻能力的社会风气还很浓厚，众多学生把学历与就业、工资、职称、提升相挂钩，这就促使人们"竭尽全力"要给自己获取一个高学历证书。这些现象导致，学生参加成人学历教育的侧重点在于拿文凭，而非学习和掌握专业知识，提高自身的专业能力。因此，学生在选择成人学历教育时，往往忽视学校的教学质量和内容。

（三）学历教育行业竞争混乱

由于学生参加学习的目的更多是为了文凭，一些民办机构培训学校看准这一点，推出助考一条龙服务，只要交钱就包拿文凭。甚至有机构打着军校自考等不属于国民教育序列的文凭欺骗学生。这些培训机构都宣传包过、包拿证。甚至常有学生问，其他机构都有交钱过考试，你们怎么没有等问题。这些都影响到我院正常的招生宣传工作。

（四）严格规范本科、专科院校学历继续教育

部分本科院校也设有专科学历继续教育，这对职业院校专科招生造成了很大的冲击，使得专科院校招生人数日益减少。

六、对继续教育工作的意见和建议

（一）规范和整顿成人学历教育市场

对虚假招生宣传的机构因取缔其招生办学资格。整顿各类型学历教育的统考考场，严格检查考场人员，严肃考场纪律，杜绝替考、作弊等现象。从而杜绝学历教育方面的不正当竞争。

（二）严格审查各学历教育培训机构的办学条件

提高办学门槛，剔除条件差的培训机构。留下师资力量强，办学条件好的培训机构。优化整合学历教育市场，提高成人学历教育在社会的声誉和认可度。

七、下一步工作思路与重点

（一）与时俱进，拓宽专业设置

希望职业院校专业设置面向社会大众开设，例如招生对象可以从行政事业单位转向社会社区人员、职业农民等。

（二）敢为人先，创新入学模式

在成人高考这方面，可以采用注册入学的方式，取消入学考试，适当降低门槛，探索试点学分制。

（三）加强管理，规范继续教育市场

对虚假招生宣传的机构应取消其招生办学资格。整顿各类型学历教育的统考考场，严格检查考场人员，严肃考场纪律，杜绝替考、作弊等现象，从而根绝学历教育方面的不正当竞争。剔除条件差的培训机构，留下师资力量强、办学条件好的培训机构，优化整合学历教育市场，提高成人学历教育在社会的声誉和认可度。

陕西工业职业技术学院继续教育发展报告

一、总体情况

（一）学校概况。

陕西工业职业技术学院是 1999 年 3 月经教育部批准改制升格的西北地区首家高职学院。2011 年被教育部、财政部确定为"国家示范性高等职业院校"，2016 年国家优质高职院校建设项目获批立项。先后被评为 "全国高职院校服务贡献 50 强、教学资源 50 强、教学管理 50 强、学生管理 50 强、实习管理 50 强"、陕西省首批示范高校就业创业指导服务机构、陕西省首批深化创新创业教育改革示范高校。

学院占地面积 650 亩，校外教学用地 1200 亩；建有校内 196 个门类齐全、设备优良的实训基地和工程训练中心。图书馆文献总量 130 万册，电子图书 4565GB，校园网出口带宽 3.5G，教学区和办公区无线网覆盖，涵盖"一卡通"管理系统、数字化校园平台、办公自动化系统、档案信息化系统、学生职业资格证书库等信息化管理平台的智慧校园管理平台运行有序。

学院专职教师及职工 1080 名，建院以来教授累计 95 人（二级教授 3 人、三级教授 10 人）、副高职称以上 449 人。

（二）学校继续教育总体规划与办学定位

1. 继续教育在本校章程及整体发展规划中的表述情况

学院采取学历教育和非学历教育融通的多形式、多规格、多层次的办学形式。学历教育，主要实施全日制大专层次高等职业技术教育，积极争取适时举办本科层次教育。非学历教育，主要开展继续教育、企业员工培训和职业技能鉴定与培训。

2. 学院制定了专门的继续教育发展战略规划

在学院社会服务"十三五"发展规划中，继续教育发展目标是：通过五年的建设发展，快速增强学院社会服务能力，社会服务成效显著，为区域经济社会发展的贡献度明显增大，学院的社会影响力与知名度进一步提高，对教学改革建设与人才培养工作的促进作用大幅提升，学院社会服务水平在同类院校中的名列前茅，成为陕西省职业教育师资培训示范基地、陕西省装备制造业技术培训中心、陕西省装备制造业高技能人才培训基地、陕西省现代服务业高技能人才培训中心。

（1）建成陕西省职业教育师资培训示范基地。与企业深度合作，建成 3 个校企合作职业教育师资培训基地和教师继续教育培训基地。至"十三五"末，形成培训3000人次，年培训600人次以上。

（2）建成陕西省装备制造业技术培训中心。面向中小型企业开展技术培训。至"十三五"末，形成培训0.5万人次，年培训1000人次以上。

（3）建成陕西省装备制造业高技能人才培训基地。面向大中型企业和中小企业开展技能培训。至"十三五"末，形成培训1万人次，年培训2000人次以上。

（4）建成陕西省现代服务业高技能人才培训中心。面向现代服务业企业开展高技能人才培训。至"十三五"末，形成培训1万人次，年培训2000人次以上。

（5）培训鉴定与继续教育。拓展培训项目和职业技能鉴定项目，至"十三五"末，形成培训1.5万人次，年鉴定认证1万人次的服务能力，学历继续教育在册人数达到1500人规模。

二、专业设置

学院学历继续教育以函授形式为主、业余形式为辅，层次为高起专，共有14个专业，分别是电气自动化技术、应用化工技术、计算机应用技术、会计、电子商务、汽车营销与服务、汽车检测与维修技术、材料成型与控制技术、焊接技术及自动化、机电一体化技术、机械制造与自动化、数控技术、现代纺织技术、服装与服饰设计。

三、学生情况

（一）学历继续教育情况。

1. 总体规模

2019年陕西工业职业技术学院学历继续教育专科在籍学生数285人。毕业147人。

2. 生源分析

陕西工业职业技术学院学历继续教育在籍学生年龄多在18至30岁之间；男生占学历继续教育在籍学生数86.7%，女生占学历继续教育在籍学生数13.3%。

（二）非学历继续教育情况。

1. 总体规模

2019年学院非学历继续教育工作平稳发展。全年累计完成陕西省职业院校师资培训、企业职工培训、大学生创业培训、教育扶贫培训、专业技能考前培训等各类培训111个班次，总计5221人次。其中，陕西省职业院校师资培训10个班次，累计培训371人次；企事业单位职工培训11个班次，累计培训550人次；大学生创业培训8个班次，累计培训200人次；教育扶贫培训16个班次，累计培训909人次；专业技能考前培训66个班次，累计培训3191人次。

2. 培训模式

我院非学历继续教育的教学根据培训对象、培训目的主要以面授、实操、专家讲座等相结合的模式开展。

四、质量保证

（一）制度建设

随着近年来我院继续教育工作的开展，相关规章制度也逐渐完善。近年来分别制定了《陕西工业职业技术学院高等继续教育教学管理文件汇编》《陕西工业职业技术学院成人函授教育经费管理办法》《陕西工业职业技术学院各类培训班经费管理办法》。

（二）资源建设

教材建设方面，建成国家"十二五"规划教材21本、省级优秀教材14本。

数字化资源建设方面，学院建成教学资源中心，整合现有线上、线下教学资源，搭建学院"共享型教学资源库平台""精品资源共享课系统""MOOC平台""数字图书"4个资源平台，各类数字资源突破20000GB。目前我院主持国家级专业教学资源库3个、参与国家级专业教学资源库9个，省级专业教学资源库2个。建成国家级精品在线开放课程2门、国家级精品资源共享课程2门、省级精品在线课程7门，院级精品在线开放课程28门，通识课平台（1000余门公选课程）1个、数字图书平台1个、在线流媒体平台1个。

实训设备方面，2019年先后投入1495万元，新建8个校内实训室，新增实验实训仪器设备400多台（套）。使校内实践教学工位数达到12036个。

（三）合作办学及校外学习中心、教学站点建设和管理情况

陕西工院陕西汽车技工学校函授站于2011年4月经省教育厅批准成为我院高等继续教育函授站。陕西汽车技工学校函授站能严格贯彻执行教育部、省教育厅的各项方针、政策和各项规章制度，在高等继续教育办学过程中也能严格执行我院制定的各项管理办法，在我院对函授站的历次招生、收费、教学、学籍管理等高等继续教育办学过程检查中均没有发现违规现象。

（四）内部质量管理

近年来，围绕学院学历继续教育生源占比不高的情况。学院通过修订相关管理制度、申报高等继续教育特色专业、与企业研究职工学历继续教育可行性以及加强函授站的教学督导检查等形式，由内而外，通过改善学历继续教育管理和教学质量来促进学历继续教育生源的增长。

五、教育培训

(一)继续教育服务国家战略、行业及经济社会发展与学习型社会建设情况

根据省教育厅《关于贯彻落实＜中共陕西省委 陕西省人民政府关于构建和谐劳动关系的实施意见＞的通知》(陕教职办[2016]24号)的精神的要求,近年来,我院对职工培训工作认真总结,梳理各项规章制度,建立完善运行体系。学院通过加强与行业、企业的沟通,通过服务行业企业的技术发展、设备升级、新技术推广应用、技术人员知识更新、合作开发等,促进校企合作双赢、共同发展进步。根据行业企业技术发展的新要求,针对企业的现实需要和长远发展,建设陕西省装备制造业高技能人才培训基地,开展企业职工技能提高和岗位转换培训,适应新技术、新工艺、新工艺对高技能人才的需求。发挥学院特长与基础优势,整合学院培训鉴定资源,联合多方力量,加强培训、鉴定项目开发,强化培训、鉴定工作的组织与管理,进一步提升学院的培训和鉴定能力。2019年度,分别为陕西省益秦集团公司等单位开展了服装技术与管理、数控车、加工中心、汽车发动机维护维修、钳工等多个工种的员工培训,合计培训企事业职工550人,得到企业的好评和社会普遍赞誉。

截至2019年底,学院贯彻落实党的十九大报告中提出的"实施乡村振兴战略",依靠在我院设立陕西省乡村振兴人才培养基地开展乡村技术技能人才培训,全年累计培训农民工及乡村基层工作人员909人次。

(二)继续教育资源面向校内、社会开放服务情况

学院的师资及教学实训设施在满足学院的日常教学工作需要外,对内开展专业技能考前培训和大学生创业培训,对外开展企业职工培训、职业院校教师培训。目前,各项工作都进展顺利。

(三)对口支援、教育帮扶情况

学院与安康市汉滨区签订了《教育扶贫协作框架协议》。双方在农民职业技能培训、贫困家庭学生高考升学、中高职联合办学等方面进行协作,以实际行动助力国家脱贫攻坚战略。2017年学院与安康市汉滨区新建职业中专共建成立农民培训基地。由汉滨区新建中等职业技术学校在当地调研农民培训需求,我院提供优秀的师资力量,开发适合当地农民需要的、容易掌握的技能。2019年先后完成了10个培训班的培训工作,培训对象均为当地建档立卡人员,培训效果良好。

2019年,学院制订了详细的帮扶计划:一是帮助礼泉职教中心提高双师型教师水平;二是为建档立卡的贫困户考生提供优质升学机会;三是与职教中心开展"3+2"模式技术技能人才培养;四是搭建电子商务平台,做大做强礼泉果品产业销售品牌;五是多种方式指导和帮助礼泉职教中心提升信息化水平。同时,为县职教中心,开展各类专业技能的培训，捐赠实训设备。共建产学研合作示范基地，为地基赠送多媒体投影机等办公设备近 30 余万元。签订了每年购买 26 万元农产品《优质农产品战略合作框架协议》。同时，学院投入 32.0705 万元在礼泉县建立了"双百工程"产学研示范基地多媒体培训中心，地址设在礼泉县职教中心。

六、特色创新

（一）实践特色与模式创新

为加强与企业的深度交流与合作，学院选派教师到企业一线参加工程实践和技术开发，加强教师对外服务能力的培养；职工培训的时间安排上做到早知晓、早安排、早落实，积极主动与企业沟通，将企业下一年度的培训计划纳入学院下一年度的教学计划中，及早安排培训教师、培训场地，在保证校内教学实训的基础上，保证培训工作的顺利实施；加强与省内外企事业单位的联系沟通拓展培训业务，在已有培训专业的基础上再开发其他专业的职工培训，并开展多门类、多形式的培训业务；做好培训后的善后服务工作，使员工返回工作岗位保持培训时的良好心态，发挥培训时所学的知识，真正做到学以致用，培训结束后为企业提出合理的监督管理方案，并定时到企业回访，做现场指导，切实提高培训的效果。

（二）国际交流与合作情况

2019 年，我院继续加大国（境）外优质教育资源引进、稳步推进中国赞比亚职业技术学院陕西工院分院建设，完善留学生教育培养机制，提升师生国（境）外交流项目的质量和效益，深化与"一带一路"沿线国家院校的交流合作，国际交流合作在规模、内涵、服务能力和国际影响力等方面取得了重要进展。

2019 年 8 月，我院赞比亚分院正式成立，开始为赞比亚青年提供学历教育和职业培训。2019 年赞比亚分院共招生 197 人，有赞籍教师 19 人。

2019 年学院派出了 78 名教师、87 名学生赴澳大利亚等 14 个国家和地区交流学习。

2019 年我院共招收 29 名学历留学生、5 名校际交换生，在校留学生总数达到 51 人，其中学历留学生达到 46 人，留学生来源国达到 5 个。

（三）教育教学研究与成果等情况

学院基于行业企业标准和规范，对接最新职业标准、行业标准和岗位规范，积极开展"1+X"证书试点，与企业合作开发职业技能等级标准，制定融入技能证书培训内容的专业人才培养方案和教学标准，实现职业技能等级证书培训覆盖试点专业 80% 以上学生；根据"百万扩招"要求，完善分层分类人才培养机制；以立德树人为目标，加大课程思政建设，建立形式多样、内涵丰富的课程思政资源库；加大专业群课程资源建设，调整课程结构，更新课程内容，多种模式深化课程改革。

根据《教育部关于批准2018年国家级教学成果奖获奖项目的决定》（教师〔2018〕21号）公布的2018年度国家级教学成果奖获奖名单，在2018年国家级教学成果奖评审中，我院获省厅推荐的四项教学成果分别喜获一等奖2项，二等奖2项。

七、问题挑战

（一）面对的新挑战、新需求

随着《中国制造2025》的提出，中国制造业的转型升级和跨越发展也在紧锣密鼓的开展，这就对现有的产业工人提出了更高的要求，这些数以亿万的产业工人的技术技能如何更新，这些都对以职业教育为主的院校提出了新的挑战，同时也提供了新的需求。

（二）存在的主要问题及原因

一是继续教育生源质量持续下降影响培养质量；二是经济环境不好影响企业在职工培训方面的投入。三是产业技术的快速发展对教师队伍的发展提出了更高的要求。

八、对策建议

（一）发展对策

为了使我院高等继续教育的办学层次、类型、规模、质量与学院的办学条件和社会声誉相适应，我院将继续完善高等继续教育各项规章管理制度，根据新的问题制定和修订相对应的管理制度，做到在正常教学管理工作中均有章可循，确保教学管理秩序顺利进行。通过制度完善保障教学质量，通过保障教学质量达到生源增加。同时，积极对接产业，扩大非学历继续教育范围和规模。

（二）政策建议

一是降低学历继续教育入学门槛，让有意愿继续学习的在职人员和社会闲散人员有继续学习的机会；二是加大职业院校对社会闲散人员非学历继续教育的补贴；三是对给职业院校教师提供实习实训岗位的单位一定的经济或政策补贴。

西安航空职业技术学院继续教育发展报告

一、总体情况

西安航空职业技术学院是国家示范性高职院校，国家优质高等职业院校，全国 56 所"中国特色高水平高职学校"立项建设单位之一。现有南、北、东 3 个校区，占地面积 1000 多亩，在校生 12000 余人。开设了通用航空、航空维修、制造、材料、管理、人工智能、自动化、汽车等门类齐全、航空特色鲜明，紧跟时代发展的专业 50 余个，涵盖了航空设备维修、机械装备制造、通用航空技术、人工智能技术、航空管理服务、交通运输营销等职业门类。现有航空、机械等实验实训室 154 个，校内实训基地 21 个，依托航空产业的校外实训基地 297 个，现有专、兼职教师 750 名。

二、专业设置

1. 学历继续教育专业设置情况

2019 年我校成人高等教育招生专业有：机械设计与制造、数控技术、汽车运用与维修技术、飞机机电设备维修、应用电子技术、计算机网络技术、会计、汽车营销与服务等 8 个专业。

2. 学历继续教育专业调整情况

学校以服务航空产业和西安阎良区域经济为根本，以服务现代农业、现代服务产业为根本思路，不断开展学历继续教育专业需求调研，适时调整学院学历继续教育专业。根据 2019 年的招生情况分析，经过调研，应增加无人机应用技术、焊接技术及自动化专业。

3. 专业人才培养方案制订及调整情况

为了不断提高人才培养质量，学校在不断开展学历继续教育专业需求调研的基础上，适时调整学院学历继续教育专业。而且根据社会需求调研情况，不断进行专业人才培养方案的制定与修订，学历继续教育专业人才培养方案每年修订一次。

三、学生情况

1. 总体规模

截至 2019 年底，成人学历教育高起专层次共计招生 164 人，其中 2006 年 5 人、2008 年 8 人，2009 年 43 人，2010 年 26 人，2011 年 54 人，2012 年 16 人，2013 年 4 人，

2015 年 5 人，2019 年 3 人。

2. 生源分析

招生对象主要是中专、技校毕业后刚涉入社会的年轻人。所服务企事业单位以理工行业的工厂企业为主，年龄在 20 ~ 30 岁之间。生源地都是陕西省内，无省外生源。

3. 人才培养模式与教学基本情况

近年来，为进一步适应现代社会的发展和市场对人才的需求，学院不断加大人才培养模式的改革，学习形式为函授模式。同时继续加大成人学历教育的模式研究，不断改革人才培养模式和优化教学手段。

四、质量保证

为了保障教育教学的正常活动，学校始终重视教学过程的实施，严格按照相关考核评估标准进行招生管理、教务管理、学籍管理及日常工作等，在培训课程实施、考试过程实施、学员资格审查等各方面严格程序、规范流程，细化责任，确保内部质量管理到位。学校重视外部质量评价反馈，与麦可思数据有限公司合作对学校人才培养质量进行跟踪评价，已持续进行 3 年。学校借助陕西航空职教集团、西安阎良航空城职教联盟等平台，吸收企业技术专家建议不断更新教学内容，改善教学环境。对于参与继续教育、技术培训的学员，学校也及时跟踪了解反馈意见，不断优化教学设计，改进教学方法，提升培养质量。近年来在制度建设、师资培养、资源共享、合作办学等方面收获较大。

1. 制度建设

在制度建设方面，学校在教育部和省教育厅的相关制度框架下，根据社会需求和学校的办学能力，在充分调研基础上，多方研究确定人才培养方案，确保其符合各方需求。同时不断完善各项管理制度，形成继续教育学院制度汇编，其中包括日常行政管理制度、教学管理制度、毕业肄业规定、考勤管理制度等制度办法。完备的制度管理，使继续教育工作招录流程明确规范，各项工作符合规定、公开、公正、透明。

同时全面向在职从业人员，合理设置招生专业和人数，统一印制招生简章并在学校网站正式公布，严格执行招生计划，严格按照陕西省教育厅划定的录取分数线进行新生录取。

学校对成人高等教育的考试工作历来十分重视，采取闭卷考试、开卷考试、学案、大作业等多种形式的考核形式。课程考试采用开（闭）卷笔试方式进行，由试题库统一配题，统一印刷，试卷由专门的老师负责，统一组织公共课考试，统一安排考试时间，专人监考、严肃考风考纪。

2. 师资保障

学校不断充实、优化继续教育教学管理队伍，强化管理人员的服务意识，打造了一支热心继续教育事业，结构合理，整体素质高，服务意识强的教学管理队伍。2019年，继续教育学院管理人员9人，具有硕士研究生以上学位4人，各负其责，分工明确。继续教育师资依托各二级学院专业师资队伍，及外聘教师，可以满足学校成教学生的学习要求。

3. 资源共享

继续教育学生可共享学校的教学资源，校园占地面积746877平方米，校舍总建筑面积371884.6平方米，学校固定资产总值55009.67万元，学校教学、科研仪器设备资产总值16837.36万元，学校图书馆纸质图书53.09余万册，2017—2019学年合作企业与学校共同开发课程48门。继续教育学生以共享学校的教学资源为主，学校也为工程技术培训中心配备有专门的民航部件维修专用设备，设备价值达60万元以上。

4. 合作办学管理情况

成立了学校理事会，牵头组建陕西航空职业教育集团及陕西西安航空城职教联盟。将西安德润航空科技有限公司引入学校，建设"校中厂"，形成了"引企入校 + 企业培训"模式。与中国人民解放军第5702、5720工厂长期建立"订单班"，建立了"兄弟 + 伙伴"的合作机制，并实施现代学徒制试点。与中国民用航空西北地区空中交通管理局和珠海中航通用机场管理有限公司三方合作联合成立了通用航空学院，以"以产促教，以教引产、产教融合"为实施路径，共同培养通用航空人才。与昆山经济开发区人社局、在昆山相关企业组建了昆山学院，探索合作招生、合作培养、合作就业、合作发展的政企校三方合作办学模式。学校实施的"双主体"育人模式改革在专业建设、实习实训基地建设和人才培养等方面已初现成效。

五、教育培训

1. 学历继续教育

做好在校生学历提升宣传工作，为在校生学历提升提供服务和平台，鼓励在校生参加陕西省专升本考试，鼓励在校生在校期间参加多种形式的学历提升学习。做好社会人员学历提升服务工作，高起专学历提升以西安航空职业技术学院成人教育为主，高起本、专升本以西安交通大学网络教育和西安理工大学成人教育为主。形成高起专、高起本和专升本三种学历层次，30多个专业的继续教育学习形式。

2. 非学历继续教育

学校作为陕西省职业院校教师素质提高计划（"国培"）八大师资培训基地之一、经过多年来的运行，培育了近千人师资队伍，赢得社会好评。但是，基地在近几年的发展中凸显出一些问题，比如教学内容的更新、教学方式方法的改进、信息化的应用，尤其在今年爆发的疫情，导致传统的线下培训收到制约，所以师资培训基地工作重点向混合式教学发展，依托现有公共教育平台，打造精品培训项目。继续做好区域经济发展服务工作，为航空产业基地、阎良区政府以及企事业单位提供培训服务，今后继续教育学院积极开展培训项目，采用主动联系，深入交流，周到服务，切实做好企业培训项目的开发和实施工作。积极申报各级政府培训项目入库单位，已入库陕西省职业院校教师素质提高计划培训基地、陕西省"农民工"技能培训基地，国家示范职教集团，西安市退役军人培训机构等。

3. 学校继续教育办学定位为

坚持面向国家经济建设和社会发展需要，以区域经济学历教育提升为目标，提供成人学历教育服务，大力开展非学历继续教育，积极开展成人教育培养模式的改革与创新，提供多元化全民学习模式。逐步形成特色鲜明、品牌影响的继续教育培训基地，为服务地方经济建设提供人才支撑，更好地服务区域经济社会发展。

六、特色创新

1. 实现社会资源与学校资源整合

2019年10月成立继续教育学院，与国家航空产业基地培训学院，中德培训学院合署办公。学校快速适应社会发展需要2006年成立了国家航空产业基地培训学院、2009年成立了陕西航空职业教育集团，2019年成立了西安市阎良区企业家培训学院三个有影响力的社会服务平台，为区域经济的发展提供了契机，为企业发展提供强有力的人才保障，为学校提供多维度的技能强化之路。继续教育学院负责开展继续教育、社会培训工作。由副校长直接分管，承接社会各行业、企事业单位培训及继续教育工作。利用学校专业设施及师资力量，统筹安排监管各级、各层、各类继续教育工作。并认真做好继续教育制度建设、组织协调、服务保障、过程管理等工作，切实加强对继续教育工作的统筹规划和宏观管理。

2. 加强国际交流与合作情况

学校走出了合作持续深化、对接国际发展的国际化之路。学校与中航国际共同为加蓬、加纳提供飞机维修专业和实训室建设方案，加蓬共和国副总理亲自来校访问，对学校的专业水平给予了高度肯定。积极向"一带一路"沿线国家提供教育教学优质资源，选派2位教师赴非为"走出去"中资企业开展本土化人才培训，输出西航标准、唱响西航声音。学校首开陕西高职院校接收留学生的先河，先后为新加坡理工学院126名学生提供历时7周的航空发动机维修项目培训，选送10余名学生赴新加坡交流学习。

与德国、新西兰等10多个国家的20多所学校及教育机构合作开展教师访学、学生交流、资源共享、文化交流、国际大赛等多种国际合作项目，并大力选派骨干教师及管理人员到职业教育发达国家进修访学，目前教师外出进修的选拔、培养、考核机制已经形成，具备国际视野、熟悉国际规则的管理团队、教师团队已显现雏形。学校积极引进国际先进职业教育标准，与德国纽伦堡工商会、德国China Window国际信息合作公司共同在学校创建了中德职业教育培训中心，开展 IHK 国际培训认证。

七、问题与对策

1. 存在问题

（1）成人学历教育形势严峻

随着高等教育大众化时代的到来及普通高等院校的大规模扩招影响，作为曾经"高等教育补偿教育"的成人学历继续教育，迎来了前所未有的严峻形势，加之高校百万扩展基本断了成人高起专的生源。报考成人教育入学考试及最终参加入学的人数明显下降。

（2）非学历继续教育后劲不足

学校非学历培训发展困难，主要原因：一是学校师资设备满足不了市场需求，各二级学院教学任务繁重，教师及设备首要满足学校的教学任务，老师也是在完成日常教学工作外才能参与培训工作，这使得有些培训不能及时很好地完成；二是市场竞争激烈，一些企业需要的技术水平培训，学校的硬件设施难以满足，培训市场的竞争比较激烈，公办院校没有私人机构的灵活及快速反应决策力，所以急需作出改变和应对。

2. 存在的主要问题及原因

（1）存在的问题与不足

培训班学员的报到率低，参训学员水平参差不齐。

全省专业覆盖面不同。培训专业集中在大专业，小专业几乎没有培训学习机会。

教学内容不新颖，与社会发展脱钩；

师资培训基地管理人员和专任教师极其匮乏，以我校为例，目前在岗在编管理人员3人，没有专任教师。

（2）成因分析

培训班学员的报到率低、参训学员水平参差不齐的原因主要有：一是一些学校专业教师数量不足，教师教学任务重，派不出人；二是青年教师企业实践项目培训时间较长，参培青年教师一般刚成家或刚有小孩，家庭原因考虑较多，放弃参加；三是有些参培学校对外出培训不按照出差待遇报销，影响了学员的学习积极性；四是有些学校为了完成送培任务，在选派参培学员方面没有系统性和连续性，随便派人参加；五是部分高校领导重视程度不够，没有严格执行国家的相关制度。

陕西交通职业技术学院继续教育发展报告

一、学校情况

（一）学校概况

陕西交通职业技术学院是由陕西省人民政府举办的公办高等职业院校，以培养高素质交通运输技术技能人才为宗旨，是国家紧缺型技术技能人才培养基地，被誉为中国西部"交通建设管理人才的摇篮"。

学校现设有公路与铁道工程学院、建筑与测绘工程学院、汽车工程学院、经济管理学院、轨道交通学院、交通信息学院、继续教育与国际交流学院、基础学科部、思政部、体育部等10个教学单位，共开设全日制高职专业39个、成人教育专业12个。学校是全国高职院校教学工作诊断与改进试点院校、教育部首批现代学徒制试点单位，并率先通过教育部复核和验收。

（二）办学体制

学校继续教育日常管理工作由继续教育与国际交流学院负责，下设继续教育科、国际交流科，共有专职管理人员7名。学校继续教育选聘业务水平高、责任心强的专任教师担任面授辅导教师，同时成立了公共基础、道路与桥梁、汽车、交通运输管理、物流等教学（实训）指导组，确保高等继续教育教学和人才培养质量。

学校培训部承担非学历继续教育的职能。培训工作坚持以服务为宗旨，认真贯彻上级要求，紧密结合工作实际，以改革精神、创新发展思路，为交通行业企业和周边企事业单位提供智力支持。

学历继续教育方面，学校在办好本校专科层次成人学历教育外，还积极探索合作办学途径。先后与北京交通大学、重庆大学等"211工程"和"985工程"重点建设大学合作开展专科、本科层次的现代远程教育。目前已形成了专科、本科等多层次、多规格的成人高等学历教育体系。

二、专业设置与学生情况

（一）专业设置

学校现开设有高等继续教育专业12个：道路桥梁工程技术、公路工程检测与监理、高等级公路维护与管理、汽车运用技术（汽车检测与维修）、交通安全与智能控制、物流管理、公路运输与管理、汽车技术服务与营销、建筑工程技术、城市轨道交通运营管理、铁道工程技术、会计等，均为高起专层次。

按照省教育厅要求，积极对接社会和企业需求，2019 年结合成人教育的特点，对专业人才培养方案进行了适度调整，保证基础课、专业基础课够用为原则，适度加大了专业课的门数和课时数。

（二）学生情况

目前学校开展的学历继续教育类型为业余，层次为高起专。2017 年、2018 年、2019 年招生人数分别为 16 人、21 人、21 人。2019 年毕业人数为 16 人。目前在校生为 46 人。

三、质量保证

学校继续教育学院以建立健全管理制度、教学文献为重点，强化规范管理，修订了《学院成人高等继续教育管理办法》等 10 多项管理制度，使得高等继续教育管理有规可循，有章可依，为进一步规范管理奠定了基础。学校继续教育不断完善专业教学计划，为教学组织和运行提供了科学合理的依据。

学校继续教育学院始终把加强内部人员管理作为开展继续教育工作、促进学院发展的首要任务，在国家相关制度及工作流程基础上明确制定了继续教育学院的各个岗位职责、工作计划、业务流程及质量标准。做到分工明确、各尽其责，互相协作，井然有序，以使继续教育学院的工作规范化、科学化，制度化，保证继续教育的教学质量和健康发展。

（一）师资保障

学校现有专任教师 449 人，其中教授 47 人、副教授 182 人，博士 18 人、硕士 340 人，新进教师（硕士）16 名、博士 1 名。学校继续教育日常管理工作由继续教育与国际交流学院负责。共有专职管理人员 7 名，兼职教师 32 名。

（二）资源建设

学校以 75 门校级课程改革项目为依托，建设优质数字资源，建立了 27 门校级精品在线开放课程，不断更新课程内容，积极推进在线开放课程、混合式课程、虚拟仿真实训课程多种模式改革。现面向全校学生开设线上课程 272 门，逐步开展以学生为中心，个性化育人的教学方法。学校累计建设国家级教学资源库 5 个，主持建设省级教学资源库 4 个，建设校级资源库 6 个，覆盖交通运输、城乡建设、地理测绘等 5 个行业领域。

（三）设施设备

学校继续教育学院具备符合现代远程教育教学支持服务需要的硬件系统，包括网络接入、局域网、多媒体学习设备以及必要的教学资源管理、播放、备份系统等。专门用于继续教育的设施设备完善，拥有独立计算机机房一间，校园网以 100 兆的速率接入到中国教育科研网 CCERNE；多媒体课室 4 间，投影仪 4 台，视频播放系统和接 VBI IP

数字信号的计算机连接并入校园网。继续教育学院的网络教室及多媒体教室数量充足、配置先进，同时还配备有相关专业需要的土木实验室、测量、物流专业实训基地。

（四）学习支持服务

学校继续教育学院始终把加强内部人员管理作为开展继续教育工作、促进学院发展的首要任务，在国家相关制度及工作流程基础上明确制定了继续教育学院的各个岗位职责、工作计划、业务流程及质量标准。做到分工明确、各尽其责，互相协作，井然有序。招生宣传始终坚持实事求是原则，无虚假夸大和虚假信息误导学生情况，无委托其他单位和个人组织招生、无异地招生和擅自设点等情况；学费、教材费等各种教育收费，都是严格执行国家的各项收费规定。

（五）内部质量管理

学校认真贯彻教育部、省教育厅有关文件精神，继续教育学院狠抓落实和教学质量监控，重视服务督导，着重从授课、作业考核、课程考试、实验实习、毕业设计（论文）和毕业答辩等环节，进一步加强继续教育质量监控体系建设。结合贯彻落实《陕西省教育厅关于深化改革提高高等继续教育质量的意见》（陕教规范 [2015]9 号）文件精神，先后深入校内多个部门，上门征求意见，加强服务与管理。统一思想、提高认识、明确方向，对推进高等继续教育质量和水平不断提升起到了积极作用。

四、特色创新

（一）创新模式

学校根据学员需求，重点加强新政策、新技术、新装备、新知识的培训，提升综合能力；采取理论学习、专题讲座、实践教学、现场参观、研讨交流等灵活多样教学方式，实现理论与实践紧密，培训质量受到省教育厅、省交通运输厅和学员单位的充分肯定。

坚持多媒体教学、班主任点评、拟定书目、考试考核等常规教学方法的同时，根据学员对象、目标、层次不同，量身定做授课方式。将观看热点录像、学员上讲台、赴警示教育基地、参观民营大型企业、开展拓展训练、进行革命传统教育等方式带入学习中，激发了学员学习主动性、积极性与参与性。

（二）国际合作

学校与美国、法国、泰国、柬埔寨、老挝、赞比亚、韩国、日本等国家高等学校保持积极交流互动。立足本校搭建中外文化交流平台，扩大中国职教和学校办学的影响力。今年，引进 4 项国际合作交流项目，为泰国中部职教三区所属职业学校教师开展培训 38 人次。选拔、组织了 6 名学生赴中国交通建设印度尼西亚工程有限公司芝拉扎电厂项目实习，支持服务"走出去"企业国（境）外发展。加强中外学生互访交流，我校第 4 批共 20 名学生赴韩国全北大学留学，完成 160 学时的韩语课程应用学习，获得了 5 门课程结业证书。

扩大国际化办学规模和对外招生专业，来自缅甸、老挝及柬埔寨等国家两个专业的留学生已在学校继续教育与国际交流学院开展全日制学习，推进了我校留学生人才培养工作，全面开启了国际招生新常态。

五、问题与对策

继续教育是高等学校履行社会服务职能的重要手段，也是我校的教育教学工作的重要部分。受国家政策、百万扩招等因素影响，我校学历继续教育学生生源数量和质量出现了下滑。稳定和扩大招生规模，提高人才培养质量是今年后一段时间我校面临的重大挑战。

非学历教育培训是学校继续教育工作的核心组织部分，近年来社会需求旺盛。加强培训工作，一是要完成常规培训之外，注重新培训项目的开发，实现跨行业、跨区域举办培训，使培训对象及内容多元化，培训区域广泛化；二是要进一步加强师资队伍建设、整合，与多个领域内教师达成长期合作，加强培训教师建设，优化培训师资库；三是要力争开发新培训项目，申办多行业、多项目培训资质，为其他领域和区域的从业人员带去更多培训；四是发挥现代传媒作用，力争开展形式多样网络培训。

开展留学生培养，是服务"一带一路"国际合作的重要举措，也是推动学校国际化发展的实际需要。目前，我校在国际交流合作方面还存在办学类型多元化不足、层次水平有待提高的问题。做好这项工作，还需要进一步加强"一带一路"国外留学生招收工作，完善留学生管理规章制度，加强留学生教学与日常管理，加强师资队伍建设。

陕西能源职业技术学院继续教育发展报告

一、学校基本情况

陕西能源职业技术学院是一所由陕西省人民政府举办的全日制普通高等职业院校，是全国中国特色高水平专业群建设单位、陕西省省级示范性高职院校，其前身创建于1953年。设有煤炭与化工产业学院、护理学院、继续教育学院等8个二级学院，现有在校生15000余人，开设专业49个。学院师资力量雄厚，专任教师480人，正高职称28人、副高职称129人，具有博士、硕士学位218人，入选省级以上人才计划教师14人，"双师素质"教师253人。学院坚持"立足煤炭和医学，面向社会，服务地方"的宗旨，深化产教融合、校企合作，建立服务体系，优化培训模式，整合教育资源，全面提高继续教育培训质量，为煤炭产业转型升级和地方经济发展做出突出贡献。形成了全日制教育、成人学历教育、安全培训等多层次、多形式的职业教育办学格局。

学院继续教育学院，负责成人学历教育、职业技能鉴定和职工培训工作，按照"统筹管理、分级负责"的原则，由学校统一领导、统筹规划全院继续教育工作。

学院根据《国务院办公厅关于印发职业技能提升行动方案（2019—2021年）的通知》等文件精神，围绕贯彻落实党的十九大精神和全国教育大会精神以，学院加强教学基本建设，构建质量保证体系，打造煤炭与医学类职工学历提升、培训与技能鉴定特色。在当前企业产业改造升级、企业急需高级技能型人才的背景下，学院与企业加强合作，加大职工学历提升、对外培训及职业技能提升与鉴定工作。现就2019年学院开展继续教育工作情况汇报如下：

二、全年开展继续教育取得丰硕成绩

1. 学历教育情况

（1）专业设置。学历教育设有煤矿开采技术、机电一体化技术、电厂设备运行与维护、煤田地质勘探技术、建筑工程技术、工程测量与监理、矿井通风与安全、应用化工技术、护理、会计10个专业，在册人数296人，生源由煤炭企业职工和社会生源两部分构成。为了与学校全日制专科专业的办学定位、办学条件、师资力量和社会声誉保持一致，学院及时调整了专业设置，从12个成人大专专业调整为10个。

（2）人才培养。制定及调整专业人才培养方案，根据成人继续教育的实际情况，结合产业转型升级和企业新技术的发展，对 10 个专业人才培养方案做了适当的调整。严格按照成人教育各专业人才培养方案实施教学，健全教学团队运行机制，选聘学院的学科骨干、优秀教师担任教学工作。在教学及人才培养过程中，将各专业的公共基础课、专业基础课采用网络学习方式教学，学生通过网络平台完成课程学习，专业课程采用传统面授教学为主，严格按照教学计划授课，构建完整的教学过程管理体系。强化课程思政建设，推动知识体系向价值体系转化。重视专业课程思政渗透，将立德树人深度融入专业教育教学过程中。强调学生职业意识、职业道德与职业素养的培养，将德育渗透于各项素质教育活动，引导学生在实践中树立正确的世界观、人生观、价值观，全面提升人才培养质量。

2.非学历继续教育情况

（1）非学历继续教育培训规模。非学历继续教育主要依托学院的师资和实训条件开展培训，面向陕西省脱贫攻坚主战场、校内学生、陕西省各大煤炭企业员工及职业院校教师开展培训工作。2019 年，学院开展了如下培训工作。

表 1　2019 年非学历继续教育培训概况一览表

序　号	培训内容	培训人数（人）	备　注
1	面向脱贫攻坚主战场开展技能提升扶贫培训项目	550	
2	煤矿"三项岗位人员"安全培训	684	
3	煤矿十大工种特种作业人员与煤矿技术工人培训	1776	
4	煤矿企业职工技能等级鉴定	2327	
5	在校生技能等级鉴定	707	
6	与煤炭企业合作为企业培养培训技能人才	1682	
7	合　计	7726	

（2）培训模式。学院非学历教育的培训模式主要采用面授、面授＋网络课程的混合式教学模式。在培训过程中，以学习者为中心开展教学，充分了解学习者的学习需求及目的后，准确评估学习者的初始学习状况，包括知识储备情况，掌握与参训项目相关的技能水平，心理准备程度及学习方式偏好等进行系统分析，制定相应的培训方案，选派优秀教师开展培训。

三、改革创新举措

学校坚持以提高质量为核心，加强教学资源建设，完善教育监督体系，实现学历教育和非学历教育的跨越式发展

2019年学校继续教育发展报告（摘编）

1. 坚持"育训并举"，建成了全方位、立体化继续教育体系

学院主动作为，积极对接煤炭产业发展，深入推进校企合作，不断提升服务能力。建成了由学历教育、安全培训、技能培训和鉴定构成的全方位、立体化继续教育体系。

推进普职贯通，面向能源化工企业、社区、下岗职工、退役军人开展学历继续教育。开设 10 个大专学历专业和 7 个本科学历专业，在搭建煤炭专业人才成长立交桥方面进行了探索与实践。

深化校企合作，紧贴行业发展要求和企业技术人员知识更新需求，与陕西煤业化工集团、陕西延长石油集团等龙头企业合作实施培训项目。面向煤矿管理人员开展安全管理人员培训；面向特种作业人员开展安全技能培训；面向企业新就业人员、去产能分流职工开展岗位培训；面向各煤炭企业技能等级需求，开展了技能培训及鉴定。全年累计培训人达 7176 人。

加强城教互动、政校合作，开展技能提升扶贫培训项目，培训人数达 550 人。与兴平市政府对接，开展服务乡村振兴和脱贫攻坚培训项目，为兴平市各村镇及养老院卫生医疗人员进行培训，制定了详细的卫生医疗行业助力脱贫技术培训实施方案，培训人数达 400 人次；与兴平市职教中心合作，开展为期 8 天的兴平市专业技术人员综合类培训及"双百工程"兴平产学研基地专业技术人员培训。培训对象主要为兴平市文体局、民政局、文物旅游局、统计局、交通局等各单位专业技术人员，培训人数达 150 人。

2. 深化"校企合作"，形成了企业参与的定制化培养培训模式

（1）定制化人才培养方案。面向各类培训项目，深入煤炭企业调研，根据企业需求，瞄准职工素质"短板"，校企合作"量身定制"培训方案。与彬长矿业有限公司合作开展煤矿技术人员"学历提升"和"技能提升"项目，为彬长公司量身定制"双提升"培训方案，合格者发放公司和学校认可的学历证及社会认可的技能等级证书，累计培养人数1200余人。与延长石油巴拉素煤业有限公司、澄合矿业公司合作实施"订单委培"项目。双方共同制定招生简章，共同招收学员，共同进行资格审查，共同制定人才培养方案，学校根据企业实际需求编写教案，将企业文化融入教学及学生管理过程，企业参与整个教学过程的监督，实现学校与企业零距离对接，为企业培养合格技能人才，学员毕业后，发企业和学校认可的"专业学历证书"和职业技能证书。采用"2+1"合作模式，与企业无缝对接，为企业"量身定做、专业定制"培养高素质人才，打通招生、培养和就业立交桥，培养人数达 480 余人。

（2）标准化考核。建立培训效果反馈机制，由企业对参加培训职工重新上岗后的实际能力提升情况进行评价与反馈。依托"煤炭类行业职业能力评价中心"，以"新知识、新理念、新技术、新工艺、新管理"为指引，建立以参训人员的技术技能水平、就业创业能力为核心的培训效果评价体系，并将企业的反馈情况作为重要指标纳入考核。帮助

参训人员获取职业技能等级证书和职业资格证书。

3. 重视"资源建设"，建成了一批开放共享的教育资源

对接煤炭产业向智能化、清洁化发展需求，校企联合开发覆盖煤炭企业主要岗位的培训教材。先后出版《工矿企业供电》《矿井水灾防治》《矿井安全与职业健康法规》《矿井通风与安全》等教材应用于继续教育培训。

依托学校的"三库一平台"网络学习资源，建成煤矿开采技术、机电一体化技术、矿井通风与安全等能源类专业教学资源库，包括培训课件、案例、试题库、微课程等。

坚持"长短结合、内外结合"原则，探索实践"互联网＋培训"模式，通过网络课堂、移动 App 等学习平台，灵活组织培训，服务企业高质量发展。

四、取得成绩

2019 年，学院被中国成人教育协会评为"优秀继续教育学院"，被煤炭工业职业技能鉴定指导中心评为"先进单位"。学院培训项目得到了企业、政府、学员的充分认可。咸阳市政府举办的培训机构培训质量教学比赛中，学院得到一等奖和三等奖；与彬长矿业公司合作，指导他们企业选手参加全国煤炭企业技能大赛，获得国赛一等奖、二等奖、三等奖，是陕西煤炭企业获奖最多的单位。教学研究与成果有巨大突破，获得省教育厅立项的三个继续教育教学研究项目，获得继续教育方面省级教学成果奖一项。

五、存在问题

1. 思想认识不到位，机制不健全

从外部来看，虽然高职教育历来受到我国各级政府的高度重视，但在高职院校参与社会服务工作以及校企合作方面仍缺少相关的配套制度和政策支持。就我院自身而言，受传统观念影响，学院的工作重心还是放在人才培养方面，并没有从内涵建设和外延发展的高度来认识继续教育工作的要性，同时学院对教师参与对外培训工作强调不够，指导性不强，教师参与对外培训的激励机制也尚未形成，这些因素都影响了学院对外培训能力的提升。

2. 缺乏相配套的硬件设施环境

学院配套设施还不够完善，尽管学院目前加大了建设步伐，但建设速度赶不上学院的发展速度，学院硬件设施不足，配套不完善，这些都在一定程度上制约了学院对外培训能力的提升。

六、建议与对策

1.加强政府政策性引导和保障机制

政府应加强重视，通过完善各项法律、法规以及引入优惠政策等办法来约束各方的合作行为，并成立专门的协调机构负责监督，考核和推行校企合作，使企业主管单位、人力资源和社会保障部门、教育部门之间的工作衔接可以得到充分的协调，使各项合作稳定、持续地发展。

2.思想上高度重视，加大学院建设力度，提高教师参与对外培训的积极性

运用各种激励机制提高教师参与对外培训工作的积极性，给开展社会服务工作的教师提供经费、时间和各种资源方面的支持，将其取得的业绩按一定比例折合计算工作量，并作为将来晋升职称、获得奖励的考核条件之一。

陕西铁路工程职业技术学院继续教育发展报告

一、学校概况

（一）学校概况

陕西铁路工程职业技术学院创办于 1973 年，前身是铁道部渭南铁路工程学校。2003 年改制升格为专科层次的高等职业技术学校。学校以交通运输类和土木工程类专业为主干，培养铁路、城轨、公路、建筑等基础设施工程建设管理需要的技术技能人才，形成了以大专层次的全日制高职教育为主，成人教育、短期培训和技能培训鉴定相结合的办学格局。

（二）学校继续教育总体规划与办学定位

学校专门制定了继续教育发展战略规划，按照规划三年内，继续教育在校生规模达到 2500 人，开展继续教育 27000 人次。

学校已将继续教育纳入学校"双高院校"建设项目，作为其中一个重要的建设内容。学校将立德树人作为学校的根本任务，各项工作必须服从于育人工作。

（三）学校继续教育办学体制与管理机制

学校继续教育工作由学校继续教育学院统一管理，学校对继续教育学院实行目标考核管理。学校继续教育学院负责学历教育的招生、教学、日常管理及非学历教育培训的业务联系、经费管理、组织实施等工作；学校高铁工程学院等其他教学部门负责继续教育的教学工作。

二、专业设置

（一）学历继续教育专业设置情况

学校学历继续教育设有铁道工程技术等 11 个专业，涵盖了 4 个骨干院校建设专业和 1 个央财支持建设专业，以及 5 个省级专业综合改革专业。

（二）学历继续教育专业调整情况

学校于今年 3 月份积极申报了城市轨道交通运营管理、铁道通信信号自动控制、铁道机车车辆等 4 个继续教育专业。

（三）专业人才培养方案制订及调整情况

学校学历继续教育专业人才培养方案和课程教学大纲均与学校全日制相关专业相匹

配，人才培养目标和规格与全日制相关专业一致。鉴于接收继续教育的学员普遍具有理论知识学习薄弱，实践能力较强等特点，学校将人才培养方案中理论课时比例适当加大，减少了实践课时的比例，实践课考核多以报告的形式呈现。

三、人才培养

（一）学历继续教育情况

1. 总体规模

学校学历继续教育的办学类型为函授高起专，2019年招生840人，在学人数为2346人，2018年毕业249人。

学校非常重视继续教育与全日制教育的协调发展，注重根据全日制专业中的优势办学资源开展学历继续教育。

2. 生源分析

学校学历继续教育的生源主要来自交通土建类中职院校的毕业生，以男性为主，年龄大都在18～21周岁，主要为交通土建类的一线工程技术人员，多数家住在陕西，学习专业主要集中在铁道交通运营、铁道工程技术、铁道通信与信息化技术、工程测量技术四个专业。

3. 人才培养模式与教学基本情况

学校继续教育学院在保持传统函授办学模式的基础上，积极探索采用"平台＋资源"为内容的教学模式，采用送课下现场、送考进工地等模式，有效解决了异地办学人才培养面临的工学矛盾。

（二）非学历继续教育情况

1. 总体规模

2019年，学校共组织国内外企业40个职业技能提升培训班，累计培训102340人日，累计合同金额600多万元。学校派出优秀教师团队，远赴肯尼亚，对当地的500多名学员开展了为期半年的培训工作。同时，学校还开展了8期扶贫技能培训班。

2. 培训模式

学校开展非学历继续教育主要是企业培训，采用的教学模式是集中统一面授的方式。学校开发出42个"量身定制"的企业培训包。学校的每一个培训项目都具有稳定的培训团队、标准的培训流程及丰富的资源包，建立了"校企双考三结合"培训考核模式。

（三）人才培养中的思政教育

学校坚持"德育为先"的教育理念，主要体现在以下几个方面：

（1）严格按照国家要求，认真开展"两课"教学。

（2）在进行实践课程时，将校园文化与企业文化相结合，达到产教融合之目的。

（四）学生学习效果

学校每年都去中国中铁、中国铁建等学生所在单位走访学历教育毕业学生并发放问卷调查。调查显示，98.8%学生对学校开展的学历继续教育比较满意。

四、质量保证

（一）制度建设

2019年，学校结合诊断改进工作，进一步完善了继续教育工作标准、工作流程，修订了继续教育学院质量手册，制（修）订了《陕铁院函授教育招生管理办法》等19项制度。

（二）师资保障

学校学历继续教育所聘用教师全部来自全日制教育授课教师中的优秀教师，约占学校全日制总教师数量的5%左右，所有授课教师均具有中级以上职称、本科以上学历。

（三）资源建设

学校全日制教学资源与学历继续教育教学资源实现了资源共享，教材选用与全日制同专业情况一致，教务管理平台实现了对接，学校开发的教学资源库对学历继续教育学生免费开放，实现了非全日制和全日制学生同平台管理、同教学要求、同资源共享。

（四）设施设备

学校所有设施设备均可用于继续教育，专门用于继续教育的设施设备不多，但由于学校全日制教学资源均与继续教育公用，所以完全可以满足继续教育发展的需要。

（五）合作办学及校外教学站点建设和管理情况

目前，西南交通大学在学校设立了专升本函授站，西安建筑科技大学、长安大学和学校合作进行函授专升本教学工作，学校本省没有设立校外教学点。

（六）学习支持服务

学校继续教育学院的两部服务电话工作时间保持畅通，工作人员的手机24小时开机，服务QQ群安排专人值守，全时空解答学员的相关咨询和求助，微信公众号、电子邮箱保持全面活跃，学员反应的问题24小时之内必须给出答复。

（七）内部质量管理

学校严格执行教育行政部门相关政策和规定，统一使用招生简章，按照陕西省学籍管理规定完成新生入学资格审查、信息校对、报到、电子注册、入学登记、缴费等工作，建好学生学籍档案。实施质量工程，严格执行相关管理制度，加强对学历继续教育学生面授辅导、答疑、考试、毕业答辩等管理工作，保证人才培养质量。

（八）外部质量评估

学校严格按照教育行政部门和上级教学单位相关评估安排，对照质量评估要素，开展自查整改工作。

近两年，学校接受了西南交通大学对其在学校所设函授站的教学质量评估，评估反馈意见为良好。学校还接受了西安建筑科技大学继续教育学院对其在学校所设函授站的教学质量评估，评价良好。

（九）信息化建设

为了满足学校继续教育的发展需要，学校做了一些工作，主要成果如下：

（1）对继续教育学院二级网站进行升级改造。

（2）开发了继续教育管理平台，目前正在进行资源的完善工作。

（十）经费保障

学校对学历继续教育给予了充分的政策支持，规定学历继续教育学费收入和使用实行目标责任管理，责权利进一步得到明确，有效地支持了学历继续教育的发展。

五、社会贡献

（一）继续教育服务国家战略、行业及经济社会发展与学习型社会建设情况

学校继续教育立足于服务国家战略、经济社会发展与学习型社会建设，开展了一些工作，主要如下：

2019年社会培训工作推进情况良好，共组织国内外企业40个职业技能提升培训班，累计培训23440人次，累计合同金额600多万元。

学历教育稳步发展，在校生规模突破2000余人。

社会培训已初见品牌效应，得到业内的一致认可。

2019年，学校在推进社区教育、老年教育活动中，工作推进情况良好。学校申报的社区实验项目获得陕西省二等奖。

学校按照《特色产业高校扶贫培训计划实施方案》，开展了8期扶贫技能培训班。

（二）继续教育资源面向校内、社会开放服务情况

学校学历继续教育面向全社会招生，函授学生享有与全日制学生同等的教学资源，甚至比全日制学生配备的师资力量更加强大。

学校的42项企业培训项目也是面向全社会的，培训对象涵盖企业员工、下岗职工、贫困人员甚至是农民工。

六、特色创新

（一）实践特色与模式创新

学校继续教育采取灵活多样的办学形式，不断开拓创新，主动适应行业经济发展对成人教育工作的新要求，形成以下特点：

（1）依托学校本体资源，举办多种类型层次适宜的学历教育。

（2）不断完善教学管理制度，使成人继续教育、社区教育培训基地管理工作向科学化、制度化、规范化方向迈进。

（3）结合行业背景和地区特色，拓展专业。

（4）坚持培训服务及职业技能鉴定工作相结合。

（二）国际交流与合作情况

2019年，学校结合国家铁路发展走出去的战略，为中国路桥在肯尼亚修建的东非铁路网起始段的蒙内铁路项目，培训肯方当地铁路工务维修养护人员，培训任务共进行四期，共培训500多名肯尼亚技术工人。

（三）教育教学研究与成果等情况

2019年，顺利完成2018年陕西高等继续教育特色专业——铁道交通运营专业预期建设目标。

学校申报的社区实验项目获得陕西省二等奖。

七、问题与挑战

（一）面对的新挑战、新需求

近年来，学校继续教育发展迎来的新的机遇和挑战，具体如下：

（1）随着我国经济结构调整、高新技术产业发展，在现代交通运输领域，需要开展大规模的知识更新，每年急需大量高素质技能型人才，为学校继续教育事业的发展提供了难得的发展机遇。同时，继续教育的发展也必将挤占全日制教育的各种教学资源，使其规模的发展、质量的提升受到严重的制约。

（2）发展知识经济，建设创新型国家和学习型社会为继续教育提供了持续发展的机遇。同时，全民学习、终生学习的庞大需求与因迫于生计难以抽出大量时间学习的工学矛盾也日益突出。

（二）存在的主要问题及原因

2019年，学校继续教育发展取得了一定的成绩，但也存在一些问题，具体如下：

（1）由于学校学历继续教育学生在全国各地铁路项目上工作，工学矛盾突出。

（2）函授招生宣传仍有较大空间，需要进一步加大工作力度，促进函授教育持续健康发展。

（3）需要进一步拓宽培训市场，与企业加强互动，保证培训质量。

八、对策建议

（一）发展对策

为进一步做好继续教育工作，学校下一步将采取以下措施：

（1）加大招生宣传力度，加强与企业的合作，探索建立校企联合培养模式，稳定学校成人高等学历教育的办学规模。

（2）整合校内外优质教学资源，下大力气做好企业调研工作，为企业打造适合其发展的培训包。

（3）探索适应形势发展和符合学校生源特点的其他成人教育形式。

（4）搭建继续教育管理平台，通过信息化手段确保继续教育质量。

（二）政策建议

为办好继续教育，学校提出如下建议：

（1）将成人自考、网络教育、函授教育等多种成人教育形式进行统一，融合各种教育形式的优点，形成一种最优化的学历继续教育形式。

（2）希望国家出台相关政策，鼓励企业与学校加强产学研等诸方面的合作，互通有无，有利于为国家培养更多高素质的技能人才。

陕西航空职业技术学院继续教育发展报告

一、学校继续教育基本情况

（一）学校概况

陕西航空职业技术学院始建于 1982 年，坐落于国家历史文化名城——汉中市。学院是经陕西省人民政府批准、教育部备案的一所具有高等学历教育招生资格的全日制公办普通高等职业院校，隶属于陕西省教育厅和中国航空工业集团公司。学院于 2008 年在教育部高职高专院校人才培养工作水平评估中获得"优秀"等级，2010 年跻身于陕西省级示范性高等职业院校行列，先后荣获陕西省国防科技工业系统"优秀学校"、陕西省"先进职业技能鉴定单位"、陕西省"计算机信息高新技术考试星级考试单位"、陕西省"平安校园"、陕西省"教育系统精神文明建设先进单位"等荣誉称号。现为航空工业高技能人才培训基地、陕西职业技术教育学会副会长单位和汉中职业教育集团副理事长单位。

学院充分发挥行业办学优势，不断深化内涵建设，凝练形成了"工厂建在校园里，课堂设在企业中，教学生产一体化，工作学习相结合"的办学模式和"循环递进、工种对接、提升素养"的人才培养模式，彰显了"依托航空、校企合作、产学结合"的办学特色。学院继续教育办学近四十年，伴随学院普通高等学历教育办学的成长壮大而发展，特别是作为航空工业高技能人才培训基地，立足航空，以区域经济社会发展需求为导向，围绕立德树人这一根本任务，依托专业优势，为国防工业及地方经济建设培养了一大批技术技能人才。

（二）继续教育工作的目标定位

学院继续教育工作全面贯彻落实党的十九大和全国教育大会精神，主动适应我国经济社会发展和人的全面发展需求，牢记立德树人根本任务，树立终身学习、人人学习和多样化人才培养的观念，以现代信息技术为支撑，积极推进优质资源建设与共享，不断优化办学和服务体系，积极探索具有成人特点的多样化人才培养模式的改革与创新，积极构建灵活开放的终身教育体系，加快推动全民学习、终身学习的学习型社会建设，更好地服务区域经济社会发展。学院充分发挥航空产业优势，坚持与企业紧密合作育人，采取学历教育和非学历教育融通的多形式、多规格、多层次的办学形式，其中"非学历教育，主要开展继续教育、企业员工培训和职业技能鉴定与培训"。

（三）继续教育办学体制与管理机制

学院把继续教育工作列入年度重点工作，为开展继续教育工作提供了有力的政策支持和良好的发展环境。继续教育工作分别由一名校领导分管学历和非学历继续教育工作，继续教育部、培训中心是学院继续教育工作的主管部门，负责对全校的继续教育工作进行监管，统筹各专业人才培养方案的制定与实施，负责招生录取、学籍注册、教学组织与考试安排、学生日常管理及毕业生办证等工作。校内各单位不得以各自的名义自行举办或与外单位合办学历继续教育或非学历继续教育，任何个人、校外机构未经学院许可不得在校内开展学历继续教育或非学历继续教育。

二、学历继续教育专业设置情况

学院目前开设全日制高职专科专业 39 个，涵盖装备制造、交通运输、电子信息、财经商贸、旅游、土木建筑和资源环境与安全等 7 个专业大类，形成了以装备制造大类专业为龙头，多专业类协调发展的专业布局。

学院以本校高职专科层次的优势专业为依托、以社会需求为导向设置学历继续教育专业，目前共设置机械制造与自动化、机械设计与制造、机电一体化技术、数控技术、电气自动化技术、焊接技术与自动化、模具设计与制造、应用电子技术、会计、市场营销、物流管理、工程造价、资产评估与管理等 13 个专科学历继续教育专业，随着生源的日益萎缩，目前已停止各专业的学历继续教育招生。

三、人才培养

2019 年度共有 7 个专业（学习形式：业余，培养层次：高起专）投放招生计划，因生源萎缩，没有录取到学生。经学院同意决定从当年起停办学历继续教育，现主要开展非学历继续教育培训。

作为中国航空工业集团公司"高端技能型人才培训基地"之一，2019 年，圆满完成集团公司技术培训 2 期，培训人员 45 名，涉及受训单位 24 家，学员均来自航空工业所属企事业单位专业技术人员；作为工信部确定的信息化人才陕南推广中心，2019 度共组织开展了 AUTOCAD、Pro-e、PLC 和电子商务员四个（岗位）技能共计 480 名考生的考试培训工作；对口帮扶宁强县职业中学，通过组织专题系列培训，包含法律、体育、创业培训、心理教育、音乐课观摩五期讲座形式，每期参加培训的学员近 200 人，共计 1000 人次，此次活动为地方脱贫攻坚贡献了力量。

四、质量保证

（一）制度保证

学院有完善的教育教学管理制度，规范继续教育工作管理，并结合校内自主管理需求，培训中心对学院培训有关规章制度不断进行完善和补充，探索更加规范的社会培训过程管理模式，做到按章办事、有章可循。

（二）师资保障

学院继续教育师资队伍以专任教师为基础，行业企业一线的技术管理骨干和能工巧匠中聘任的兼职教师为补充，形成了一支数量较为充足、结构比较合理、实践能力强的高素质专兼职教师队伍。

（三）资源保障

学院拥有专业门类较为齐全的校内实验实训基地，建设有专业资源库、精品课程 30 门，及相关图书资料，继续教育学生与全日制普招学生共享学院校园网的网络教学资源。

五、社会贡献

（一）服务行业及区域经济社会发展

"办好继续教育"是中国特色社会主义新时代的必然要求，党的十九大报告明确提出，"办好继续教育，加快建设学习型社会，大力提高国民素质"。作为高等职业院校，学院整合校内教育教学资源，立足航空，充分发挥航空行业优势，为航空工业所属企事业单位的职工加强技能培训和面向社会人员、在校学生提供技术培训服务，也是为"建设知识型、技能型、创新型劳动者大军"做出积极贡献。同时，学院紧紧围绕校企合作联合办学的特色，充分利用学院的师资力量、教学设施，强化学生的理论教学，利用企业资源优势增加相应的技能实训，实现了理论与实践的深度结合。

（二）积极开展教育扶贫

为贯彻落实陕西省结对帮扶工作会议精神，学院党委高度重视对宁强县教育扶贫和结对帮扶工作，成立了党委书记、院长任组长的教育扶贫工作领导小组，多次召开党委会、院长办公会和领导小组会，专题研究部署扶贫工作。学院与宁强县职教中心开展"产学研一体化"示范基地师资培训及法律、体育、创业培训、心理教育等系列专题培训。

六、特色与创新

非学历教育从航空工业人力资源部门下达的培训计划和学员的实际需求出发，以解决实际问题为出发点，以提高学员的能力和促进企业的发展为终极目标；企业专业技术人员培训，培训之后让教师深入相关单位进行回访反馈，弥补技术培训与企业人才提升需求的不足，课程设置上更贴近培训需要达到的预期效果。

七、问题与对策

    继续教育社会认可度不高，尤其是普通高等教育的经过多年扩招，造成成人高等教育的生源严重萎缩，尤其是业余专科学历继续教育已显现招不到学生的现象。因此，一方面要深化人才培养模式改革，以实用型人才培养需求为导向，提高人才培养质量，走内涵式发展之路；紧紧抓住信息技术变革带来的机遇，大力加强学院继续教育网络资源建设及开放共享；积极推进教学方式变革，以过去面授教学为主向面授和网络教学并举发展。另一方面则要继续大力发展非学历继续教育培训，充分发挥学院办学优势，整合学院资源，以社会需求为导向，创新培训模式，提高培训水平，拓宽职业培训和技能鉴定项目，把服务社会做实。

陕西邮电职业技术学院继续教育发展报告

一、学校情况

（一）学校概况

陕西邮电职业技术学院是经陕西省人民政府批准成立的全日制公办普通高等学校，学院以高职教育目标与企业需求为依据，开设有通信技术、移动通信技术、软件技术、会计、物流管理、电子商务等25个热门专业，覆盖了通信、计算机、财经、管理等四大领域。

（二）学校继续教育总体规划与办学定位

学院坚持社会主义办学方向，坚持"依托通信信息产业，立足陕西，面向全国，培养高素质技术技能人才"的办学定位；坚持"做精日校、做强培训、特色办学、精品发展"的办学理念，把学院建设成为日校规模适中，办学特色鲜明的通信信息类教育培训型高等职业学院。学院的教育形式包括全日制高等职业教育、职业培训和继续教育。

二、专业设置

学历继续教育专业设置情况（数量、优势）。

学院继续教育学历专业设置的主要方向为金融和通信领域，专业有金融实务与管理、营销策划和通信技术。

三、人才培养

（一）学历继续教育情况

1. 总体规模

2109年学院学历继续教育数为零，在校学生为10人，毕业4人。

2. 生源分析

在读学生全部为高中毕业后未就业学生，年纪在18～30岁左右，户籍全部为本省。

3. 人才培养模式与教学基本情况

针对生源的基本情况人才培养模式采取培养方案基本按照日校教育专业人才培养方案开展，日常教学采取学生按照自愿插班跟读和业余加集中授课学习的教学模式。

（二）非学历继续教育情况

1. 总体规模（分行业、类别、对象、班次、人次等）。

2019年非学历继续教育共举办各类培训班368期，累计培训将近10万人/天，其中包括资格认证、岗位认证、考试服务、培训服务等类别，主要面向对象有电信公司、各类运营商、政企客户。

2. 培训模式（面授、在线、混合式等）

培训模式主要是面授。

（三）人才培养中的思政教育（思政课程、校园文化建设、社团活动等）

在学历继续教育教育中针对学生的特点，按照全日制在校学生思政课要求、校园文化建设的要求对学生进行了积极全面的教育。

在非学历继续教育中，通过人力资源类课程，让学员围绕企业核心树立正确的人生观和价值观，通过明确管理理念，建立完善的规章制度，保证培训学员在获得相关技能的同时还能有效地提高其学员的思想政治素质。

（四）学生学习效果（学生满意度、社会及用人单位评价，举例说明毕业生成就）

学历教育2019年毕业学生4名，均已正常就业，且工作单位都为通信类行业，工作专业基本对口。

非学历教育2019年培训学员满意度为98%，在客户回访中给予了一致好评。

四、质量保证

（一）制度建设

学院针对高等继续教育工作高度重视针对学历继续教育和非学历继续教育出台了较为完备的制度。

学历继续教育方面主要有：岗位管理职责制度、陕西邮电职业技术学院成人教育学院学生学籍管理规定、教学管理工作管理、招生、报到流程等一系列管理制度。

非学历续教育方面有：培训业务流程、教学质量监控体系、教学质量反馈制度、客户经理工作守则、班主任守则、培训楼管理制度等。

（二）师资保障

1. 学历继续教育方面

成人教育部共有专职管理人员3人，学历继续教育授课的教师全部为学院本专业的相应教师。

2. 非学历继续教育方面

学校不断充实、优化培训队伍，培养锻炼了一支结构合理，整体素质高，服务意识强的管理团队。师资依托学院相关专业教师，辅以外聘培训师，可以满足社会培训的学习要求。

（三）资源建设（教材及数字化资源的总量、类型及新建情况）

学院拥有先进的FTTH光网到户实训环境、3G移动通信、动漫设计与制作、"金手指"实习银行、三方物流模拟、电子商务管理平台等40个校内实习实训室，与企业共建80多个校外实训实习基地。

（四）设施设备

非学历情况描述（学历无）。学院拥有3G实训机房、2T业务实训机房、综合化实训基地、铁塔实训基地、智慧家庭实训基地等。

（五）合作办学及校外教学站点建设和管理情况

学院为北京邮电大学和西安电子科技大学远程教育校外学习中心，业务接受2所大学的领导。

现有学生1800余名。

（六）学习支持服务

建立了完备的学生支持服务制度，配备了专业的老师全方位支撑，建有相应的信息服务平台（电话，交流群，短信平台等）。

（七）内部质量管理

1.学历教育方面

按照学院相应专业人才培养方案的要求进行内部质量管理。

2.非学历情况描述

为了提高培训质量，学院严格按照培训业务流程、教学质量监控体系、教学质量反馈制度的要求组织实施教学活动。

（八）外部质量评估

针对生源特点外部质量评估主要针对毕业学生的工作情况，就业情况从企业获得。

（九）信息化建设（硬件、软件，成效）

学院已经建成了完备的校园网络信息平台，相应的通信实验平台，金融实验平台，各类现代化模拟实习环境供继续教育和日校教育共同使用。

（十）经费保障（含学历继续教育学费收入及使用情况）

2019年学院培训业务收入大概3850万，培训中心独立核算全年利润为175万左右。

五、社会贡献

（一）继续教育服务国家战略、行业及经济社会发展与学习型社会建设情况

非学历情况描述（学历无）。学校充分认识到服务地方经济建设，促进当地社会发展的重要性，依托通信行业，积极开展广泛的合作办学，利用学校在教学科研方面的优势，积极开展相关知识技能的行业培训。

（二）继续教育资源面向校内、社会开放服务情况

非学历情况描述（学历无）。结合当前市场需求和大学生就业形势，积极开展职业技能培训工作，积极推进学校职业技能培训和相关鉴定工作，学校承接了各类社会考试及场地使用，体现了自身的社会价值和责任。

六、特色创新

（一）实践特色与模式创新

非学历情况描述（学历无）。按照模拟公司化运作的思路，划小经营单元，加强考核激励激发员工潜能；以项目研发为核心，优化培训班实施标准，提高培训质量满意度，打造一流信息通信行业培训体系。

（二）教育教学研究与成果等情况

非学历情况描述（学历无）。在项目研发方面，重点突破政府政策性培训项目和行业岗位轮训项目，先后开发并落地2个大项目：

（1）陕西移动公司管理条线资格认证项目。

（2）综合化维护轮训项。

七、问题挑战

（一）面对的新挑战、新需求

1. 学历继续教育方面

如何通过专业设置和提高办学水平，获得社会的认可，充分利用学院优质的教学资源服务社会是学院学历继续教育面对的新挑战、新需求。

2. 非学历继续教育方面

（1）市场竞争不断加剧。

（2）客户要求越来越高。

（3）竞标综合能力需不断提升。

（4）培训经费管控需加强。

（二）存在的主要问题及原因

1. 学历继续教育方面

存在问题：多年招生人数较少，基本为个位数。

主要原因：学院行业特色明显，招生专业行业局限性强

2. 非学历继续教育方面

软硬件资源不足。培训中心人员流动性大、市场开发人员紧缺，需要进一步加快成

熟人才的引进力度，场地、设备等硬件设施不足和陈旧，需要扩建和更新。

培训需求的多元性和学院内培训资源的有限性的矛盾逐渐突出，培训业务和学历教育在师资、机房、教室等资源上需加强共享。

八、对策建议

（一）发展对策（工作思路、目标和举措）

学院继续教育工作思路是充分利用学院的人力资源和通信行业教育背景立足非学历继续教育兼顾学历继续教育，加大和主体通信运营企业、通信设备制造企业和通信建设单位的合作，成为陕西乃至西北通信行业继续（培训）的主要基地。

（二）政策建议（对教育行政部门的建议）

充分考虑到高等继续教育的实际情况，在立德树人，提高教育质量方面出台较有力的政策。

宝鸡职业技术学院继续教育发展报告

一、学校概况

宝鸡职业技术学院是经陕西省人民政府批准，教育部备案的一所公办全日制普通高等职业院校，位于宝鸡市国家高新技术产业开发区东区，占地 1203 亩，有 6 个二级学院，另有附属中专学校、继续教育学院、二级甲等附属医院各一所。学校现有教职员工和医务人员 1451 人，其中，专任教师 728 人，正高级职称 33 人，副高级职称 244 人，中级职称 524 人，博士、硕士 272 人，双师型教师 458 人。现有全日制在校学生 16000 余人，开设三年制高职专业 54 个，涵盖 12 个专业大类、33 个专业类。校内各类实验实训场所达 83354 平方米，有金工等实训中心 11 个，各类实验实训室 230 个，农牧场 1000 多亩，各类实践基地 350 多个，学院形成以医药卫生等 12 个专业大类为主，融高等职业教育、中等职业教育、职业技能培训与成人教育于一体的办学格局。

二、专业设置

（一）学历教育专业设置情况

紧紧围绕我校全日制优势和特色专业，截至 2019 年开办了高起专护理、学前教育、机械制造与自动化、机电一体化技术、会计、园林工程技术、建筑工程技术、汽车检测与维修技术等 8 个专业。

（二）专业人才培养方案制订及调整情况

2019 年学院修订了高起专层次、业余学习形式共计 8 个成人高等学历继续教育专业人才培养方案。本次人才培养方案的整体框架体现了继续教育向创新型、复合型、终身性发展的特点；以培养目标为前提，以突出质量内涵为基础，以培养合格的应用型人才和岗位创新型人才为目标，优化了课程体系；确保学历继续教育人才培养达到国家规定的学业标准，保证人才培养质量。

三、人才培养

（一）学历继续教育情况

1. 总体规模

（1）远程教育合作办学情况

我校与中国农业大学、华中科技大学联办网络教育高起专、专升本层次业务。2019年，联合举办的本、专科层次网络教育在籍学生人数1452人，其中：新招生262人。

（2）成人教育办学情况

近年来，成人学历教育的招生，严格按照教育部文件要求，没有出现过纰漏和违规招生行为。在教学方面严格执行《成人高等学历继续教育专业人才培养方案》文件精神，按照人才培养方案，组织面授、教学检查，未出现停课或增减课时现象。2019年在籍人数44人，生源全部来自省内。

表1 专科层次全日制教育与继续教育专业人数对比表

全日制教育			继续教育		
专业名称	专业招生	在学人数	专业名称	专业招生	在学人数
园林工程技术	82	93	园林工程技术	0	3
建筑工程技术	272	327	建筑工程技术	2	5
机械制造与自动化	9	52	机械制造与自动化	1	4
机电一体化技术	469	659	机电一体化技术	0	13
汽车检测与维修技术	181	316	汽车检测与维修技术	0	2
护理	957	3113	护理	1	3
会计	258	482	会计	5	7
学前教育	703	1716	学前教育	1	7

2. 生源分析

生源主要由企事业单位职工、自由职业者组成。学生的性别统计，男生占59%，女生占41%。学生的年龄统计，30岁及以下的占22.7%，31岁以上的占77.3%。学生的生源地统计，宝鸡地区68%，其他地区占32%。学生的职业状况统计，在职人员占100%。

3. **人才培养模式与教学基本情况**

严格执行联办学校远程与网络教育考试的各项管理规定，认真组织实施各个环节的考试、考核和考察，试卷传递过程责任明确，严格执行保密制度，每学期考试学习中心都成立考试领导小组，严格考风考纪，联办高校派巡视员到学习中心巡查考试情况。

（二）非学历继续教育发展情况

1. 非学历继续教育基本情况

2019年，学校举办的非学历教育培训项目共17类，累计培训学员3977人次，各类培训具体情况如下：

2019年学校继续教育发展报告（摘编）

表2　2019年非学历教育基本情况表

序号	项目名称	类别	人次	培训模式
1	退役军人职业教育和技能培训	退役军人培训	456	混合
2	特色产业高校扶贫花椒种植培训	特色产业高校扶贫培训	27	面授
3	特色产业高校扶贫电商培训	特色产业高校扶贫培训	30	混合
4	中铁一局集团第五公司新员工岗前培训	企业员工培训	130	面授
5	中国注册会计师协会"新税收政策与实务"远程培训	企业员工培训	100	混合
6	中铁一局杯职工竞赛赛前培训	企业员工培训	6	混合
7	"急救天使"公益培训	社区培训项目	120	面授
8	新生代新型职业农民培训	行业培训	150	面授
9	专升本考前培训	就业培训	2092	混合
10	母婴护理师培训	行业证书培训	33	面授
11	育婴师培训	行业证书培训	35	面授
12	保育员培训	行业证书培训	20	面授
13	计算机类培训	行业证书培训	193	面授
14	会计专业技术资格考前培训	行业证书培训	56	面授
15	垂成中医药针灸培训	就业培训	211	面授
16	垂成中医药刮痧培训	就业培训	195	面授
17	退役军人汽车维修与驾驶培训	退役军人培训	123	面授
总体规模：3977人次				

2. 培训方式

根据培训内容特点和委托单位的要求，结合课程、受训学员的认知特征，培训主要采用集中面授的方式，培训过程中坚持理论与实践相结合，普遍教学与个别指导相结合的原则，突出培训的应用性、技能性和针对性，取得了预期效果。

（三）学生学习效果

对参加成继续教育教育学习的学员，通过召开学员座谈会、电话调研、委托学员单位征询意见等方式，对学习对象进行满意度测评，根据测评，学员对学校综合满意度在90％以上。

四、质量保证

（一）制度建设

一方面，为了加强对继续教育工作的统筹规划，领导协调，明确职责，实施科学化、规范化管理，同时，在项目实施中，为体现依规管理，发挥激励机制，实现高质量的过程管理，配合全校内部诊改工作，根据工作需要，陆续制定完善了《宝鸡职业技术学院继续教育管理办法（试行）》《宝鸡职业技术学院成人学历教育教务管理实施办法》《宝鸡职业技术学院退役士兵培养管理办法》等规章制度。

（二）师资保障

学历教育以与国内著名本科院校联合办学模式进行，师资队伍主要依托联办院校的专业教师，通过网络远程授课和定期面授相结合的方式进行教学学习活动。技能与职业培训师资选聘坚持专兼职结合，以专职为主的原则，专职教师以校内专任教师为主，主要选聘职称较高、教学经验丰富、实践工作能力强的教师充任，外聘兼职教师主要从常年工作在企业、行业一线的能工巧匠中选任。

（三）资源建设

（1）在远程网络教育中，在对学员的教学支持服务、教学管理、协助联办院校进行教学检查及对学员的意见征询等过程中，将涉及教学方面的问题及时记录，定期整理后向联办院校反馈，协助联办院校做好教学资源的修改完善和资源库建设工作。

（2）通过建立培训工作档案库制度，将每次组织的各类社会培训的培训教程、图片、视频资料、工作分析与总结等及时建档保存，形成培训资源库，便于培训教学资源的改进与交流，为我校培训教学资源的规范化、标准化建设进行资源储备。

（四）设施设备

我校现配有专用培训教室4个，教学用桌椅400余套；教学用微机室2个，配备60台计算机，有金工等实训中心11个，各类实验实训室230个，分别用于培训教学、网络课程考试、网络课程学习、网络服务等，为学员提供了良好的网络学习条件，满足了学生上网学习的需要。

（五）合作办学及校外教学站点建设和管理情况

我校先后与中国农业大学、华中科技大学联办网络教育高起专、专升本层次业务。在合作办学的各环节均能严格执行联办高校的管理制度，未发生任何教学管理事故，各项管理工作得到了各方面的充分肯定。

（六）学习支持服务

学校树立"以人为本"的服务理念，围绕学员的学习需求全方位提供学习支持服务。对学生学业实施全过程指导服务。利用短信、微信、QQ等电子手段建立现代教育平台，用于帮助学生制订学习计划，督促学生完成学习任务、提醒学生参加考试、毕业设计、毕业实习等学习环节，实现24小时不间断追踪服务。任课教师重视对学生进行自主学习方法指导和技能训练，把握课程的重点和难点；班主任坚持定期性地与学生保持联系，了解学生思想、学习动态，认真听取学生诉求和教学建议，及时解决学员的实际困难，实现"保姆式"贴心服务。

（七）内部质量管理

根据新的工作职能，结合学校内涵建设的总体要求，制定了继续教育学院（处）质量管理手册，从规范部门及岗位的工作职责、工作标准、工作流程、质量保证体系建设及评价考核等方面加强了内部质量管理保障。

（八）经费保障

学校各项继续教育事业均能得到经费保障，为各项工作的正常开展提供了基本的资金保证。

学校建立了健全的经费管理制度，学费收取标准严格按照相关规定进行。

五、社会贡献

（一）继续教育服务国家战略、行业及经济社会发展与学习型社会建设情况

学校重视社会服务能力建设，利用地处"一带一路"和"关－天经济带"节点城市的区位优势，发挥自身教学科研优势，积极开展广泛的合作办学、社会培训及技术服务。开展校企合作、政企合作，助力产业工人知识更新和技能提升。

（二）继续教育资源面向校内、社会服务开放服务情况

学校利用继续教育校企合作单位向在校学生提供就业信息和顶岗实习岗位；为助力校内学生学历提升、考取资格证等需求，开展了专升本考前辅导培训等服务工作；申请成为我市退役士兵职业教育与技能培训培训基地，开展退役士兵培训工作。

咸阳职业技术学院继续教育发展报告

一、学校情况

咸阳职业技术学院是经陕西省人民政府批准、教育部备案成立，整合原陕西省乾县师范学校、彬县师范学校、仪祉农业学校、咸阳市体育运动学校、卫生学校、技工学校6所中专学校资源组建成立的一所公立院校。地处西咸新区沣西新城统一大道，校园占地1306亩，固定资产总值9亿元。建设有省级高职示范性实训基地3个，院内实训室、实训基地286个、院外实训基地330个。开设教育、医疗、电子、机电等8大类50多个高职专业，全日制在校生人数16700余人。学院图书馆馆藏纸质图书105万册，电子图书2000GB，报刊资料800多种。国家首批优质高职院校建设单位，全国文明单位。

学院高点定位，继续教育工作是学院事业可持续发展的重要组成部分，确立了职业培训和学历教育并重的继续教育工作发展理念，并提出"积极开拓成人学历教育，大力开发各级各类职业培训项目，建设区域社会服务中心，建成区域教师教育、干部培训、劳动力技能培训中心"的继续教育工作指导思想。学院在组织机构、场地设施、师资队伍、绩效管理等方面为继续教育工作提供保障，实行教育教学资源共享、相关院部联动的继续教育与职业培训工作机制。

二、专业设置

学院积极开展高起专层次的成人学历教育工作（业余）。在学院高职专业中，遴选和申报建筑工程技术、数控、焊接技术与自动化、机电一体化技术、护理、会计、学前教育等7个专业，开展高起专层次的学历教育工作。

在学院"工学结合、理实统和、校企联合、教练融合"的"四合"人才培养模式下，根据行业企业特点和岗位工作要求及学生身心发展规律，在人才需求调研、职业岗位能力分析的基础上，通过深入研究、校企合作论证和广泛参与等方式，科学制定和及时调整人才培养方案。

三、人才培养

学院重视高校教书育人的双重社会责任,坚持教书育人相统一,确立了"教育性教学"思想。强化制度育人，将学员的思想政治教育纳入培训质量管理指标体系，在班级管理中落实看齐意识、法制意识、规则意识，纪律意识；落实"课程思政"，将社会主义核心价值观教育、职业道德教育、心理健康教育、工匠精神等思想政治教育内容融入课程管理和课程内容中，着力于培养基于工作实践的人文素养和职业素养；依托学院校园文化建设成就，发挥管理育人、服务育人、文化育人的潜移默化作用。

根据省厅统一安排部署，制定年度招生计划，2019年度内成人学历继续教育共计招生2人。围绕服务区域产业发展和人才培养需要，确立"建强工科专业、提升传统专业、办好新兴专业、打造特色专业"的建设原则，依托学院省级示范校、国家优质高职院校和创新行动计划建设成就开展学历教育人才培养工作。

非学历继续教育方面，学院坚持开展校政、校企、校校多渠道合作，多领域、多层次开展社会培训，2019年面向中小学教师、专业技术人员、退役士兵以及本地区中老年群体，实施了幼师国培、中小学教师教育教学能力提升、退役士兵培训及老年大学等9个项目的社会培训工作，年培训规模19626人次。根据项目要求和参训学员实际，采用面授与在线学习相结合的方式，引领学员专业化发展、提升技能技术，满足工作发展需要，积极探索推进"问题探究式任务驱动"培训模式，小班化管理，采取专家引领、案例评析、互动交流、观摩实践等方式开展培训工作。

四、质量保证

2019年，依托职业院校教学质量诊断与改进重大实践工程，依据各项规章制度，在质量建设预警反馈和督查督导机制下，通过不断完善和修订部门管理规章制度；不断优化岗位工作流程，细化岗位工作职责，完善岗位工作质量绩效标准；持续完善质量建设预警反馈和督查督导机制，综合推进继续教育工作内部质量不断提升。

师资保障按照3：3：1比例建设培训师资库，初步建成由我院学科带头人、骨干教师、省内外高校专家教授以及行业一线名师组成的83人培训师资团队。设有8大类专业教学资源库，收录课程资源115个，开设院级精品课29门，建设网络信息化教学平台1个，设有以虚拟数据中心为核心、四大平台为基础、22个业务系统为支撑的信息化教学和管理服务体系，建成覆盖全院的校园无线网络，校园网出口带宽4G。2019年，又先后投入80万元，对多媒体教室、学院招待所进行升级改造；新建多媒体教室2个，安装空调4台，直饮水机3台，继续教育工作环境进一步优化。

经费方面，继续教育工作经费主要由学院专项经费支持、合作办学以及各类培训收入组成，2019年学院继续教育预算支出经费224万。

五、社会贡献

学院成立以学院党委书记、院长任组长，相关院部处室党政主要负责同志为成员的对口支援和教育帮扶领导小组,从教育支持、产业培训、志愿帮扶、技术应用等多个层面统筹开展对口支援、教育帮扶和精准扶贫工作。

高度重视地方高校服务国家发展战略和区域经济社会发展责任,积极发挥职业院校服务社会功能,持续开展继续教育和职业技能培训工作,是省教育厅继续教育基地,省人社厅专业技术人员继续教育基地,省民政厅退役士兵继续教育与职业培训基地,省农业厅农药经营人员培训定点机构,是省教育厅校园长任职资格培训定点机构和幼师国培项目任务承担机构。

六、特色创新

依托创新发展行动计划,学院积极开展继续教育和职业培训工作创新,积极开展校政、校企、校校多渠道、多领域、多层次合作培训。经过努力,社会服务能力和科技服务力量都大幅增长,基地建设数量明显增长、服务领域范围显著增大,新增科研创新团队4个,建成院级科研创新团队13支、市级科技创新团队2支,新增培训基地建设数4个,各级社会服务培训基地数量达到16个。

2019年,学院国际交流有序开展。先后接待美国、韩国、新加坡、俄罗斯等国(境)外教育访问团18批55人次,签署合作协议7份,国际合作领域不断扩大,合作办学务实推进。积极参加多项国际交流与合作活动、会议等,并多次获得奖项、荣誉。学院持续推进留学就业,组织出国留学项目及就业招聘宣讲等6次;赴国(境)外短期交流学生8人,就业学生9人,同时持续构建育人体系,启动全日制来华留学生培养工作,先后接收培养21名留学生。

七、问题挑战

目前,学历继续教育招生面临空前危机,成人学历教育工作局面几近停滞。学院社会培训虽形成了一定的规模和品牌优势,但面向行业企业开展的技术服务工作发展不平衡,专业建设和资源建设与市场需求契合度有待提升等发展瓶颈,需要持续加强内涵建设,为继续教育和职业技能培训提供更丰富的基础保障。

八、对策建议

在努力寻求学院高起专层次继续教育工作新突破的基础上,进一步加大合作,开展现代远程教育工作的力度,努力实现学历教育工作新发展。其次要建章立制,探索建立各二级学院结合自身专业建设发展特点,且面向区域内行业企业提供技术支持和技能培训工作的常态机制。

建议学历继续教育高起专层次招生工作专项划拨,促进高职院校学历继续教育工作可持续发展。在税前扣除政策基础上，进一步提高企业职工培训经费税前扣除标准，不断激发企业开展职业培训的内生动力。探索建立各层级企业职工培训奖励机制，划拨企业职工专项财政奖励资金，对开展职工技能培训工作成绩突出的企业实施国家奖励。

铜川职业技术学院继续教育发展报告

一、学院继续教育办学体制与管理机制

学院统筹指导继续教育发展。积极健全继续教育激励机制，加强继续教育监管和评估，建立完善领导体制、管理体制、办学体制等，完善发展机制、评价机制、监督机制等。现设立有继续教育学院及培训部两个办学机构，依托学院的办学资源和师资队伍，立足铜川，面向市场，提升办学质量，扩大办学规模，开展成人高等学历教育及社会培训等非学历教育。

继续教育学院依托铜川职业技术学院的办学资源和师资力量，立足铜川，辐射周边，积极与省内外知名高校合作，开展高等继续教育学历教育，为区域经济发展培养了大批急需专业人才。

培训部主要负责学院职业技能鉴定、铜川市专业技术人员继续教育和各级各类非学历教育的培训、考试工作。主要设有铜川市普通话水平培训测试中心、陕西省专业技术人员继续教育基地、陕西省就业培训项目定点机构、陕西省创业培训项目定点机构、陕西省退役士兵教育培训定点机构、铜川市中小学继续教育基地（兼办公室）、卫计委全国卫生专业技术资格人机对话考试铜川考点等站点机构。

二、学历继续教育专业设置及专业调整情况

我院开展学历继续教育 40 年来，学院学历继续教育先后开设了汉语、初等教育、计算机教育、英语、数学与应用数学等专科成人教育专业。近年来全球突发公共卫生事件的种类、危害和影响越来越引起人们的普遍关注，对应急救援护理人员的需求愈加迫切，同时我国逐渐向老龄化社会转变，保健医师、家庭护士也将成为热门人才，因此，有深厚的专业知识、较高的综合素质的护理人才缺口非常大，就业、发展前景十分广阔。为满足社会对护理人才的需求，我校拟设立成人教育高起专层次护理专业，着力培养具备人文社会科学、医学、预防保健的基本知识及护理学的基本理论知识和技能，能在护理领域内从事临床护理、预防保健、护理管理的适应性、实用性与专业性的应用型复合人才。

三、人才培养

（一）学历继续教育情况

学历继续教育主要是依托铜川职业技术学院及陕西广播电视大学铜川分校与省内外高校联合举办的开放教育、远程教育、函授教育等。经陕西省教育厅批准，我院现设立陕西师范大学、延安大学2个成人高等教育函授站，西安交通大学、西北工业大学、陕西师范大学现代远程教育、奥鹏公共服务体系4个校外学习中心，开展学历继续教育。截至2019年底，有高起专、专升本在籍学生4130名。

（二）非学历继续教育取得的成绩和主要特色

1. 利用培训基地和培训机构平台，开展培训

2019年，我院开拓创新，积极作为，进一步强化服务意识，狠抓培训质量，打造出了我院优质的培训品牌，提升了学院的社会声誉，尤其是在全省普通话培训测试工作中，连续3年荣获四次省级优秀，进一步扩大了学院影响力。

2. 加大开展继续教育工作的宣传力度，拓宽培训市场

为了做好我市各类培训工作，我们借助政府和学院网站、微信公众号、QQ全等线上平台，积极宣传省市有关政策。同时采取基层调研、走访等形式，多方征求参训单位、参训人员对继续教育各类所开设课程的意见和建议，从不同角度对全市继续教育工作的开展进行研究探讨，确定了适合我市实际的培训科目，制定培训计划，将培训时间、地点挂在基地网站，便利参培人员选课，按时参加培训学习。

3. 重视师资队伍的建设

为了保证师资力量的配备，经过多方努力，我们先后聘请了多名国家及省、市级专家和我院的名师进行授课，确保了培训质量。

4. 以丰富多彩的教学形式增强继续教育培训吸引力

在培训方式上，采取网络学习、面授、自主研修、送教上门等培训模式，充分调动学员学习的主动性和积极性，不断增强培训的吸引力。

5. 规范管理，确保学习培训不流于形式

为保证培训的正常进行，面授培训中选派责任心强的年轻同志担任班主任。加强班务管理，严格请假制度，认真考勤，如实记录参培人员出勤情况，将考勤与考核挂钩，在保持较高出勤率的同时，提高了培训的整体效果。

四、加强学习支持服务和内部质量管理

依托国家开放大学和各主办高校优质教学资源，充分利用远程教育平台开展面向学生的各种形式网上教学活动，包括网上直播、课件点播、答疑、讨论、咨询、作业、考查等，

跟踪记录每个学生的网上学习过程、并将网上学习过程纳入课程考核范围。

为了保证人才培养质量，继续教育学院认真执行国家开放大学和陕西分部以及主办高校的各项规章制度，建立和完善了《班主任工作职责》等一系列规章制度，做到有章可循、有规可依。建立班级 QQ 群、微信群，及时将学校的各类教学教务通知发至学生群，做好上情下达及教学各环节学习任务的督促、提醒工作。班主任不仅要做好班级日常管理工作，还要熟悉专业规则及各门课程的考核方式，做学生学习的导学老师，指导学生完成网上听课和作业等。

建立健全各主要教学环节质量标准，包括入学与学籍管理、师资队伍建设与管理、教学过程、学习支持服务以及实践教学等相关制度与规范。积极探索建立全面的信息监控机制和信息监控体系，强化教学检查。包括实践教学检查、网上教学检查、入学教育与入学水平测试检查、课程教学安排检查等，专项教学检查工作的有序开展，强化了以过程控制与目标控制为目的动态管理。

五、继续教育服务国家战略、行业及经济社会发展与学习型社会建设

（一）积极做好高等继续教育学分银行铜川分部建设工作

陕西高等继续教育学分银行铜川市分部自成立以来，积极推进铜川市各级各类学习成果的存储、认定、积累和转换，满足人民大众化学习、终身学习和个性化学习的需求，2019 年共开户 1100 余人。同时积极推进学分银行体系建设，2019 年 12 月学分银行铜川分部宜君工作站挂牌成立，为我市推进终身教育体系和学习型社会建设奠定了良好的基础。

（二）围绕铜川产业结构调整，为地方经济和社会发展提供人才和技术保障

根据铜川市委提出的转型发展、打造"四个铜川"的战略布局，积极推进教学资源向社会开放。加强、拓展旅游、园艺技术、药学、电子商务等开放教育专业建设，为铜川经济发展提供人才和智力支持。

（三）对口支援、教育帮扶

认真贯彻落实省委省政府教育扶贫工作部署，实施继续教育学院 2020 年"双百工程"工作计划，对铜川市耀州区开展教育帮扶工作。一是适当减免建档立卡户学员学费。二是开展"一村一名大学生计划"学历教育，为农村提供人才保证和智力支持。

（四）构建全民终身学习体系

成立了铜川市社区教育指导中心，稳步推进社区教育工作。在省市各有关部门的大力支持下，2019 年 11 月铜川市社区教育指导中心在我校挂牌成立，标志着我市社区教育工作全面启动。铜川社区大学自 2018 年成立以来，充分发挥社区大学引领示范职能，

敢于担当,勇于作为,拓宽培训领域,满足社区群众多样化需求,相继开办了5个专业班,在校学生200余人,丰富了广大社区居民的文化生活,为我市追赶超越、建设文化示范区发挥了积极作用。

渭南职业技术学院继续教育发展报告

一、学校继续教育办学定位与管理体制

（一）学校概况

渭南职业技术学院是陕西省人民政府批准、教育部备案的一所高等职业学校。学校地处陕西东大门——渭南市，东临华山，北抱渭水，西望长安，南依秦岭，风景秀美，交通便利，历史文化底蕴丰厚。学校有高新、朝阳两个校区，占地面积 880 亩，建筑面积 33.1 万平方米。现有教职工 849 人，其中专职教师 534 人，在职副高以上职称 195 人，硕士以上学位 316 人、双师型教师 313 人。聘请兼职教师 53 人、客座教授 65 人，陕西省科技新星、省级教学名师等省级以上优秀人才 8 人。馆藏图书 89.03 万本。教学用计算机 1125 台。校内实验实训室 128 个，国家级实训基地 4 个，省级实训基地 18 个。校外实训基地 259 个。在校学生 11115 人。下设护理学院、医学院、师范学院、经济管理学院、机电工程学院、农学院、3D 打印学院、创新创业学院、工学院、建筑工程学院、基础课部、继续教育学院等 12 个教学单位。开设三年制高职专业 38 个，五年制高职专业 7 个，省级重点专业 6 个；涵盖了医学、教育学、农学、工学、管理学、经济学等六个学科。

学校秉承"顶天立地、内外兼修"的办学理念，坚持"遵循规律、文化引领、改革创新、开放融合"的办学思想和"面向职业办学、贴近产业办学、瞄准就业办学、政校行企联动办学"的办学思路，建立了"六业贯通"（专业、学业、职业、就业、创业、事业贯通）与"六大融合"（学校与社会、教育与生活、人才与时代、理念与实践、知识与技能、技术与文化融合）的人才培养体系，实施"专业链与产业链对接、课程标准与职业标准对接、教学过程与生产过程的对接"的"三对接"和"校内实验实训资源教学过程生产经营化、校外合作企业生产过程教学化"的"双折叠"人才培养模式以及"五化（现场化教学、情境化教学、案例化教学、项目化教学、工程化教学）一制（现代学徒制）"的人才培养过程，不断践行"服务学生成长、成才、成功，服务行业、企业、产业，服务经济社会发展"的"三服务"办学宗旨，全面推进素质教育和教学创新，提高综合办学实力和人才培养水平，把学校建设成为高技能人才培养和科技应用与开发的重要基地。学校坚持普通全日制教育与成人继续教育并重，培养与培训并举，搭建在校生、社会考生学历提升和职业技能培训立体互通平台，开展职业资格和专业技能"多证书"教育。

除独立举办高等继续教育外，还与陕西师范大学、北京中医药大学、中国医科大学联合开展现代远程教育，为广大考生提供丰富的多元选择。

学校围绕经济发展需要，以服务为宗旨，以就业为导向，以提升学生职业能力为目标，走产学业一体化的办学之路。先后与江苏雨润集团公司、北京大学第三医院、陕西省人民医院、渭南经开区"中国酵素城"、高新区3D打印产业培育基地以及新能源汽车产业园、中德诺浩、陕西天佑医疗管理集团、大唐移动、世纪鼎利集团、新道科技等知名企事业单位达成合作意向。不断创新探索校地校企校产合作办学新模式。与马来西亚、韩国、日本等多国签署合作办学协议。通过校内外招聘会、就业实习基地、政府公益岗位、创业项目引导，提供就业一条龙服务，构建了学生就业"绿色通道"，就业率持续5年超过97%。

2015年，学校荣获"全国文明单位"称号；被省教育厅确定为省示范高职院校建设单位。2016年，被确定为国家优质专科高职院校建设单位。2017年，被教育部确定为现代学徒制试点单位。2018年，荣获陕西教育改革创新示范学校称号。2019年，学校被省教育厅确定为省示范高职院校；被教育部批准为全国首批"1+X"证书制度试点院校。

在新的历史起点上，学校主动适应国内外高职教育改革发展的新形势，用大胸怀、大视野、大思维系统谋划学校发展，深化综合改革，加强对外交流，提升办学水平，促进转型发展。同时借鉴国外先进教育理念和教学经验，引进国外优质教育资源，逐步搭建起符合国际潮流的高等职业人才培养基本构架，努力建设国内一流高职院校。

（二）学校继续教育工作的总体规划、办学定位

渭南职业技术学院继续教育工作以习近平中国特色社会主义理论为指导，以科学发展观统领继续教育各项事业，以适应学院的发展定位的要求和需要，积极谋求继续教育的规模、结构、质量、效益健康可持续发展；观念要新，机制要活，事业要广，贡献要大；坚持依法办学、规范办学、诚信办学，加强管理，全面提高人才培养质量和社会服务能力。

发展成人学历教育。充分利用学校优质办学资源和办学特色，广泛吸收兄弟院校成功办学经验，积极开展学校成人学历教育和联办网络教育，通过科学设置专业、建设精品课程、加强教学管理、构建开放学习服务平台等，进一步扩大在校生规模，提高继续教育质量和办学水平。

拓展非学历培训教育。依托学校全省成人继续教育社区教育培训基地、省级专业技术人员继续教育基地、渭南市中等职业学校师资培训基地、渭南市骨干人才培训基地，在巩固已有培训项目的基础上，针对培训市场的新变化，拓展培训项目，改革培训方式。由政策性培训转变为市场性培训，由普及型培训转变为高端型培训，由一般性培训转变为特色性培训；由短期培训转变为短、中、长期相结合培训，并积极探索跨地市社会服务培训，加强面向社区成员开展与生活密切相关的职业技能培训，以及民主法治、文明礼仪、保健养生、生态文明等方面的教育活动。

继续教育学院是学校开展继续教育工作的职能部门。专职负责学历继续教育及各类培训工作,现有教职工 12 人,其中高级职称 2 人,中级职称 6 人。下设三个科室,分别为综合办公室、培训科、学历教育科。现开展有函授教育和职后培训 2 种办学形式,设立高中起点专科教育层次。

学历教育方面:开设有护理、中药学、畜牧兽医、会计、学前教育 5 个专科层次的专业。

职后培训方面:我院承担有陕西省中医药管理局举办的西医师学习中医项目、幼儿园教师国家级培训项目、渭南市领导干部自主选学培训项目和小学幼儿园教师教育理论基础知识培训项目等。

(三)学校继续教育工作领导体制与制度建设工作

学校非常重视继续教育工作,将继续教育工作和全日制教育工作统筹规划,平等对待。为了学校继续教育工作的发展,在教育资源、教学管理等方面,为继续教育工作的开展保驾护航。学校成立继续教育工作领导小组,由副校长王录军同志担任组长,统筹规划继续教育工作。每月定期召开学校继续教育工作专题会议,研究继续教育工作并解决实际工作中存在的问题。

学校加强继续教育工作规章制度建设。根据国家有关继续教育工作的政策文件精神,先后制定了若干继续教育工作规章制度,做到严格管理、有章可循,保证了学校继续教育工作的顺利开展。

二、学历继续教育办学情况

学校继续教育学历教育主要开设了高起专层次业余(函授)教育。分别是:中药学、护理、畜牧兽医、会计、学前教育。其中畜牧兽医、中药学、护理、学前教育均属于我校特色专业,但由于各种原因,2019 年未开展继续教育招生工作。

三、非学历继续教育发展情况

(一)非学历继续教育基本情况

2019 年非学历继续教育工作的总体目标是:稳步发展,提升质量。全年完成 13 批次培训,参训学员 3356 人次。

学校非学历继续教育招生方式主要有:政府委托、项目申报、企业委托和社会培训等,完全符合国家有关继续教育招生的规定。

学校非学历继续教育的教学模式主要是面授。

(二)非学历继续教育工作的进展

2019 年,学校非学历继续教育工作取得了新进展,我们积极创造条件,加强联系沟通,拓展培训规模，提升培训质量，服务地方社会经济发展。主要开展的培训项目有下列几项：

（1）渭南市幼儿园园长任职资格培训第一期。培训人数 78 人。培训时间 15 天。

（2）渭南市幼儿园园长任职资格培训第二期。培训人数 100 人。培训时间 7.5 天。

（3）成功申报陕西省第三批社区教育实验项目。

（4）幼师国培工作。

2019 年我院继续承担并实施了幼师国培项目，分为三个子项目，"国培计划"（2019）——陕西省幼儿园青年教师营养与健康专项技能提升培训项目、陕西省民办幼儿园园长规范办园培训项目、陕西省乡村教师幼儿美术与手工专项技能提升培训项目，每期培训学员 50 名。精心遴选授课专家 24 人，开展讲座 24 次，举办课标解读、案例研讨、发展对话、个人感悟等专题讲座 30 次，户外教学 6 次，教学观摩 6 次，技能展示汇报演出 3 次，录制域外专家教学课件 20 个。举办专栏 10 余版次，编印国培简报 9 期。得到了省教育厅、省国培计划项目执行办公室、市教育局以及学员和学校的高度评价。

（三）非学历继续教育工作的主要特色

1. 学校非常重视继续教育工作

学校非常重视继续教育工作，将继续教育工作和全日制教育工作统筹规划，平等对待。为了学校继续教育工作的发展，在教育资源、教学管理等方面，为继续教育工作的开展保驾护航。学校成立继续教育工作领导小组，由副校长王录军同志担任组长，统筹规划继续教育工作。每月定期召开学校继续教育工作专题会议，研究继续教育工作并解决实际工作中存在的问题。

2. 学校加强继续教育工作规章制度建设

根据国家有关继续教育工作的政策文件精神，先后制定了若干继续教育工作规章制度，做到严格管理、有章可循，保证了学校继续教育工作的顺利开展。

3. 实施精细化服务

在学校非学历继续教育工作过程中，在管理、教学、后勤服务等各个环节，我们实施精细化服务，落实为学员服务无小事的工作要求，主办单位和所有参训学员都对我们的工作表示肯定，学员投诉率为 0。树立了非学历继续教育工作的"渭职院"品牌。

4. 师资库建设

为了提高师资水平，保证培训质量，我们建设了《渭南职业技术学院继续教育师资库》。遴选邀请全国有关方面专家教授担任我们非学历继续教育工作的教学任务。在学校内部，我们精心选择思想品德高尚，教学能力优良，具有副高级以上职称的教师担任继续教育工作教学任务。为非学历继续教育工作的发展提供了坚实的保障。

四、社会贡献与改革创新情况

我们积极开展继续教育改革创新,成功申报"陕西省高等职业教育创新发展行动计划(2015—2018 年)"子项目"落实《教育部 人力资源社会保障部关于推进职业院校服务经济转型升级面向行业企业开展职工继续教育的意见》"。积极与渭南市行业企业合作,开展职工继续教育工作,服务国家继续教育战略,促进渭南市经济社会发展与学习型社会建设。目前,项目正在强力推动中。

五、问题与对策

(一)加强组织领导和服务

1. 加强领导

学校继续教育工作领导小组需要进一步加强,成员单位教务处、学生处、校企合作处、各二级学院和继续教育学院通力协作,进一步完善学校继续教育工作相关政策,统筹规划并强力推动学校继续教育工作的发展。

2. 完善制度

学校制定"积极开展继续教育工作的决定"文件。一是强调继续教育工作的重要性。二是把继续教育工作纳入各部门目标任务考核。落实继续教育工作奖励办法,激励全体教职工积极参与继续教育工作,形成上下联动的良好工作氛围。

3. 资金支持

学校制定继续教育工作资金投入与管理办法,在资金投入、使用、管理等方面形成制度,保障继续教育工作的顺利进行。

(二)积极构建开展职工继续教育的保障机制

1. 发挥行业指导作用

积极与各行业联系,在渭南市主要产业协会参与下,制定继续教育工作计划,在培训方式、培训内容、课程设置、教学评估等方面引入行业标准。

2. 发挥企业主体作用

与合作企业共同制定继续教育工作计划,以企业标准开展培训工作,吸纳企业中的技术骨干进入继续教育师资库,开展灵活多样的培训活动,做到"校企联动""合作共赢"。

3. 落实办学自主权

积极与政府相关部门联系,落实办学自主权,在继续教育政策、方法、内容等方面,形成学校主导,政府支持与协作的办学机制。

4. 完善有关评价考核制度

形成行业、企业、学校、社会共同参与的继续教育工作评价考核制度,制定相关评价考核办法，并在执行过程中不断完善。

5. 营造良好社会环境

积极开展宣传工作，强调继续教育工作的重要性和必要性。与政府、行业、企业协作，形成全社会都关心继续教育工作的良好氛围。

延安职业技术学院继续教育发展报告

一、学校情况

（一）学院概况

延安职业技术学院是由原延安师范学校、延安教育学院等 10 所大中专院校合并而建的一所全日制普通高职院校，是陕西省示范性高职院校，国家优质专科高等职业院校立项建设单位。

学院占地 830 亩，设有石油化工系、经济管理系、农林与建筑工程系、机电工程系、医学系、航运工程系、师范教育系、艺术系、继续教育学院、士官学院、公共教学部等 11 个教学机构，涵盖石油、化工、机电等 10 个领域的 40 个专业。拥有 10 个实训中心、151 个实训室、186 个校内外实训基地。各类在籍 16698 人，在校学生 10139 人。

（二）学院继续教育总体规划和办学定位

学院高度重视继续教育的发展。将继续教育纳入总体办学体系中，提出"以高职专科教育为主体，积极发展继续教育"的办学方向。确立了"以质量求生存，以服务求发展"的继续教育办学指导思想和"稳定发展，规范管理，提高质量"的发展原则。

（三）继续教育办学体制、管理机制

在学院发展过程中，相继成立了继续教育学院、职业技术技能培训中心、延安干部培训学院枣园分院三个培训机构。继续教育学院主要负责学院成人学历教育和高层次的、政府行为的职工干部培训；职业技术技能培训中心主要承担行业企业职工技能技术培训；枣园分院主要面向全国开展红色教育培训，进行革命传统教育研究及培训项目开发。

学院通过制定有利于促进终身教育发展的管理办法，完善学院宏观主导、继续教育机构组织实施、系部积极参与的终身教育立体服务体系。

二、专业设置

学院学历继续教育是以与陕西师范大学、西安交通大学等 5 所高校以及北京奥鹏远程教育中心联合举办远程教育形式进行的。

三、人才培养

（一）学历继续教育情况

1. 总体规模

2002 年以来，经陕西省教育厅批准，相继设立陕西师范大学、西安交通大学、西北工业大学、中国石油大学（北京）、中国农业大学现代远程教育、奥鹏远程教育校外学习中心，陕西中医药大学函授校外学习中心，共同举办学历教育。截至 2019 年 12 月底，学历提升高起专、专升本在籍学生共 3989 名。

2. 生源分析

远程教育在籍学生以护理学、学前教育和石化类、管理类专业为主，工程类和农业类专业为辅，男生 1197 人，占比约 30%，女生 2792 人，占比约 70%。生源范围在延安市境内，其中宝塔区生源占比约 69%，其它县区占比为 31%。学员以市内临时就业人员为主，占比 78%，企事业单位人员为辅，占比 22%。

3. 人才培养模式与教学基本情况

依托高校优质教育资源和师资力量，通过远程教育管理平台，推送网络课程和辅助教学资源。我院作为合作高校的学习中心，为学员提供优质服务。

（二）非学历继续教育情况

1. 总体规模

2019 年学院非学历教育培训各类学员 70158 人，其中党政干部、行业企业干部职工、失地农民、精准扶贫脱贫培训 42142 人，红色教育培训 28016 人。

2. 培训模式

①以革命传统、延安精神和习近平系列讲话精神为主题开展红色培训，全年共培训学员 28016 人。

②以市场需求为导向，以服务就业为目的，开展电工、电焊、汽车驾驶等职业技能培训，全年培训学员 1370 人。

③以提升行业企业职工职业技术技能为目的，面向行业企业职工培训，完成各类培训 6630 人。

④面向政府部门干部职工培训，全年共完成培训学员 7555 人。

⑤对延安市市直部门专业技术人员进行继续教育培训，全年共完成 4391 人次培训。

⑥加强与延安当地培训中心合作，开展各类培训，全年完成培训 2318 人。

⑦面向延安市"五上"和"规上"民营企业干部职工培训。全年共计培训 559 人。

⑧承担延安市果业生产指导和果农培训，培训果农达 12000 余人次，

四、质量保证

（一）制度建设

学院高度重视和加强继续教育制度建设。修订细化了招生、学籍、非学历继续教育工作岗位职责和工作规范，完善了《学历继续教育学籍管理办法》《非学历教育管理办法》《继续教育及社会服务管理办法》等一系列规章制度。

（二）设施设备

各培训机构拥有独立的场地，教学、实训、食宿设施，设备齐全。无线网络全覆盖。

（三）经费保障

学院单独预算和划拨专项继续教育经费，保障每一项任务圆满完成。

五、社会贡献

（一）继续教育服务国家战略、行业及经济社会发展与学习型社会建设情况

学院自成立以来，立足当地，侧重陕北，以区域经济社会发展需求为导向，依托学院学科和专业优势，共向社会输送各类成人教育合格人才 40000 多人。

（二）继续教育资源面向校内、社会开放服务情况

结合当前市场需求和大学生就业形势，积极开展职业技能培训工作。先后开展了"护士职业资格证""学前教育资格证"考试培训 4 批次，3754 人次。

积极推进学校职业技能培训和相关鉴定工作。组织教师考评员考试，学生单项职业技能考试共 7 批次，5623 人次。

在社会服务方面，向延安大学学生开放金工实训室，承接延长油田股份公司旗下企业油质、地质样本化验分析 2800 多个。承担各类社会考试 17 次，共计 23467 人次。

（三）对口支援、教育帮扶情况

学院发挥自身优势，组织农业技术、教育专家深入乡村和学校对口开展扶贫、支教帮扶培训。全年共完成培训 8319 人次。

六、特色创新

（一）构建"以需求为导向"的政、企、校合作培养模式

学院围绕延安地方经济发展和产业调整，构建政府＋企业＋学校＋基地的培养模式，开展再就业培训和行业企业职工岗位技能培训。按照社会、企业对人才的不同需求实行"订单式"委托培养，成为区域人才提升能力的"加油站"。

（二）培训内容模块化

与行业企业共同开发新的培训项目，精准对接行业企业职工在职培训需求，按照实际、实用、实效的原则，制定培训实施方案。培训内容模块化，推出"精品菜单""主

打菜单"等，实现培训单位"菜单式"点课。

七、问题挑战

（一）面对的新挑战、新需求

1. 成人学历教育形势严峻

受普通高等院校的大规模扩招影响，成人学历继续教育形势严峻。一是报考成人教育入学考试及最终参加入学的人数明显下降。二是远程教育从数量规模向质量提升转变，总体成人学历教育呈收缩趋势。

2. 非学历继续教育竞争激烈

非学历教育培训的开展主要来源于长期形成的合作企业和政府部门的安排，或者是"打友情牌"，依靠人际关系网络来争取培训项目，存在生源不稳定、可持续性差的不足。

（二）存在的主要问题及原因

在具体实施环节，由于涉及部门多、牵扯利益关系复杂、部分人员规范意识薄弱等，还存在执行力度不够，落实不彻底的问题。

八、对策建议

（一）发展对策

1. 稳步开展学历继续教育

①认真贯彻落实教育部和省教育厅高等学历继续教育要求，进一步优化专业结构、加强内涵建设，提升教育质量的精神。

②科学设置成人高等教育专业，争取开招学院自己的高起专学员。

2. 全面提升教育教学质量

认真执行省教育厅关于现代远程教育的各项政策，按照主办高校的要求和安排，规范办学，科学管理，不断提高服务意识和服务水平，保障教育教学质量不断提升。

3. 积极拓展非学历教育培训市场，突出品牌效应

与高校、企业合作开发培训项目，充分利用其优质资源拓展培训领域。整合资源，开发精品培训课程，打造具备非学历教育市场竞争优势的品牌培训项目和课程。

4. 完善管理运行机制

构建和创新管理机制，由继续教育学院牵头，进一步规范三个培训机构之间和三个培训机构与各系的关系，明确各自职责和范围，引进市场化运作模式，实行项目责任制。

（二）政策建议

1. 建立对企业开展职工技术技能培训年度考核机制，推动企业主动开展培训工作。

2. 建议出台本科院校帮扶高职高专开展继续教育的激励政策，以提高高职高专院校开展继续教育的能力。

汉中职业技术学院继续教育发展报告

一、学校继续教育总体情况

汉中职业技术学院是经陕西省人民政府批准，教育部备案，由汉中市人民政府主办的一所全日制公办普通高等学校。学院占地 690 余亩，建筑面积 29 万平方米，教学仪器设备总值 1.21 亿元。现有教职工 619 人，专兼课教师 473 人，教授、副教授 127 人，具有硕士、博士学位 205 人。学院设有 11 个党政管理部门及 17 个教学教辅机构。

汉中职业技术学院继续教育学院是全院 17 个教学教辅机构之一，属副处级建制，有院长、书记各一名，岗位职数 12 人，设综合办公室、成人教育科、社区教育科。继续教育学院和学院其他 16 个教学教辅机构属平等协作关系。继续教育学院与各院系、运动中心的课程资源、师资资源、实训实验等资源共享，财务收支由学院统一管理。

二、专业设置

汉中职业技术学院学历继续教育目前开设有护理、学前教育、旅游管理、园林技术、汽车检测与维修、会计、畜牧兽医、物流管理共 8 个成人函授（业余）专科专业。其中护理和学前教育专业是我院的省级重点专业。各招生专业均制订了完整的人才培养方案。培养方案包括培养目标、培养要求、招生对象、学习形式和学制。每个专业设置 18 门课程，共 1500 左右学时。包含公共基础课、专业基础课、专业核心课、实践课、选修课（技能拓展课）等。

三、学生情况

学院的学历继续教育为高起专函授教育形式。2019 年共有在册学员 2 人，其中高起专护理专业 1 人，该学员年龄 25 岁，汉族，生源地陕西宁强县，就职于宁强县高寨子卫生院。

高起专畜牧兽医专业 1 人，该学员年龄 33 岁，汉族，生源地是陕西汉台区，就职于为汉台区畜牧兽医技术推广中心。

四、质量保证

（一）制度建设

汉中职业技术学院先后建立了《继续教育学院工作职责》《继续教育学院工作制度》《继续教育学院院长岗位职责》《继续教育学院培训科工作职责》等多项规章制度，以建章立制的方式保证继续教育教学质量。

（二）师资保证

截至2019年12月底，按照《成人高等教育专兼职教师选聘办法》，在学院内共聘请专职授课、辅导教师35人，其中教授2人，副教授14人，讲师16人，助教3人。辅导教师统一接受学院的教学管理，按照《成人高等教育教学质量评估办法》对辅导教师进行教学质量评估。

（三）设施设备

继续教育学院设有8个设备齐全的专用教室，1个多媒体教室，配有投影仪、计算机房、电子白板等设施，能满足现代化继续教育的教学需要。

（四）合作办学及校外学习、教学站点建设和管理情况

：汉中职业学院高度重视实践实训基地建设，学院实训室总数达到320个，建立了医学类、机电类、农林类等6大综合实验实训中心及中央财政支持和省级示范性的实训基地6个，与陕西唐龙集团合作，建成了汽车检测及维修技术专业"校中厂"，与汉中云山茶业有限责任公司、汉中市中心医院、汉中市三二〇一医院建立合作关系，共建共享校内外生产性实训基地，涉及专业数量11个。这些实训基地为开展继续教育、职业技能培训提供了坚实的物质基础和条件保障，保证了社会培训工作的顺利开展。

学历教育方面，陕西师范大学、西南大学在汉中职业技术学院设立远程教育中心，开展合作办学，开设高起专、高起本、专升本三种学历提升形式，目前在籍学员170余人，专职管理人员4人，分别从招生宣传录取、学籍学历、教材预定、学费教材费用、教学教务、教师聘任、班务等方面进行系统化管理。

（五）资源建设、信息化建设及学习支持服务

学院建有校园网，由中国电信、移动双线接入带宽千兆。继续教育学院有对外网站，可供教学办公使用。学生可以登录学院网站，浏览网页，查看教学安排及通知。在教务上采用制度化保障，管理、助学、督学、支持服务等都有规章制度。要求各项目管理人对每项工作过程中的关键节点进行如实纪录，填写工作日志，对学生报考、学习、考试、毕业各个环节都纳入继续教育学院每周工作安排，要求管理人员按时间节点完成助学服务。

（六）内部质量管理

汉中职业技术学院继续教育学院是专门从事成人学历教育和非学历教育培训的教学教辅机构，管理人员分工明确、责任到位、相互合作、协调配合，工作机构设置完善，能满足教务教学的管理工作需求。针对函授教育、网络教育管理制定有相关的管理制度，印制的《成人高等教育管理手册》确保对管理人员、学生以及各项工作环节的管理。

（七）外部质量评估

学院根据陕西省教育厅《关于做好高等继续教育校外教学站点检查工作的通知》（陕教高办〔2016〕16号）文件相关要求，2016年接受了省高教厅组织的专家组的质量评估和检查。根据评估检查的反馈意见，我院成人高等继续教育办学为合格。

（八）经费保障

继续教育办学所需要的经费全部由汉中职业技术学院经费支出，学费由汉中职业技术学院财务处收取，开具行政事业收费票据。收费手续符合规定，无超范围收费、捆绑收费等乱收费问题，学院没有单独收取过录取费、考试费、补考费等。有关管理、考试等发生的费用，都是由经办人持发票按照程序办理审批、签字后到财务处报销。学费收入主要用于辅导教师的课时津贴、考试监考、教学设施的购置等。

五、教育培训

2019年度，我院共开展各类非学历教育面授培训20期，开展面向各行各业专业技术人员继续教育网络培训、义务阶段基层中小学幼儿园教师、退役士兵、社区居民、农民工及农村贫困人口、农村茶叶、药材、林木、花卉种植人才、基层卫生医疗人员的帮扶培训等，各类培训人数达到近9万人次。

六、特色创新

（一）发挥培训基地作用，大力开展继续教育培训

2019年，学院充分发挥附设在我院的陕西省专业技术人员继续教育基地、陕西首批高校农民培训基地、陕西省成人继续教育社区教育培训基地、陕西省养老护理员培训基地、汉中市专业技术人员继续教育基地、汉中市中学教师培训中心、汉中市社区教育指导中心、汉中市普通话培训测试中心、汉中市退役士兵职业教育和技能培训中心等20余个基地（中心）的作用，通过"互联网＋继续教育"优势，根据我市产业发展特色及农民对相关技能的需求，合理设置课程，采取线上与线下相结合的学习形式，提高了学员的技术技能水平，为汉中市人才队伍建设和知识更新工程的实施做出了积极贡献。

（二）强化社区教育，推进全民终身学习

学院重视社区教育多举措开展"四进四送"社区教育系列活动和"全民终身学习活

动周"活动，结合汉中市教育局在我院成立了汉中市社区教育指"导中心"和"汉中市社区教育"网站，努力营造全民终身学习氛围。学院社区教育团队先后录制了《十九大报告专题讲座》《脱贫攻坚与家畜家禽疫病防治》等数十种社区教育公共精品课程，其中，《老年人情绪与健康》《人际关系和家庭和谐》等课程获得"陕西省终身学习品牌项目"和"全国终身学习品牌项目"称号。

（三）实施秦巴乡村服务，助力脱贫攻坚

学院通过开展农林技术服务、基层卫生帮扶等方式多途径开展秦巴乡村服务工程，服务三农成果丰硕。学院在驻村帮扶宁强县阳平关镇酒房坝村工作中宣传动员贫困户参加免费大专学历教育，组织各类慰问活动、开展各类青年志愿者活动、义诊活动、培训活动、为帮贫致富提供了人才和技术支持。学院落实"双百工程"教育结对帮扶汉台区、勉县，实施"八大帮扶工程"，被勉县县委、县政府授予结对帮扶"先进单位"，2017—2018年度连续两年被陕西省高教工委、省教育厅评为"双百工程"工作先进单位。

七、问题挑战

目前，汉中职业技术学院继续教育工作存在的问题挑战主要有三个方面。一是生源过少、不能形成规模、无法经常组织面授等教学活动，对人才培养质量有很大制约。第二，技能培训方面，存在有部分培训对象自主学习意识不强的情况，第三，目前还有后续跟踪服务存在一定的困难，没有完全做到培训效果的跟踪调查，没有形成必要的反馈信息

八、对策建议

首先需要打开学历继续教育的办学瓶颈，加大免费学历教育培训力度，其次，继续拓展职业培训范围，再者继续做好培训跟踪服务，最后在校园营造良好氛围，强化服务意识，以高质量的继续教育工作为汉中"三市"建设服务，让政府放心、使学员满意。

商洛职业技术学院继续教育发展报告

一、学校情况

（一）学校概况

商洛职业技术学院创建于 2005 年，是经陕西省人民政府批准、教育部备案，陕西省教育厅和商洛市人民政府共建共管的综合性全日制公办高职院校。学校先后被授予省级"文明校园"、省级"平安校园"、中央财政支持建设项目学校、教育部《高等职业教育创新发展行动计划》试点项目学校、陕西省专业综合改革试点项目学校。

学院位于商洛市政治、经济、文化中心区域。校园占地 577 亩，有固定资产 5.3 亿元，教学仪器设备总价值 8395 万元，馆藏图书 56.4 万册；校内实验实训馆室 113 个，校外实习实训基地 126 个。市政府在我院设立的商洛市职教培训中心，下设 16 个市级培训基地和 4 个省级培训基地。现有二级甲等附属医院、驾驶员培训学校、实验中学和实验幼儿园各 1 所。正在合作共建商洛医疗康养中心——商洛国际医学中心。

学院坚持中国特色社会主义办学方向和"立德树人"根本任务，围绕"书香校园""文明校园""平安校园"三个校园建设，秉承"修德、励志、笃学、善业"的校训，打造医学系"白求恩精神"、护理系"南丁格尔精神"、师范教育系"园丁精神"和机电工程系"工匠精神"。将大学精神"认知、精技、匠心、唯实"作为校园文化建设的旗帜，坚持培养和培训并行发展。着力打造高素质技术技能型人才，奋力建设陕西省特色高水平高职院校。

（二）学校继续教育总体规划与办学定位

在学院"十三五"发展规划中继续教育表述情况如下：

扩大职教培训规模。按照学历教育和职业培训并重、培养和培训"两翼起飞"的发展思路，充分发挥市职教培训中心和市职教中心的职能作用，强化培训软件和硬件条件建设，积极抓好市内各相关行业人员的职业技能培训，完成年培训 2 万人次任务，"十三五"期间培训达到 10 万人次，进一步壮大职院事业，为促进区域经济结构转型升级提供人才支撑。

做强市职教培训中心。新建一栋容纳 300 人规模的 2 万平方米培训中心大楼，在现有的 5 个培训基地的基础上，积极获取国培计划和卫生、建筑、交通、公安、企业等系统的培训资质，完善机构建设、人员配备、平台建设、业务开展等工作，拓展培训领域和项目，创造良好的培训条件，广泛开展在职职工培训与继续教育。利用职院资源，面向未升学初高中毕业生、残疾人、失业人员、退役士兵等群体广泛开展职业教育和培训。推进新型职业农民培育工程，以培养新型职业农民为重点，构建现代职业农民教育网络，加强涉农专业、课程和教材建设，创新农学结合模式，培养多层次农业技术人才。

组建市职业教育中心。按照"政府统筹、行业联动、优势互补、资源共享"的思路，以商洛职院为龙头，联合6县1区职教中心，在商洛市职教培训中心的基础上组建商洛市职教中心，推进全市职教资源实质性整合，促进职教事业发展壮大。

（三）学校继续教育办学体制与管理机制

商洛市政府在学院设立了商洛市职业技术教育培训中心，实行"两块牌子、一套人马"，院长兼任职教培训中心主任，培训中心全面负责实施继续教育工作。

二、学历继续教育办学情况

我院2017年开始举办学历继续教育，现有在校生26人。我院建立了比较完善的继续教育教学管理规章制度，教学管理工作执行严格，按照教学计划开设课程。能严格执行学籍管理办法和工作程序要求，及时、完整、准确地报送新生的学籍注册数据。办学过程规范，规模有待扩大。

三、非学历继续教育发展情况

职教培训中心面向地方政府、企事业单位开展各类非学历继续教育，具体情况如下。

（一）高标准严要求，开展国培、省培、市培项目及幼儿园园长任职资格培训工作，共培训近2000次人

1. 国培

今年我院及时掌握国培计划设置信息，抓住时机争取项目，严格按要求制作标书，申报的"省乡村中学初任校长领导力提升三段式"及"商洛市中学校长管理能力提升""陕西省乡村幼儿园教师体育与运动专项技能提升"及"陕西省乡村幼儿园教师营养与健康专项技能提升""陕西省公办幼儿园园长办园能力提升"五个项目已通过教育部专家审定、教育厅批准，全部进入实施阶段。总计培训人数300人。

2. 省培

商洛市中小学班主任能力提升150人、送教下乡——"名师大篷车"送培县洛南、商州、高新两区一县共500人，已分头组织实施。

3. 市培

"商洛市教育脱贫攻坚工作业务培训""商洛市教育脱贫攻坚财务项目管理人员培训""中职教育教师能力提升"和"中职教育干部能力提升"培训项目，共培训699人；

与市教育局联合举办了 2019 校园安全管理高级研修培训班 1 期 49 人。

4. 园长任职资格培训项目

组织开展的商洛市幼儿园园长任职资格培训共 2 期，207 人参训，促进我市六县一区园长专业化发展，提升依法治园能力，达到持证上岗、做合格园长。

（二）全力做好各行业在职人员培训工作，提高学院社会声誉。共培训 1.6 万人次

（1）更新观念、拓新思路，增强了职业农民技能培训的实用性。

在洛南县柏峪镇、石坡镇开展了 2019 年初级职业农民培育培训两个班次，共 200 人，培训专业为烤烟种植，采用"参与式、互动式"培训方法，集中在我院进行理论讲授，深入田间地头实践指导和现场示范。通过新型职业培训，使农民接受了新理念，拓新了思路，提高了在现代农业生产中的动手能力和创新能力，大力促进了当地农业经济的发展。

（2）与人社局举办的各类培训，总计培训人次 600 余人。其中申报成功的专家服务基层项目，2019 年开展其中子项目"全市中小学幼儿园安全管理培训"，提高全市教育系统的安全管理能力，182 人参加；商洛农村集体经济管理研修班，108 人；开展的 2019 年行政事业单位公开招聘人员岗前培训，316 人。

（3）有效组织了在校学生各类培训，总计 1959 人次。其中 96 人参加的专升本考前培训；763 名学生参加的 2019 年护士资格考前培训，护考过关率逐年提高，有效增加了学生就业机会；就业创业培训 32 期 1915 人次。

（4）开展的就业创业培训，300 人次。有效利用学院师资及省级家政培训示范基地优势，在商州区举办月嫂培训 3 个班次，共 150 人。

（5）与政府相关部门开展的其他各类培训，共计 911 人次。其中商洛市组织部、人社局联合开展初任公务员及军转培训 300 人；与市委组织部联合举办的基层党建培训，203 人；与市教育局举办的教育系统党务干部培训，154 人；青少年科技辅导员教师培训，184 人；商洛市军转干部培训，70 人。

（6）有效开展安全生产培训项目共计人次 1697。其中爆破工程技术作业人员培训 4 期，共 1238 人。与市安监局联合举办全市非煤矿山安全培训 6 期，339 人。与区体教局举办的安全培训，120 人。

（7）深入各县、区开展卫生类、教育类专业技术人员继续教育培训 6359 人。

（8）与政府机关、企事业单位开展的各类短期培训和培训场地租用，总计培训人数 4000 余人次。

四、社会贡献

我院利用优势教育资源积极服务商洛区域经济、社会发展。面向地方政府企事业单位开展各类非学历继续教育,培养了一批当地社会急需的应用型专业技术人才和管理人才,受到了用人单位的充分肯定,取得了良好的社会声誉。

五、问题与对策建议

(一)存在的问题

1. 办学地位有待明确

继续教育在高等教育体系中的地位和作用需进一步明确。继续教育社会认可度不高,往往被认为是全日制普通高等教育的附属教育,对其人才培养目标、办学层次、专业设置、教学计划等方面的发展规划需做深入思考和研究。

2. 服务意识尚待加强

继续教育作为高校服务社会的窗口,需要紧密联系社会,把握市场规律。目前,我院培训中心办学的积极性和主动性尚未充分发挥出来,继续教育培训项目研发和推广能力还不够强。

3. 激励机制有待改善

在学校管理上,继续教育的运行机制、激励机制等方面尚需进一步改善,如何建立有利于继续教育持续发展的运行机制和激励机制,是新形势下高校需要重新认识的问题。

(二)对策建议

(1)教育厅牵头建立继续教育专家库并公开,以提供更多更好的继续教育授课专家选择。

(2)教育厅牵头组织并依托各高校建设好陕西省成人学历教育网络教学平台,可免费向成教学生开放。

陕西机电职业技术学院继续教育发展报告

一、学校概况

陕西机电职业技术学院是一所省属公办普通高职院校，地处宝鸡市，学校现有两个校区，占地面积 1000 余亩，建筑面积 21 万平方米。拥有设备优良、功能齐备的校内实训基地 37 个，实训实验室 120 个，其中国家级电工电子技术实训基地和汽车运用与维修实训基地 2 个、省级机电技术精品专业实训基地 1 个、省级数控技术应用专业性实训基地 1 个。学校现有在校学生 7000 余人，教职工 400 余名。

学校先后被评为全国教育系统先进集体、全国信息产业系统先进集体、首批国家职业教育改革发展示范校、全国 100 所半工半读试点学校、陕西省职业教育先进单位、陕西省就业先进单位、陕西省平安校园，2003 年被人社部和工信部确定为"国家电子与信息技术高技能人才培训基地"，2004 年被教育部列入"国家制造业和现代服务业技能型紧缺人才培养培训工程"实施院校，被陕西省教育厅确定为"陕西省制造业和现代服务业技能型紧缺人才培养培训工程"（数控技术领域）示范实训基地，同时，学校还是国家和陕西省首批"现代学徒制"试点实施院校。

二、专业设置

学校设有智能制造、电子信息、汽车交通、铁道工程、经济管理与艺术等 5 个二级学院，开设三年制普通高职专业 30 个。

依靠全日制专业师资和实训设施，结合区域经济社会发展和人才需求特点，目前，继续教育开设有电子信息工程技术、机电一体化技术、汽车检测与维修技术、汽车营销与服务、数控技术、建筑工程技术、工程造价、电气自动化技术等 8 个专业。

三、人才培养

学校采取自办企业和引企入校两种途径，在全国率先试点实施现代学徒制，形成了引企入校、二元合一的"校企双元"育人机制，校企联合制定人才培养方案，实现了文化理论、技能训练、职业素养的有机融合。

面向继续教育学员，学校以培养岗位型、技能型、应用型人才为目标，采用"专业知识＋就业技能＋创业素质"的叠加式教学体系，不断深化人才培养模式、课程设置、教学内容、教学方法、教学管理制度等方面的改革，逐渐形成了自己的办学风格和特色，探索建立的"理论实践一体化"教学模式和"校企双元"育人机制在全国深有影响，人才培养质量深受社会认可。

我校继续教育目前有各类学员1392人，其中本校成人大专在册学员29人；北京理工大学现代远程教育在册学员177人；西安交通大学现代远程教育在册学员524人；退役士兵教育培训在册学员575人，专升本培训学生87人。生源以宝鸡地区为主，占到91.3%，其中67%为中专毕业，多为企业一线生产工人。2019年共计招生学历教育学员136人，退役士兵学员265人。

四、质量保证

（一）组织保证

继续教育中心是学校下设的一个二级教学单位，主要负责全校成人教育和培训工作的统筹规划、服务保障、过程管理等职能工作。继续教育工作在学校党政统一领导下，由主管校领导牵头，继续教育中心主任具体负责。现设有主任1名，科员4名。

（二）制度保证

学校始终重视继续教育工作的制度建设，依据工作需要及时完善和修订了28项管理制度。近两年先后修订有陕西机电职业技术学院（成人）学生学籍管理规定、继续教育中心工作人员行为规范、档案管理规范、服务管理规范、继续教育工作质量目标、岗位工作标准、工作质量评价办法、成人大专学历教育管理制度、现代远程教育助学管理制度、退役士兵培训项目管理制度等，建立常态化的制度修订完善改进机制，使我校继续教育各项工作都能做到规章制度健全，日常管理有章可循。

（三）过程保证

1.各环节严规守纪

（1）遵章守纪、规范招生、严把生源入学关

严格执行《教育部关于加强成人高等教育招生和办学秩序管理的通知》文件精神和上级部门相关政策和规定，认真做好规范招生、严格教学、考试与毕业管理等方面的工作。近年来，成人学历教育的招生，无论在政策宣传还是入学教育等方面都能严格按照教育部文件和联办高校的要求，不设点外点，不虚假宣传、不有偿招生、不乱收费，没有出现一起纰漏和违规招生行为，得到了上级和社会的一致好评。

（2）学院严格督导、管理严格、考风考纪严明

考试环节是检验远程教育教学质量的重要环节，也是容易出问题的环节。为保证考试的严肃性，在环节上做到了组织规范，管理严格，考风严肃，纪律严明，建立并落实了考务保密无缝衔接制度，每一环节都由专人负责，试卷做到保密工作万无一失。

2. 全方位助学指导

学校始终树立"以学生为本"的服务理念，认真做好继续教育各项工作。从学生咨询报名、入学注册、学习过程、考试到毕业实施全过程指导服务。利用短信、微信、QQ 建立多种沟通平台，用于帮助、督促学生完成学习任务、提醒学生参加考试、毕业设计等学习环节，以提高服务质量。班主任与学生保持紧密联系，随时了解学生思想、学习动态，及时督促学生按照时间节点完成学习任务。

3. 全过程质量掌控

学校始终将提高继续教育办学质量作为工作重心，坚持规范办学，致力于构建学校内部质量控制、合作和服务部门监督、教师、学生、管理人员共同参与的教学质量监控保证体系。制定了内部质量监控诊改机制，实现了内部管理质量评价与改进的动态监控体系。

五、社会贡献

自 2004 年起，学校为宝鸡市各大企事业单位职工学历提升、技能培训、技能鉴定、招考服务等教育培训服务了 3 万余人。其中，2012 年起与宝鸡市民政局合作，承担宝鸡地区的退伍士兵职业教育与技能培训工作，累计已培训退役士兵 3000 余人。我校继续继续教育中心多次被西安交通大学评为优秀校外教学站点。

六、特色创新

我校作为宝鸡市退役士兵教育培训定点学校，为了积极承担社会责任，让这些为国防建设做过贡献的退役士兵更好的就业，在地方建设中再立新功，2014 年起在西安交通大学的大力支持下，对通过入学考试资格的退役士兵免费赠送交大远程学历教育。通过"技能＋学历＋就业"的三合一的教育培训模式，使这些士兵不但掌握了一技之长，还圆了大学梦，大大提高了退役士兵的就业机会和质量。同时也扩大了交大远程教育在宝鸡地区的影响力，实现了三方共赢。

截止到目前，我院共减免了 1000 余人的学费，减免合计 200 余万元，这充分体现了我校拥军为民的爱国情怀和主动担当的社会责任。

七、问题挑战

（1）由于高等教育大众化的到来，国家扩招政策的影响，成人大专学历教育招生越来越难。

（2）继续教育工作在高职院校处于非主流业务，往往不能引起学校主要领导的重视。

八、对策建议

（一）对策

1. 开拓培训项目、扩大培训规模

今年两会李克强总理提出，今明两年职业技能培训要达到3500万人次以上，要使更多劳动者长技能、好就业。加大在职职工技能培训项目研发，要紧跟培训市场需求，找准切入点，制定一企一策的培训方案，来实现规模效益的双增长。

2. 加强业务培训、提高服务质量

加强对专业教师的业务培训，特别是企业文化的培训，使其在业务培训中能够快速融入企业职工中，取得信任，以提高培训质量和培训效率。

（二）建议

建议教育管理部门对成人大专招生实行免试入学、宽进严出的政策，为成人继续教育工作营造宽松的办学环境。特别是随着我省国家扩招政策的出台，初中毕业三年后即可报考，无须参加统考，即可进入普通高职院校参加业余形式的学习且发放全日制毕业证书。而成人大专生却需要具备高中阶段学历证书，必须参加全国统考方能进入高等院校学习，毕业证书含金量却不如扩招生。

今年全国人大会上，李克强总理提出再扩招200万的目标，这势必给成人继续教育招生带来巨大冲击，希望对成人大专实行初中毕业满三年的生源免试入学政策。

西安城市建设职业学院继续教育发展报告

一、学院情况

（一）学院概况

西安城市建设职业学院是经陕西省人民政府批准，教育部备案日制高等职业院校，现设有七个二级学院，二个公共教学部门，图书馆和实训中心等两个教学辅助单位。现开设 35 个专业，省级一流专业建设项目 1 个，院级一流专业建设项目 4 个，开设了 15 个订单班。开设的专业就业率高，社会和企业的满意度高，专业建设适应区域经济社会发展需要。截至 2019 年 10 月底在校学生人数为 6724 人。

学院拥有建有各类专业实训室 46 个，其中中央财政支持的实训基地建设项目 1 个，省级财政支持的实训基地建设项目 14 个，建有校外实习实训基地 45 个。

学院现有教职工 506 人，其中专任教师 339 人，副高以上职称教师 90 人，硕士以上学位 118 人，"双师型"教师 99 人。

我院从 2007 年开始举办成人高等继续教育，成人教育学院充分利用西安城市建设职业学院的办学条件和资源，为我院继续教育事业的发展创造了良好的条件。

（二）学院继续教育办学体制与管理机制

学院把成人高等教育与高等职业教育放在同等重要的位置，把提高教学质量作为办好成人高等教育工作的重点。学院已累计毕业生 1000 余人，为现代化建设培养了一批实用人才，受到社会的肯定和欢迎。

二、教育培训

（一）学历继续教育情况

1. 总体规模

2019 年底成人专科教育在校学生 691 人，设置专业 18 个，我院继续教育与全日制学历教育做到协调发展。从继续教育专业设置和专业建设，均做到统一，做到协调同步发展。

2. 人才培养方案改革

学院办学定位和专业特点，着力打造学院特色。人才培养方案的改革表现为：广泛调研，充分论证；遵循教育规律，彰显类型教育特征；加强思想政治教育，促进全面发展；

着力就业导向，强化职业能力；基于工作过程导向，健全德技并修机制。

3.人才培养模式与教学基本情况

在陕西省政府引导、行业协会指导、省内著名企业深度参与院校建设，形成责任共担、利益共享的紧密型校企合作长效机制，通过资源配置等政策措施调动行业企业参与高等职业教育的积极性，探索"地方政府、行业、企业合作办学、合作育人、合作就业、合作发展"的新型办学之路。主要从以下几个方面创新发展：

（1）深化"企业参与、工学交替、学做合一"的人才培养模式改革，优化课程结构，注重技能培养，坚持"校内外学习结合""课堂与实训结合""教、学、做结合"的教学理念，达到毕业后即能上岗的目的。

（2）构建新型课程体系。针对岗位能力培养要求，构建与工学结合入课程内容中，突出岗位能力训练和职业素质培养的基于工程造价计价过程的课程体系。

（3）提升双师素质师资结构，培养中青年骨干教师，组织教师到企业兼职锻炼，聘请企业技术专家做兼职教师，提升教师"双师"素质的高水平专业教学团队。

（4）加强教学条件和实习实训条件建设。完善校内实训室和校外实习基地建设，完善实习实训管理制度，健全实习、实训质量评价体系，提高实践教学效果。

（5）积极开展创新教育。根据专业的特点规划和设计创新创业教育课程。提高学生创新创业能力，增强学生的岗位适应能力，提高就业竞争力。

（二）人才培养中的思政教育

坚持育人为本，促进德技并修。弘扬爱国主义精神，开展校园文化活动。构建以"立德树人"为主线，充分利用各种校内资源，开展校院文化活动，提高学生的综合素质。

四、质量保证

（一）加强制度建设

成人教育学院自成立以来，坚持贯彻执行教育部、陕西省教育厅有关成人教育的方针、政策、法规和规定，加强制度建设，规范办学。制定了40多个制度，整理编印成制度汇编。保障了我院成人教育学院教育教学工作正常运行。

（二）师资保障

学院引进"双师素质"教师。通过内培外引，提高学院师资队伍的整体水平。

学院目前专任教师中具有研究生学位以上教师118人，占专任教师的34.81%；具有高级职务教师90人，占专任教师的26.55%；具有中级职务教师116人，占专任教师的34.22%；具有初级职务教师83人。

（三）教学设施设备

学院建有实验实训室60个，配备实验实训仪器设备2686台套，教学用计算机1000

台，多媒体教室和语音室座位 2610 个，这些教学用硬件设施可满足我院成人教育的使用，专业用实训软件全部配备齐套，校园网为学生提供全程教学服务。

（四）内部质量管理

成人教育学院建立包括听课、评课、教学检查、评教和评学、考试管理办法、教学质量考核办法等一系列质量保证措施，对教学全过程、各教学环节、教学质量进行有效的监控。

（五）外部质量评估

（1）将教育厅每年的年检作为外部质量评估的重要依据，历年教育厅对我院成人教育的年检是合格的。

（2）毕业生的跟综调查作为外部质量评估的依据。2019 届毕业生就业率达 95% 以上。调查统计毕业生就业后职位晋升比例达 66%。用人单位对我院毕业生有较高的评价。

（六）信息化建设

（1）学院加强信息化建设，投入资金 200 万元对学院校园网络进行改造。校园网络改造已完成。

（2）学院建设多媒体教室 23 个，多媒体教室和语音室座位 2610 个，现有教学用计算机 1000 台。成人教育学院充分利用学院信息化设备设施，开展信息化教学。

（七）经费保障

学院成人教育学院与学院整体同步发展。因此，学院建设和发展的整体投入都与学院成人教育有关。成人教育学院的经费做到有保障。成人教育的学费严格按照国家、省及省教育厅有关成人教育规定执行。我院成人教育的学费收入基本用于成人教育方面。

五、特色创新

（一）实践特色与模式创新

我院专业人才培养模式的改革与创新紧紧围绕培养高素质技能型专门人才这个主题，以培养职业能力为重点。专业人才培养模式的改革与创新主要有以下几个方面：

（1）以促进就业和适应区域产业发展需求为导向，深化办学体制和育人机制改革，调动二级学院在校企合作、专业建设、实训基地建设和师资队伍建设中的主动积极性。

（2）以技术技能人才培养为目标，强化职业生涯规划与创新深化基于工作过程导向的人才培养模式改革，提高技术技能人才培养质量。

（3）以市场需求为导向，形成专业动态调整机制，适应产业行业新发展为目的，推动各专业课程建设调整改革。

（4）建立"订单培养""金种子人才培养计划"等校企合作模式，推动"产教融合"的不断深化。实施从招生到就业全程订单式培养。

（5）以"立德树人，全面发展"为目标，实行准军事化管理，着力打造学生的职业核心能力。通过丰富多彩的社会实践、志愿者服务各种社团活动，促进学生的全面发展，提升学生综合素质。

（6）把握立德树人根本任务，深化思政课"三教"改革。强化全员育人和课程思政，初步形成融理论讲授、参观体验、现场教学、动手实践、志愿服务未一体的思政课程实践教学体系。

六、问题与对策

我院成人教育工作取得了一定的成绩，但离新挑战和新需求的要求差距较大。主要问题：一是对成人教育重要性认识不足；二是教师队伍力量较薄弱，"双师素质"和高新技术知识的教师较少；三是学院适合新时代创新技术要求的实践实训教学条件有待进一步加强等。

对策：提高成人教育管理人员创新意识和对新挑战和新需求的认识，转变对成人教育重要性的认识。

加强成人教育教师队伍的建设，特别是"双师素质"教师比例偏低，要提高教师"双师素质"、高新技术知识和创新能力。

成人教育的实践教学的统一和集中开展，进一步探索如何解决集中和分散的矛盾，加强实践教学环节的教学工作。

我院将进一步完善和改进继续教育的管理和教学工作，不断提高继续教育教学质量，为在全社会营造全民学习、终身学习良好氛围，为经济建设和发展作出更大贡献。

以上是我院2019年度开展继续教育工作和我院高等继续教育发展的情况，特此报告。

西安海棠职业学院继续教育发展报告

一、学校继续教育办学定位与管理体制

（一）学校概况

西安海棠职业学院是一所省属民办高职院校。学院全面贯彻党的教育方针，认真践行社会主义核心价值观，遵循高等职业教育教学规律，树立职业教育理念，大力推进素质教育，弘扬中华民族传统文化。以立德树人为根本，以服务发展为宗旨，以促进就业为导向，完善产教融合、协同育人机制，不断探索校企合作、产教融合的"2+1"创新人才培养模式，充分发挥校企合作优势，不断更新办学理念，努力改善办学条件，积极寻求多元合作，丰富文化育人成果，提升社会服务功能，走内涵发展道路，呈现出规模、结构、质量、效益的协调发展。学院坚持"大学与企业并行，科技与财富共赢"的办学理念，以立足陕西，紧贴市场，面向一线，服务全国为办学方向，为国家培养了5万余名德、智、体、美全面发展，能满足职业岗位需求且符合生产、建设、服务和管理一线要求的高素质技术技能型人才。

（二）学校继续教育工作的总体规划、办学定位

学校始终将继续教育作为高校"搭建终身学习'立交桥'，促进各级各类教育纵向衔接、横向沟通，提供多次选择机会，满足个人多样化的学习和发展需要。大力发展教育培训服务，统筹扩大继续教育资源"为指导思想，对外强力推进社会服务，对内优化资源配置和管理体制，立足于建立科学高效的管理体制和灵活开放的运行机制，以良好的办学条件、适度的办学规模、合理的办学结构、过硬的办学质量赢得了广泛的社会认可。为了更好地适应高等继续教育发展的新形势，满足西部地区经济社会发展的需要，进一步增强学院综合实力，全面提升人才培养质量和社会服务能力，实现学院持续、健康发展，紧紧围绕《西安海棠职业学院章程》和《西安海棠职业学院"十三五"事业发展规划纲要》开展工作，在省教育厅等上级相关部门以及社会各界的关怀、指导和大力支持下，经过全院师生的共同努力，学院办学实力显著增强，办学规模趋于稳定，办学经验愈加丰富，发展思路更加清晰，办学特色比较突出，基本实现了发展目标，为学院的建设和发展奠定了良好的基础。

学校继续教育工作落实全员育人作为制度要求。在大力提升高校教师的思想政治素质和业务水平，切实增强教师教书育人的荣誉感和责任感的同时，积极推进思想政治工

作信息化，牢牢占领思想文化阵地。迈入信息社会，当今的教师不能用现代信息技术与学生交流，就失去了一个非常重要的沟通渠道。因此，学校建立了各个班的QQ群，并加入其中，充分地利用了网络化的信息平台。这样既可以大大减轻了我们烦琐的日常工作，还能够拉近同学间的距离，更使得思想教育工作细化、深入化。同学们不仅能更方便地向老师倾诉心事，提供意见，更能从网络上观察到个别同学的情绪变化，以便及时做好思想调控。

（三）学校继续教育办学体制、管理机制与归口管理的情况

学校继续教育管理服务机构健全、分工合理、职责明确。学校继续教育实行二级管理，由一名校领导分管继续教育工作，继续教育学院是学校继续教育工作的主管部门，负责对全校的继续教育工作进行监管，统筹各专业人才培养方案的制定与实施，负责招生录取、学籍注册、毕业生办证等工作。

（四）学校领导定期研究继续教育并解决问题情况

学校分管领导经常性地深入继续教育学院和各教学单位调查研究，听取汇报，分析形势，制定发展策略，对学校继续教育工作在发展规划、规范办学等方面提出了明确要求。每学期初，学校分管领导亲自主持召开工作会议，统一部署本学期工作任务，各学院负责教学环节的实施，后勤服务产业中心负责水电暖和伙食，宿管中心负责住宿，校医院负责医疗保健，保卫处负责安全保卫，校办负责协调，继续教育学院负责宏观监督和检查，分工明确，各负其责，密切配合，为学生创造了良好的学习和生活环境。

（五）学校继续教育规章制度建设情况

为了进一步推进学校管理制度化、规范化和科学化的进程，形成有章可循、按章办事、规范高效的管理体制，学院在发展过程中要不断建立健全规章制度，使得我们的办学目标和教育教学过程有法可依，有章可循，确保学院师生学习和工作秩序正常化，有助于学院的办学方向更加明确，办学思路更加清晰，管理过程更加规范、科学与精细。2019年，学院组织各部门对各项管理规章制度进行了认真的梳理和细致的修订，在收集整理了学校原有的各项规章制度的基础上，也汲取了兄弟学校许多好的管理办法和经验，并结合学校实际情况做了相应的删减、修改和补充。继续教育学院在此基础上结合实际工作需要制定更具体的部门管理办法、实施标准和执行方案等，逐步建立起比较完整的规章制度体系，为学院建立健全内部质量保证体系诊改。

二、学历继续教育办学情况

（一）基本建设情况

1. 继续教育专业设置、特色专业建设情况

2019年，学校立足本校，面向市场，充分考虑学生需求，新增1个专业，学校成人高等教育招生专业总计13个。学校坚持应用性和实践性的原则，对所有专业的人才培

养方案进行了修订，改革课程体系与课程内容，按照学年制的要求，将课程体系分为公共课、专业基础课、专业课、专业技能课，更好地适应经济社会和个人发展的需要。

2. 继续教育专业人才培养方案和课程教学大纲支撑人才培养目标和规格的情况及案例

为适应经济发展新形势和成人高等教育发展新要求，2019年学校启动了现有专业的人才培养方案的修订工作，要求按照学年学分制的原则，将课程体系分为公共基础课、专业基础课、专业课、专业技能课，要求更加注重专业特色塑造、课程体系优化、人才培养模式创新、优质教学资源建设和共享，力求以特色提高质量，提升水平，塑造品牌，形成优势。

3. 继续教育人才培养方案的落实情况及监管措施

①教学纪律检查：主要检查教师到课和学生按时到位、教师课堂授课、学生出勤和课堂纪律等情况，特别要加强公共课、选修课、实验课等课程课堂情况。

②自习纪律和学习环境检查：学生出勤率，检查教室、多媒体教室纪律和多媒体使用记录。

③教学资料检查：抽查平时考勤记录和平时成绩记载、教学日历（进度）和教案，抽查学生作业，教学大纲、教学计划。

④通过教师、学生座谈会，收集汇总学生学习风气、教师课程教学情况等情况，对存在问题进行改进，并及时反映到继续教育学院和有关领导。

⑤期中教学检查期间，不停课。可结合课程特点采用课外作业、小论文、案例分析、课堂讨论等形式记载成绩。

4. 继续教育教师构成及管理情况

2019年，学校严格执行有关规定，规范教师教学过程，严格教师教学纪律，明确教学督导的工作职责。学校继续教育有授课教师68人，全部来自全日制普通高等教育，师生比约为1∶19，可以满足学生的学习需求。继续教育学院专职管理与服务人员12人，平均年龄44岁，其中中共党员9人、具有研究生学历的2人，本科学历10人。各二级学院均由一位院领导分管成教工作，并配有专职辅导员。

5. 教学资源建设情况

我校在进行专业教学资源库的建设时，成立了资源库建设项目的组织机构和团队。资源库建设是一项建设周期长，涉及内容复杂、多样的系统工程，为了项目的顺利实施和推进，学校建立校长牵头的领导小组，全面领导项目的建设工作。聘请行业技术专家担任项目负责人，组建由企业专家、职教专家、技术工程师、优秀教师组成项目建设团队，确保项目质量。加大资金投入，保障项目需求。学校通过专项资金、校企合作、市场置换、项目申报等多种渠道筹集专业教学资源库建设所需资金，将建设专项资金纳入年度财务预算，保证建设的需要。

通过专业教学资源库建设，构建校企协调运行机制，全面提升了示范专业实力。在资源库建设过程中，示范专业与相关行业拳头企业取得高层次合作，双方在校企交流、师资培训与共享、人才培养、学生就业辅导、学生实习就业及职业发展等多个方面开展研讨与合作，校企共同修订人才培养方案，共同培养技术优秀人才。完善了校企协同育人机制、协同开发机制、协同发展机制，强化了校企合作的激励机制，人才培养质量大大提高，尤其是学生较强的技能水平和职业能力，使企业获得更大的经济效益和竞争实力；而企业则帮助学校提高影响力、提升办学质量、扩大办学效果，增强专业的综合实力。

通过专业教学资源库建设，紧密联系产业，创新了人才培养模式。专业资源库建设坚持"人才培养与企业需求相结合、专业教师与能工巧匠相融合、理论教学与技能培训相融合、教学内容与工作任务相融合、能力考核与技能鉴定相融合、校园文化与企业文化相融合"，逐步完善"校企合作"的人才培养模式。最大限度提升学生的职业能力、创新能力、创业能力和职业拓展能力。

学校新修订的各专业各课程均配套相应地教学大纲、自学指导书、教学课件和试题库。

6. 学习支持服务的软硬件建设情况

在日常管理过程中，学校通过QQ、微信公众号、微信群等与学员进行双向沟通交流，及时发布教学通知与相关信息，了解学员学习状况，并安排专业教师进行网络答疑，在继续教育学院开通投诉、服务邮箱和电话，对学生的诉求进行及时处理。

7. 信息化建设情况及在继续教育教学和管理中的应用和成效

继续教育招生专业分布广，人数多，给集中面授辅导带来许多困难。学校为打造学院品牌，提升继续教育教学质量，做好面向学生的教育教学服务工作。学校利用专项资金搭建远程教育教学平台，为网上服务学生提供保障。

8. 学校在学历继续教育办学学费收入、投入及使用情况

学校继续教育学院不设财务人员，执行学校大财务管理制度。2019年，学校严格按照上级物价部门学费收取标准全额收取成人高等教育学费，并严格执行"收支两条线"管理规定。

（二）规范管理情况

1. 严格执行依法办学的举措

根据近几年继续教育发展实际情况，结合教育部关于诊断与改进工作，2019年，先后修订了招生管理、学籍管理、教学管理等一系列规章制度。2019年，学校继续落实有关规定，规范招生、教学管理、收费管理等方面，有效规范了我校继续教育的办学模式，提高了教学质量，赢得了良好的社会声誉。

2. 学习支持服务管理制度与标准建设、执行方式与效果

学校为了注重学生学习效果，并未在校外开设学习中心、学习站点等，最大限度地

遏制了中介招生、违规收费、虚假承诺和宣传等现场。

3. 内部质量保证的机制建设及实施效果

为了掌握成教学生学习效果，继续教育学院定期进行教学质量调查，了解学生需求。面授期间，我们定期进行课堂教学质量调查，学生对教师的教学态度、教书育人、教学方法、教学内容、讲授能力等方面较满意。实行教师课堂上口头调查和调查问卷调查等形式。学生对我校的教学相关工作均较满意，评价良好。

4. 接受外部质量评估的类型、频率及效果

学校高度重视每年教育主管部门的年报、年检工作，立足事实，及时反应实际问题，历年检查结果为合格。

三、社会贡献与改革创新情况

（一）学校继续教育服务国家战略、经济社会发展与学习型社会建设的情况与经验

（二）学校继续教育资源面向校内、社会开放服务情况

学校稳步推进普通高校学历继续教育改革发展，加强内涵建设，规范办学行为，进一步完善质量保障体系，不断提升办学质量和声誉。积极推进我校结合自身优势，瞄准社会需求，大力发展非学历继续教育，面向社会提供多形式的培训服务。

（三）学校继续教育与其他高校、行业、企业、国际机构等的合作情况

（1）我校分别是西安交通大学继续教育学院、陕西中医药大学继续教育学院教学站点。

（2）分别和西安海棠医药科技集团、杭州虞美人健康管理有限公司、上海俏佳人医疗美容门诊部股份有限公司、玲珑丽人美容养生会所连锁机构、杭州娇芙达生物科技有限公司等多家单位进行合作。

（四）学校继续教育的创新、特色与经验

创新方面：学校每到周末，都要通过电脑 QQ 群、微信群等辅助教学模式，每隔15至20分钟，视频内的老师就会提出几个问题。如果没有回答或者答错，视频就重新开始，学员再学一遍。这种断点提问的教学模式，是为了让学员真正学习知识，保证成人教育的教学质量。

特色和经验：为实现"品牌特色内涵发展"战略，继续教育将重点"去同质、重特色、育品牌"，积极倡导本校优秀师资用好本校继续教育大平台讲好海棠经验、输出一流成果更好服务社会，引导继续教育由"又快又好"向"又好又快"发展。

五、问题与对策建议

（一）学校继续教育发展与人才培养质量方面存在的问题及对策

1. 加强师资队伍建设，推进"双师素质"培养工程

师资队伍建设是我院常抓不懈的工作，今后应积极组织开展"双师素质"教师能力培训，并鼓励教师结合自身专业特点，参加社会组织的认证类培训，加入行业协会组织。大力推进产学研结合，将教学、和企业应用紧密结合，通过产学研结合提升教师的社会服务能力。

2. 强化学生实践创新能力培养，加强学生创新创业教育。

学生创业意识不强，举措不太显著，很多同学还是处于创业的浅意识状态，对创业的意识不清，目标不明，一种创新创业的文化热潮还没有形成，学生的参与主动性还不强。

学院根据省委、省政府关于创新创业的一系列指示要求，按照"工作推进系统化、项目扶持社会化、平台建设有形化、创业服务专业化"的路子，切实加强工作顶层设计，深入做好青年创业培训、项目遴选、基地建设、融资对接等工作，为促进青年创新创业发展，以"构建提高大学生创业能力体系；搭建连锁式孵化创新创业平台；推动海棠企业和海棠学院协同发展"为目标，做到有项目、有机构、有培训、有孵化、有资金、有成果，发挥企业办学优势。

（二）学校下一步开展继续教育工作的思路、目标和举措。

为了做好全面提升教学质量，强化过程衔接，加强教学管理，推进网络教学建设，具体工作思路及措施如下：

1. 继续做好教学管理规范工作

进一步修订和完善成人高等教育教学管理规章制度，优化人才培养方案，充分利用省、校两级监管平台，强化面授、自学和考核等过程的监管，尤其是严格期末考试管理，不断完善各个环节的规范与衔接，确保考试工作有序进行。

2. 大力推进网络教学相关建设

争取专项资金支持，开发网络教学平台，购置先进的录播设备，建设高水平的录播环境，引进网络教育专业管理人员，打造专业建设团队和课程服务团队，购买和开发网络课程资源，制定网络教学资源建设规范，构建混合式教学模式。

（三）对"办好继续教育"的建议。

完善职业教育和培训体系，深化产教融合、校企合作。加快专业建设，实现高等教育内涵式发展。建立健全继续教育学生资助制度，使绝大多数城乡新增劳动力接受高中阶段教育、更多接受高等教育。支持和规范社会力量兴办教育。加强师德师风建设，培养高素质教师队伍，倡导全社会尊师重教。办好继续教育，加快建设学习型社会，大力提高国民素质。

西安医学高等专科学校继续教育发展报告

一、学校情况

（一）学校概况

西安医学高等专科学校是经教育部批准设立，陕西省教育厅主管的一所全日制医学类普通高等专科学校。学校坐落于西安市高新区秦渡街道，占地 783 亩，建筑面积 42.4 万平方米，现有来自全国各类在校生 10000 余人，设有护理系、口腔医学系、临床医学系、药学系、医学技术系、继续教育学院、基础部、思政部、体育部等五系一院三部。基本形成覆盖医、护、药、技等多个专业领域，结构合理、特色鲜明的专业布局。

（二）学校继续教育总体规划与办学定位

学校章程里明确提到把人才培养作为办学的根本任务，坚持"德术并重、全面发展"的教育理念，培养适应区域社会发展和卫生行业发展需要的医药卫生人才；学校以全日制专科学历教育为主，积极开展继续学历教育和非学历教育；不断提高人力培养质量，更好服务区域经济发展的人才需要的工作思路，在提高人才培养质量基础上，坚持以生为本，树立了以德促智的育人原则，加强学生思想品德教育，职业道德教育和法制教育，稳定了学生思想，引导学生树立了正确的世界观，人生观，价值观。

（三）学校继续教育办学体制与管理机制

继续教育学院是学校负责继续教育等工作组织管理的职能部门，对全校成人高等学历继续教育、非学历继续教育培训工作统一管理。继续教育学院也是学校开展继续教育的办学实体，组织、指导、监督学校二级院系开展招生、教学和服务工作。在行政及业务上直接由学校统一指导管理。

二、专业设置

目前成人教育开设有专科层次的护理、医学检验技术、医学影像技术、药学等四个专业。专业结构、数量布局合理，符合学校的办学定位和发展规划。并对开设专业每年 5 月上报全国高等学历继续教育专业管理和公共信息服务平台。

三、学生情况

（一）总体规模

表1　高起专各专业招生人数、在学人数及当年毕业生人数

专业名称	专业代码	2018	2019	2020	在学人数	当年毕业生人数
护理	630201	3	6	6	15	144
药学	630301	14	4	0	18	8
医学检验技术	630401	57	32	7	96	23
医学影像技术	630403	130	55	12	197	68
口腔医学技术	630406	0	0	0	0	15
合计		204	97	25	326	271

（二）人才培养模式与教学基本情况

学院严格按照各专业人才培养方案组织教学活动，实行统一管理，建立了一支专兼结合的相对稳定的成人高等教育师资队伍，并完备的办公场所和教学条件，实验设备先进，器材齐全，完全满足教学需要。

学院目前有管理人员35人，分工负责招生宣传、新生录取、学籍管理、教务教学、财务管理、教学督导等全院继续教育工作的组织协调、统筹管理工作。

四、质量保证

我校学历继续教育管理规范、制度健全，建立了一系列管理规章制度，工作流程和操作规范，办学质量保障体系较为完善，有效地保证了各项工作的有效推进。

学院在内部质量保障的基础上，不断强化继续教育宏观指导和质量监管，坚持以问题为导向，规范办学行为，建立健全管理制度，为更好地办好继续教育打好良好的基础。通过在教育主管部门的年检评估中，都获得了好评。

学院继续教育办学资金主要来源于学费收入。学院严格按照报省教育厅备案的成人高等教育学费标准收费。收支基本平衡，运行良好，确保学费收入主要用于教学，充分发挥资金效益。

五、教育培训

（一）继续教育服务国家战略、行业及经济社会发展与学习型社会建设情况

我校学历继续教育2019年共招生录取97人，为部分学生提供了接受成人高等教育的机会。向社会输送毕业生271人，为行业、区域经济社会发展提供了所需人才，有效地支持了国家发展。

我校非学历教育2019年培训3956人次，学员结业后活跃在各行业、企业，直接支持了行业、企业发展。

我校继续教育全面推进校企合作、推动专业建设与企业升级相对接、课程内容与行业标准相对接、教学过程与生产过程相对接，很好地支持了国家战略、经济社会发展与学习型社会建设。

（二）对口支援、教育帮扶情况

我校是"国家卫生行业职业培训工作站""农民培训基地"，每年对口帮扶陕西科技卫生学校、彬县职教中心、镇安职教中心师生的培训工作。每年开设培训班两期，培训人数约 100 人次。

六、特色创新

实行继续教育统一归口管理，便于提高管理效率，有利于实现学校继续教育规模、质量和效益的有机统一；规范办学，注重质量，有助力提升办学形象；紧跟国家、行业、区域经济社会发展需要，紧贴市场，注重服务，有利于稳定办学规模；加强合作，加强资源共享，减少资源重复建设。

我校在医学行业办学多年，熟悉行业内人才的需求和专业特色，长期积累使我校涌现了一批行业内的优质、品牌专业和教学团队。我校继续教育依托校本部力量，利用行业特色专业的优势，采取送教上门、对口支援、下乡义诊。结合办学行业内的人才实际需要联合制定专用人才培养方案。在专业培训过程中改进工作中的教学方式方法和流程；为拓宽学生知识面、开阔学生视野，在教学计划中特别设置了课程讲解专业操作技术、专业前景展望和专业应用现状。

七、问题对策

（一）问题

（1）生源竞争日益激烈。

（2）由于社会生活、工作节奏快，工学、学学矛盾突出。

（3）教师队伍建设有待进一步加强。

（4）办学条件有待持续改善。

（二）对策

（1）持续改善办学条件，提高教学质量，加大招生宣传力度。

（2）加强师资队伍建设与培训，开发和优化课程体系。

（3）继续加强校园信息化建设与应用水平。

（4）进一步确定培训目标，围绕我省经济转型发展和精准扶贫项目开展各项特色培训，提高他们致富本领与引领致富的能力。

陕西广播电视大学继续教育发展报告

一、总体情况

陕西广播电视大学成立于 1978 年，是陕西省最早运用现代教育技术开展远程教育的省属高校。学校既是一所专门从事继续教育的高等学校，也是一个覆盖全省市、县及相关厅局、行业的办学系统。省校本部现有郭杜、含光等六个校区，总占地面积698亩。学校在陕西省各市设立了 10 所分校，在省级厅局、主要行业系统及各县（市）建立了100 余个工作站和直属教学点。学校以习近平新时代中国特色社会主义思想为指导，贯彻落实党的十九大和十九届二中、三中、四中全会精神，以立德树人为根本任务，坚持终身教育、教培一体、混合教学和持续发展的办学理念，立足陕西，面向西部，学历教育与非学历教育并重，不断完善覆盖全省的办学体系、教学体系、管理体系及运行机制，凝聚系统力量，使学校成为陕西构建终身教育体系、建设学习型社会的重要支撑。

二、专业设置

学校继续教育分为学历教育与非学历教育两部分。学历继续教育主要有两种类型，一是自主办学的成人教育，二是与国家开放大学合作办学的开放教育。成人教育开设71个专业，其中本科 19 个、专科 52 个。本科专业分布在管理学、经济学、工学、教育学、法学、文学、艺术学 7 个学科；专科专业分布在交通运输、财经商贸、旅游、教育与体育、公共管理与服务等 15 个大类。

开放教育开设专业 104 个，本科 27 个、专科 49 个，助力计划 11 个、一村一名大学生 17 个。会计学、工商管理、行政管理、小学教育、工程造价、物业管理等专业综合实力较为突出。

学校主动适应陕西省经济社会发展与产业结构转型升级需要，进一步完善学科专业建设规划，积极推动构建以管理学、经济学、教育学、工学为主要学科，以会计、物流管理、旅游管理、计算机科学与技术、学前教育、土木工程、电子商务、市场营销、金融、交通管理 10 个中高本教育贯通专业为重点专业的学科专业建设。2019 年，暂停了建设工程监理、模具设计与制造、经济信息管理、汉语、商务英语、文秘、环境艺术设计、产品艺术设计、化工生物技术、连锁经营管理等专业的招生，专业结构进一步得到优化。

三、学生情况

我校成人教育、开放教育累计培养本、专科毕业生 50 万余人。2019 年全校继续教育招生人数 52554 人，在学人数 148251 人，毕业人数 27532 人。成人教育招生人数 7557 人，在学人数 11662 人，毕业人数 2334 人；开放教育招生人数 44997 人，在学人数 136589 人，毕业人数 25198 人。

四、质量保证

1. 制度建设

2019 年学校在加强和改进新时代思想政治工作、科研成果奖励办法、对外宣传作品奖励激励办法、教学成果奖评审办法、专利管理等方面出台了一系列规章制度。

2. 师资保障

截至 2019 年底，省校本部共有正式在编和聘请教职工 827 人，其中专职授课教师 487 人，正高级职称 24 人，副高级职称 201 人，博士学位 12 人，硕士学位 280 人。全省电大系统专任教师 3099 人，正高级职称 93 人，副高级职称 951 人，博士学位 35 人，硕士学位 616 人。

3. 资源建设

学校制定《资源建设三年规划》《资源建设管理办法》《资源建设经费管理办法》等制度及标准，形成了较为完善的资源建设制度体系。本年度组织开发 21 门在线开放课程，建成 "陕西终身职业教育资源库"，入库资源超过 7400 部。引入共享 801 门精品课程资源，5 门课程荣获陕西省首届 "精品在线开放课程"，实现了学校省级精品课程零的突破，1 门课程获得 "MOOC 中国杯" 优质课程，1 门课程获得继续教育精品在线开放课程，24 个微课获得校级奖励，17 门课程认定为校级精品在线开放课程。全国 200 所院校的 31 万余名学生注册学习。

4. 系统建设

学校现有学历教育教学点 119 个，其中市级分校 10 个（宝鸡、渭南、榆林市同时设有成教和开放教学点），县级电大 77 个，行业工作站和直属教学点 29 个。清理 25 个教学点。同时，新设渭南分校蒲城、渭南分校潼关、安康分校岚皋县委党校、陕西全务人才发展研究院、西安工程大学继续教育学院等 6 个开放教育教学点。

5. 学习支持服务

学校整合系统内外师资力量，组建全省教学支持服务专家团队，对全省责任教师进行专项技能培训；编写《国开学习网操作指南》，引入 "布卡在线直播云平台"，组建 146 名责任教师，开设直播课 495 节。利用国家开放大学特有的 "六网融通" 人才培养模式，整合校有资源，推出67门省管课改革，完成在线机器人的布置工作，面向开放、成教类学生提供7×24小时的学务咨询服务。

6. 质量管理

学校建立了由省校、分校、工作站组成的三级质量保证与监控机构，配备了必需的质量保证与监控人员。省校专门设立质量保障与评估中心，成立了教学督导专家组，分校、直属工作站也成立了相应的质量保证机构，安排专人负责教学质量保证与监控工作。

2019年，国家开放大学第三检查组来校开展综合实地教学检查工作，检查组对学校自检工作给予高度评价和充分认可，肯定了我校在课程思政、教学组织与实施、教学管理与考核、网上教学落实等方面的成绩，同时指出了存在的不足及整改建议；在省教育厅组织的陕西（高校）哲学社会科学重点研究基地发展建设评估中，依托学校建设的重点研究基地——陕西省远程教育研究中心评估结果为"合格"；陕西省教育厅对我校普通话站点的巡检评估结果为优良。

7. 信息化建设

学校建有以郭杜校区为中心的基础网络光纤链路，形成具有防火墙、入侵检测、网络认证、双中心等安全通畅的基础网络环境。现有门户网站群、教务管理系统、课件点播系统、远程考试系统、电子图书系统、电子期刊系统、即时通信系统、远程视频会议系统、办公自动化系统、固定资产管理系统、财务管理系统、学分银行管理系统等应用系统。

8. 经费保障

2019年，学校学费等收入共计7,755.83万元，上缴国家开放大学1,901.60万元，经费支出共计4565.92万元，其中用于教学人员2993.63万元，管理人员852.36万元，资源建设268.93万元，平台系统451万元，为教学工作顺利开展提供切实有力保障。

五、教育培训

2019年非学历教育累计培训58万余人次。学校设有陕西省社区教育指导中心、陕西省全民终身学习远程服务管理中心，承办首届"全民终身学习活动周陕西总开幕式"，举办两期全省社区教育工作人员培训班，230名代表参加培训。学校在延安、宝鸡、渭南等地建立了10个市级学分银行分部，建立2个高校学分银行分部、1个行业学分银行分部，在县（区）建立了73个学分银行工作站，初步构建了覆盖全省的学分银行服务网络。

六、特色创新

1. 推行学分银行制度

学分银行实体业务初步启动，新增学习者账户20000个，截至目前，累计注册开户

61038 个；存储、认定学习成果 19000 多条，账户活动率在 80% 以上。围绕标准、平台、基础知识在全省电大系统开展培训，累计培养业务骨干 200 名。编印《学分银行业务培训材料》《学分银行信息平台用户手册》《2019 学分银行业务培训实施方案》。成功申报 2019 陕西省重点教改项目——"陕西职业教育学分银行体系架构和运行机制研究"。印发了《学分认定、学分转换标准》第二辑、第三辑，形成了 46 项基本制度。

2. 创新教学资源建设模式与课程开发模式

一是建构教学资源建设"'三开发、二引进、一构建'"的"321"模式，重塑线上与线下相结合的高等继续教育教育混合式教学新形态，不断提升人才培养质量。二是建构在线开放课程开发"导－授－阅－思－练－测－评"七环节课程在线资源建设模式，课程教学过程由学习指导、课程讲授、资料阅读、复习思考、练习、测试、评价反思七部分构成。在这个模式下，学校开发并上线了 44 门精品在线按开放课程，全国 200 所院校超过 31 万名学生注册学习。其中《言语交际与人际沟通》课程被陕西省教育厅推荐参评国家精品在线开放课程。

3. 积极开展国际交流与合作情况

学校全年累计接待新西兰奥克兰大学等国（境）外来访团组 7 个。与泰国国王理工大学等国（境）外高校或单位签署国际交流与合作协议或备忘录 6 个。组织 15 名教师赴瑞士洛桑酒店管理学院进行酒店管理专业研修 15 天。成功推荐 1 名教师参加国家留学基金委赴德研修项目 3 个月。组织学生 27 人次赴日本、迪拜等国（境）外交流。

4. 加大教育教学研究

学校十分重视教育教学研究与成果培育，本年度获国家开放大学科研课题 2 项，省社科联重大理论与现实问题研究项目 2 项，省社科联统计专项项目 1 项，省教育厅课题 4 项。学校立项重点课题 10 项，一般课题 15 项，人才培养方案研究 15 项。教职工获发明专利和实用新型专利授权 5 项，教职工共发表学术论文 335 篇，其中核心期刊或被重要数据库收录 68 篇，申报专利 5 项，出版学术专著 5 部。我校 2 名教授分获国家开放大学体系"科研贡献奖"和"青年学术新秀"荣誉称号。荣获陕西省教学成果奖一等奖 1 项、二等奖 1 项，陕西省高等继续教育学会教学成果奖二等奖 1 项。结题省教育厅教学改革研究重点项目 1 项、一般项目 1 项。组织评选校级教学成果奖一等奖 1 项、二等奖 2 项。

七、问题与对策

1. 问题

随着新冠肺炎疫情常态化，满足学习需求的教学平台、教学资源、教学支持服务急需进一步加强。地方政府对教育机构的整合，需要电大系统进一步探索适应新时代的发展路径，不断创新发展，提升系统办学水平。高职扩招的持续推进，高等继续教育与职业教育、职业技能培训的相互衔接沟通还需要大力推进。

2. 对策

构建更加灵活的学习制度和更加完善的办学体系，汇聚优质教学资源，提高教学支持服务能力，提升师资队伍水平，完善办学基本条件，更好地满足多样化个性化学习需求，把学校建成中职、高职、成人本科衔接，职业教育与继续教育沟通的陕西开放大学。

西安广播电视大学继续教育发展报告

一、学校概况

西安广播电视大学（国家开放大学·西安分部）创建于 1979 年 10 月 26 日，由西安市人民政府主办，是西安市唯一一所以继续教育为主体、以现代信息技术为支撑，办学网络立体覆盖西安城乡，学历与非学历教育并重，面向全体社会成员的开放大学。学校现有四所直属分校、1 所士官教育学院、1 所残疾人教育学院，有临潼、长安、蓝田等区县分校。学校先后荣获"中国远程教育（1998—2016）终身教育特别贡献奖""文明校园""西安市先进集体"等称号。

学校高等学历继续教育主要有三种类型：一是与国家开放大学合作办学的开放教育；二是学校自主办学的成人高等教育；三是奥鹏远程网络教育。现有在校学历教育在籍学生 9.7 万余人，累计培养各类应用型人才 16 多万人，培训各类人员 95 万多人次，为社会输送了大批实用性高等专门人才和岗位骨干。

二、专业设置

2019 年共开设开放教育专业共 68 个。其中开放本科专业 23 个、开放专科专业 27 个、教育部"一村一名大学生计划"本科专业 1 个、专科专业 6 个、"新型产业工人培养和发展助力计划"试点专科专业 11 个；开设成人大专专业 39 个。

三、学生情况

（一）学历继续教育学生情况

2019 年，学校共计招收学历继续教育学生 32379 人，在籍生数 97056 人，毕业生数 17121 人。

表1　2019 年学历继续教育总体规模表

	开放教育		成人高等学历教育	网络教育		总计
	本科	专科	专科	本科	专科	
招生人数	6331	23755	1051	908	334	32379
招生合计	30086			1242		

续　表

	开放教育		成人高等学历教育	网络教育		总计
	本科	专科	专科	本科	专科	
在籍人数	23828	65056	2608	4137	1427	97056
在籍合计	88884			5564		
毕业人数	4901	9764	637	1165	654	17121
毕业合计	14665			1819		

（二）非学历继续教育学生情况

2019年，学校共开展各类培训项目78班次，全年共培训各级各类人员201628人次。

（三）学习情况

结合成人学习特点，学校开展混合式教学模式改革，组织灵活多样化的教学活动，极大增强了学生的学习主动性和自觉性，教学质量得到了提升。

2019年由学校在智慧教室统一组织的精品面授直播课程22门次），惠及学生30006人次；网络统筹直播课85门次，惠及学生57776人次。直播课年度资源点击总数为197175次。思政类网络直播课程《思想道德修养与法律基础》、《习近平新时代中国特色社会主义思想》全年在线学习近5957人次。除此之外，各基层办学单位还自行组织面授课240余门次，满足学生的学习需求。

图1　责任教师进行在线直播授课

2019年学校参与国开网络核心课270门，选课人次215672人次。2019年云平台学习人次共计64436人次，云平台课程资源访问量为495658人次，移动端"任我学"APP学生关注人数为87893人。

（四）毕业生成就

在大西安中心城市的建设过程中，学生们积极贡献自己的青春和力量，涌现出了一批事迹突出的优秀毕业生。

四、质量保证

（一）制度建设

学校重视制度建设，以制度促规范，以规范促提升。多年实践基础上，形成了《西安广播电视大学制度汇编》，有效地保障和促进了学校事业健康发展。

（二）师资保障

学校重视师资队伍建设，形成了以专职教师为核心，兼职教师为主体的师资团队，积极引入双师型教师，注重动态管理，较好地满足日常教学需要。学校现有专职教师 52 人，其中研究生占比 65.4%，高职职称占比 30%；现有兼职教师 808 人，其中"双师型"兼职教师 336 人，占比 41.6%。

（三）资源建设

学校重视资源建设，坚持以建促用，建用结合。2019 年累计建设学历视频课程 6606 节，精品微课 818 节，在线开放课程 45 门。其中 10 门获得 2012—2019 年度国家开放大学精品课程称号；"全国多媒体课件大赛"17 门网络课程获奖，其中一等奖 10 个。

（四）内部质量管理

学校注重信息技术和教育教学深度融合，建立智慧学习质量监控大数据平台，强化信息反馈、改进教学服务，优化质量评价，实现及时精准、科学有效的质量监控，从而大幅度本质提升教育教学质量。

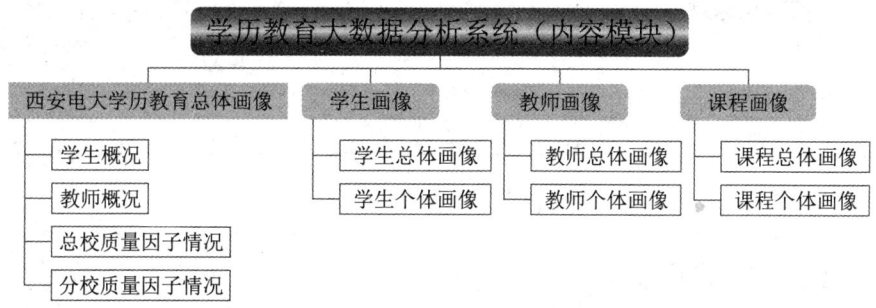

图 2 智慧学习质量监控大数据平台的功能模块图

建立督学专家库、督导机构、督导队伍以及学生义务信息员队伍。采取常规督导和专项督导相结合的方式开展督导工作。

图3　督导业务培训交流会

（五）信息化建设

1.建设专业实验室

2019年在原有基础上新建了安全人机工程实验室、电气安全实验室、护理学专业实验室，现已投入应用。

2.完善平台功能

完善选修课云平台、任我学App、毕业论文指导系统、缴费系统功能，开发面授统筹直播课签到系统及"一网通办"平台等。

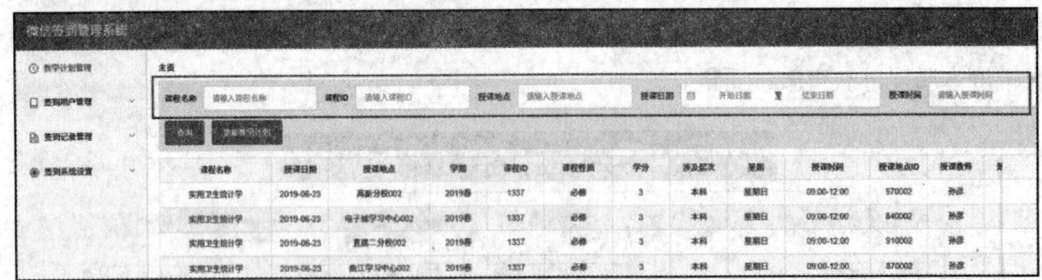

图4　面授统筹直播课签到系统

五、教育培训情况

持续建设和优化汉唐华语网平台，2019年线上学习人数近4000人，学习者遍及五大洲，辐射近40个国家。

持续服务省、市干部教育；依托"西安市全民终身学习网"，开展各类培训，累计培训人数达27610人次；教师培训涵盖了国培、省培、市培项目，有力地促进了教师专业化成长；依托"西安市职工素质教育培训网"开展职工培训，2019年培训规模显著提升，其中一线职工培训占比达 85% 以上。

六、特色创新

（一）实践特色与模式创新

1. 持续推动"智慧学习"计划，形成智慧教育人才培养新模式

为适应全民、全域、全时的开放变化，学校着力推动互联网＋智慧学习环境 2.0 的建设，启动"智慧学习"计划，持续增加校部和分校智慧教室数量，截至 2019 年底，学校共建有国家开放大学云教室 3 间，实景演播室 1 间，虚拟演播室 2 间，多媒体功能教室 61 间（其中智慧教室 17 间）；拥有智慧学习体验区 6 个，有力地推动"智慧学习"应用，建设了一批 VR/AR 课程资源，形成了全国电大系统首个"智慧学习"体系并用于常规教学，为学生打造了高度仿真、可交互的虚拟学习场景，加深了专业化学习体验。

2. 着力开展对外汉语教育事业，形成实践特色案例

深化办学水平，积极推进国际化办学之路，不断推进西安汉唐文化网络学院开展对外汉语事业的实践探索与模式创新，形成了"互联网＋国际汉语教育"多元新模式，使其成为讲好中国故事、宣传大西安发展和西安教育的亮点品牌和特色案例。

3. 大力发展非学历教育，形成一体化终身教育体系，服务社会

以服务社会为目标，整合教育资源，强力发展非学历教育，不断深化现代继续教育的新路径和培训的新模式，进一步构建集社区教育、老年教育、干部教育、专业技术人员培训、职工培训、教师培训于一体的终身教育体系。

（二）教育教学研究与成果等情况

1. 学校教育教学研究立项情况

2019 年继续开展研究情况为："学校 2017 年度的科研课题"有 24 项；获得陕西省教育厅 2019 年度陕西高等教育教学改革研究项目立项 1 项、获得陕西省高等学会 2019 年度课题立项有 3 项、获得陕西省高等教育协会 2019 年度课题立项有 3 项、获得 2019 年西安市社会科学院规划基金课题立项 1 项。

2. 学校教育教学研究成果情况

2019 年学校教师积极参与国内外远程教育各类论文评比，共获集体奖 11 项，个人奖 46 项。

七、存在问题

一是办学业务拓展不均衡，学历教育发展势头强劲，非学历教育和老年教育发展较弱。

二是整体支撑服务能力还需要加强。教学团队数量、素质能力等方面还要不断增加和提升；支持服务信息化程度还需要加强。

三是深化专业学科建设，加强资源建设和科研能力，不断提升专业特色和培养质量。

八、对策建议

（一）发展对策

1. 加强非学历业务开展，促进学历与非学历教育融合

一是保持学历教育稳步发展同时，积极推进非学历教学发展。二是积极发挥学分银行桥梁纽带作用，持续推进单科课程注册试点，促进学历教育和非学历教育相融合。

2. 加强教学团队的系统性建设

一是积极扩充专兼职教师队伍，完善兼职教师结构，不断增加双师型师资占比；二是不断为教师寻求培训和业务提升的机会，使其能够在教学业务上获得指点和长足进步。

3. 提高学生以网上学习为主的多模式学习成效

一是不断强化统筹直播课和网络直播课的授课效果以及网上教学组织；二是重视网上教学过程的组织和管理，发挥智慧学习的作用，加强数据反馈应用，不断提升教学效果。

（二）政策建议

建议教育行政部门推进学历继续教育考试制度改革，实现注册入学的招生制度。以利于终身教育体系和学习型社会的建设，以利于适应大众化教育形势下社会各类人员的学习深造。

其次，应该完善、更新有关的举办继续教育包括非学历继续教育的管理办法。

再次，制定监管制度，明确各级教育行政部门的职责，组建包括第三方监管在内的管理队伍并开展监管工作。

陕西兵器工业职工大学继续教育发展报告

一、学校继续教育办学定位与管理体制

（一）学校概况

陕西兵器工业职工大学创建于 1974 年 3 月，为教育部 [（1982）教工农字 39 号文] 批准备案的公办 A 类成人高等学校。学校依托大型兵工企业集团，采取统一管理，分散办学的模式，坚持为兵工企业和社会用人单位培养高素质的应用型、技能型人才为宗旨，积极推行质量立校、特色兴校、追求卓越的办学理念，坚持从严治教、从严治学、从严治考的方针，坚持厚基础、强能力、重实践、高素质的人才培养模式和"勤奋、进取、求实、创新"的八字校训。建校以来，共为兵工企业和社会用人单位培养了 3.6 万余名学生，毕业生中绝大多数已成为企事业单位的生产、技术、管理骨干，有的已成为厂（所）级领导干部。

（二）学校继续教育工作的总体规划、办学定位等情况

我校中期专业建设与发展规划，确定了我校高等继续教育的指导思想、基本原则、总体规划和建设目标。

我校是一所成人高校，举办过五年普通高职（经陕西省教育厅批准，2001 年开始举办普通高等职业教育，2005 年停止招生。）我校章程及整体发展规划均指继续教育。

我校要培养面向企业和社会第一线需要的"下得去、留得住、用得上"，实践能力强、具有良好职业道德的高技能型人才的办学指导思想，全面贯彻党的教育方针；坚持教育为兵器企业和陕西地方经济社会发展服务，立足兵器，面向陕西，以培养具有创新精神和实践能力的高技能人才为目的；努力将我校建设成为省内一流、在全国有一定影响的成人院校的奋斗目标。根据学校的办学指导思想和总体发展规划，我校专业建设的基本思路是：强化基础，注重实践，增强工科优势，突出兵器特色。根据陕西省产业结构调整和优势产业发展的需求，结合我校现有专业的特色和优势，建立以工为主，工、管协调发展的专业体系。

二、学历继续教育办学情况

（一）总体规模

2018 年招收新生共计 174 名，均为脱产。其中电子商务 8 人、会计 5 人、经济信息

管理 1 人、机械制造与自动化 23 人、计算机应用技术 10 人、汽车检测与维修技术 3 人、数控技术 2 人、药学 67 人、护理 52 人、应用电子技术 1 人、建设工程管理 1 人。2018 年初毕业生共计 320 人。目前我在册学生 381 人。

在校学生生源分析:

(1)性别:男 212 人,女 169 人。

(2)年龄:20 岁以内 183 人;21～30 岁 187 人;31～40 岁 13 人;40 岁以上 0 人。

(3)职业:我校学生 85% 为初高中毕业,脱产学习在校学生。另 15% 有企业职工,医院护士。

(4)生源地:我校生源以西北地区几个省份为主,近两年以陕西省内招生居多。

（二）基本建设情况

目前,设有电子商务、机械制造与自动化、计算机应用技术、汽车检测与维修技术、数控技术、药学、护理、建设工程管理、经济信息管理共 11 个专业。

我校在人才培养目标与定位、师资队伍建设、教材建设、继续教育教学模式建设等方面做出了有益的探索与实践。我校有专职教师 119 人,其中双师型教师 43 人,副高 33 人。聘请校外教师 48 人,其中 3 人正高。管理人员由学校统一聘任、管理和培训。

办学经费充足。这几年,由于国际、国内形势对军工企业发展极为有利,军工企业效益较好,由于工大总校与企业联办,企业对该分校非常重视,无论在人力、物力、财力上都舍得投入,支持办学。积极地为企事业、为社会培养高素质的技能型人才。各分校也采取不同的办法扩大招生,设置新颖专业,积极创收。一是弥补教育经费不足;二是改善办学条件;三是着眼于学校发展规模。

（三）规范管理情况

1. 严格执行教育行政部门相关政策和规定,做好范招生、考试与毕业管理等方面的工作

根据《教育部关于做好 2018 年全国成人高校招生工作的通知》和省招办《关于做好 2018 年成人高校录取新生入学复查工作的通知》要求,我们依据《陕西兵器工业职工大学新生入学复查实施方案》对 2018 年录取的新生进行了认真复查。严格执行教育行政部门相关政策和规定,遵守我校章程和教育厅的要求和精神,严格考风考纪,严格成绩管理和学籍管理。全程监控教学管理各个环节,努力保障学历继续教育人才培养的质量。

2. 学习支持服务管理制度与标准建设、执行方式与效果等情况

我校各项规章制度比较健全,管理人员长期从事继续教育,经验比较丰富业务比较熟练。学校重视管理制度和标准建设,严格按照规定要求管理各分校。规范开展招生宣传,认真按要求做好学生管理、教学管理和学籍管理。不存在虚假宣传、违规收费、欺骗误

导学生现象。

3. 内部质量保证的机制建设及实施效果

我校严格按照学校有关管理制度，各职能科室之间相互配合、相互监督，并适时修订完善内部管理制度，各项工作有序进行，取得较好的效果。

（四）学生学习效果

1. 学生学习满意度

学校教学管理规范，教职员工尽心尽责，总体上，学生对教学管理比较满意。

2. 社会用人单位对毕业生的反馈评价

我校毕业生进兵工企业的，绝大多数已成为企事业单位的生产、技术、管理骨干，有的已成为厂（所）级领导干部。为西部地区技能人才培养做出一定贡献，赢得社会各界广泛赞誉，涌现出大量优秀毕业生

三、社会贡献与改革创新情况

我校本着"服务兵工企业、服务'三农'服务区域经济社会发展"的办学方向，加强同兵工企业合作，为地方服务。多年来一直承担兵工企业大专层次人才需求的培养计划，和企业达成订单式人才培养计划。

四、问题与对策建议

（一）我校成人高等教育和继续教育与企业相结合，与企业发展相适应

我校依托陕西兵各军工企业，是与企业联办的一种新型的校企结合的办学模式，采取统一管理，校企合作、分散办学、工学结合，资源共享，优势互补，互惠互利。兵工企业技术先进，设备精良，人才济济，为学生实习、实践和动手能力的培养提供了优越的条件。企业根据每年成人毕业生的专业安排实习场地，指派工程技术人员进行指导。师傅手把手传授操作技能，使学生学到了真本领，是其他学校无法比拟的。

我校由于与企业联办，因而成人高等教育的招生计划、招生专业都纳入各企业年度工作计划，企业总经理和分管教育的主要领导经常到学校了解教学情况，解决教育教学工作中存在的问题。我校设立技能签定站，在抓好理论教学的基础上，强化学生实践能力和职业技能的培养，推进《双证书》制度，鼓励学生在取得学历证书的同时获取职业资格证书。

（二）学校下一步开展继续教育工作的思路、目标和举措

1. 总体建设目标

通过增设新专业适当扩大学校规模，到2020年，在籍人数控制在1000人左右。专业设置比较齐备，专业设置与人才培养符合社会需要，专业数量与学校规模相适应，各

学科门类均衡发展，工科类专业发展稳定，特色专业优势明显，重点专业水平较高，专业内涵建设深化。

2. 新专业建设目标

目前我校已有专科专业 11 个，2020 年计划申报 1 个新专业，现已着手准备工作。到 2020 年，力争使专业总数达到 12 个左右。加强实用性专业建设，围绕我校专业布点，利用学科交叉与融合，开设新专业。

（三）建议

一是成人高等教育要依托企业，面向市场，走校企联合办学之路；二是办学形式要多样化，可采取"订单式"培养，"半工半读"形式等；三是专业设置要与企业发展相适应，根据企业需要设置专业；四是把学校置身于企业，进一步增强学生的实践动手能力，提高学生创新能力、分析问题与解决问题的能力；五是明确办学理念，突出办学特色，走内涵发展的道路，全面提升教育教学质量，这是学校生存的重要条件，更是成人高校培养高技能人才的重要前提。

西安电力机械制造公司机电学院继续教育发展报告

一、学校情况

"西安电力机械制造公司机电学院"，是一所可独立颁发国民教育大专学历的成人高等院校，与西安技师学院共同隶属于国务院国资委直接管理的中央企业——中国西电集团有限公司。学校位于西安市西咸新区沣东新城新校区占地面积131078.49㎡（196.6亩）在校生4000多人。

二、专业设置

学院开设电气自动化技术、数控设备应用与维护、数控技术、焊接技术与自动化、模具设计与制造、发电厂及电力系统、汽车检测与维修技术、会计信息管理、物业管理、数字媒体应用技术等14个专科成招继续教育专业。

三、人才培养

（一）学历继续教育情况

学院在校生3900余人，全校教学班级共计127个，主要分布在机电类专业，电气自动化技术、数控设备应用与维护、数控技术、发电厂及电力系统专业人数约占85%。学院主要生源地在陕西省，95%的学生来源在陕西省。

（二）非学历继续教育情况

学院与行业企业共同建设精益管理培训中心、高压电器培训中心、智能制造应用人才培训中心、智能物业体验式培训中心"四大中心"，围绕区域企业技术进步与产业升级，开展面向社会的订单式培训、定岗培训、定向培训业务，为本地区企业职工技能与管理提升做好培训服务与支持，年开展各类在职员工培训20000人次以上。

（三）学生学习效果

以赛促教、以赛促学，人才培养成效显著。积极推进世界技能大赛国家、省、市训练基地及选拔赛点建设工作，学生参加第46届世界技能大赛陕西省选拔赛，共取得6个一等奖、12个二等奖、5个三等奖。结合电子技术实训室建设鲁班工坊，结合3D打印与快速成型技术训练中心建设三维空间工坊，学生参加第一届全国技工院校学生创业创新大赛，《"三维空间"—助力中国智能制造》《互联网维修—鲁班工坊》两个竞赛项目参加陕西省选拔赛，《"三维空间"—助力中国智能制造》获陕西省第三名，全国决赛三等奖。

四、质量保证

（一）师资保障

学院共有教职工 260 人，其中专任教师 104 人，聘请校外兼职教师 16 人占专任教师的 15%，"双师型"教师 79 人占 76%，高级职称 46 人占全体教工的 18%。学院师生比为 1：15。学院共有专任教师 104 人，其中文化课教师 19 人，理论课教师 50 人，实训课指导教师 35 人，专任教师本科以上学历占 99%，研究生学历占 23%，高级职称占 32%。教师中"陕西省首席技师""陕西省技术能手""陕西省教学能手""西安市首席技师""西安工匠""西安市专业（学科）带头人"等技能及教学带头人共计约 40 名。

（二）设施设备

学院配备有与办学规模、办学层次、专业设置相适应的实训设备。建有西北地区技术领先的专业实训室 60 余个，数控机床、工业机器人、工业自动控制、电气自动化、高压电器、汽车维修等教学实训设备 4000 多台套，且具有一定的领先性。校内学院参股企业西安豪特电力开关制造有限公司，同时作为学院学生产教融合、生产实习教学基地。各专业均建立有稳定的校内外实训基地（校外实训基地 3 个以上），并开展了广泛、深入的校企联合人才培养，学院实训课开出率达 100%。

五、社会贡献

（一）继续教育资源面向校内、社会开放服务情况

学院坚持以服务区域经济建设为宗旨，依托学院的人才优势，成立校企合作联盟，建立与企业的战略合作关系。作为"陕西省职业技能培训竞赛基地"，以及世界技能竞赛陕西省"机电一体化""电子技术""原型制作""网络安全"项目省级集训竞赛基地，"工业控制"项目国家级集训基地。承担陕西省职业技能大赛，竞赛专业涵盖维修电工、钳工、焊工、汽车维修等 7 个工种，多次承担省市级企业内部员工技能比武工作。

（二）对口支援、教育帮扶情况

学院履行社会责任，对宝鸡市麟游县、凤翔县进行教育扶贫，开展了一系列的对口技能培训、送教入校下乡、研学交流、定向招生就业、就读专项资助等活动，向对口扶贫单位提供了智力、技术和人才支持。

六、特色创新

（一）校企合作深度融合，形成"企中校、校中企"格局

校办工厂具有高压隔离开关等电气产品的研制、生产、销售和生产实习教学的双重职能。机电类专业的学生在这里可以直接在企业环境中接触到高压隔离开关产品的研制、加工、装配、调试和检验等工作过程。这种全程参与、学习性工作任务培养模式，基本实现了学生技能训练与生产岗位要求的"零"距离，使学生就业后就能直接承担企业生产一线的工作。

（二）教育教学研究

学院成立有学术委员会，定期组织科研成果报告会、教学改革研讨会等教育科研活动。2019年完成学院教科研立项19项，荣获职协教研成果讲义及校本教材类一等奖1项，二等奖1项，论文类、教材类和微课类各荣获二等奖1项。马江涛被授予"西安工匠"荣誉称号，穆婷等6位老师被授予"陕西省五一劳动奖章"荣誉称号。

七、问题挑战

（一）面对的新挑战、新需求

在招生竞争激烈，招生人数连年下降，导致校生规模逐年下降。

（二）存在的主要问题及原因

学院属于央企办学，经费主要靠自收自支，无论是从资金、人员，还是机制体制，目前很难突破，支撑性政策较少，学院组织运营与管理成本较大，影响学院长远发展。

八、对策建议

（一）落实生均经费补贴政策

学院为企业办校，不享受政府财政拨款，完全由学院自主经营、自负盈亏，办学收入主要为学生学费、住宿费等费用，而学费标准执行公办院校统一标准，入不敷出，严重制约学院健康可持续发展。建议根据政策，落实生均经费及办学经费投入等政策，解决学院办学经费不足问题。

（二）解决招生计划

2019年《政府工作报告》中指出，要高职大规模扩招100万人，把发展高等职业教育作为缓解当前就业压力、解决高技能人才短缺的战略之举。目前，鼓励有实力的企业办学，将实践中总结出来的丰富经验灵活运用到课堂上，结合行业发展的最新动态以及前沿理论科技，让学生能够有机会接触到鲜活的社会素材，帮助他们更加深刻地理解自己所学的知识，自然而然地将理论与实践相结合。但是在这样的大背景之下，我院的招

生指标数量却较少,希望能够解决这一问题。

(三)促进学院改革改制

依据《国务院关于印发加快剥离国有企业办社会职能和解决历史遗留问题工作方案的通知》(国发〔2016〕19号)、《国资委、中编办、教育部、财政部、人社部和国家卫计委关于国有企业办教育医疗机构深化改革的指导意见》(国资发改革〔2017〕134号),以及《人力资源社会保障部、国资委关于深入推进技工院校与国有企业开展校企合作的若干意见》(人社部发〔2018〕62号)等有关文件精神,对国企办技工院校改革方式进行了明确规定,结合我院实际,建议采取"整体移交地方政府统筹管理"或"政企共建"方式,积极推进学院改革改制,从根本上解决学院发展问题。

(四)专项支持学院高质量发展,共建产教融合"示范性"职业院校

结合学院隶属地方、央企办学机制特点,以及优质办学、服务区域的办学特色,建议西安市政府专项支持学院高质量发展,共建校企合作、产教融合"示范性"技工院校,充分发挥我院高技能紧缺人才培养、在职职工技能提升、再就业扶贫攻坚等方面的示范。引领作用,助力西安市产业升级与经济社会发展。

陕西省建筑职工大学继续教育发展报告

一、 学校情况

陕西省建筑职工大学是 1982 年 4 月经陕西省人民政府批准成立，教育部备案的一所建设类成人院校。2000 年经陕西省教育厅批准，成为第一批具有独立招收全国普通高职生资格的院校之一。学校是独立设置的成人高校，继续教育分为学历继续教育和非学历继续教育。学历继续教育办学层次为高起专，学习形式有业余教育与成人脱产两种形式。非学历继续教育的学习形式主要有网络培训与现场教学的混合教学模式。

二、 专业设置

我校以行业需求为导向，基于现有教学规模，充分发挥资源优势，制定了中长期发展规划，重点建设一批具有较高水平、特色突出的专业。目前共有专业 8 个。土建类专业 5 个：分别为建筑工程技术专业（脱产、业余）、土木工程检测技术（业余）、工程造价（脱产、业余）、园林工程技术（脱产、业余）、建筑装饰工程技术（脱产、业余）；资源环境和安全类专业 1 个：安全技术与管理（脱产、业余）；城市轨道交通类 1 个：城市轨道交通技术专业（脱产、业余）1 个；道路运输类 1 个：道路桥梁工程技术（脱产）1 个。2019 年新增道路桥梁工程技术（脱产）、园林工程技术（脱产）、城市轨道交通工程技术（脱产）3 个专业。

三、 学生情况

（一）学历继续教育情况

1. 总体规模

我校至 2019 年高起专成人高考脱产招生录取人数共 55 人，其中建筑工程技术 33 人，工程造价 15 人，建筑装饰工程技术 2 人，安全技术与管理 5 人。其中在校生人数 55 人，建筑工程技术 33 人，工程造价 13 人，建筑装饰工程技术 4 人，安全技术与管理 5 人。

我校与西安建筑科技大学联办的专升本函授在校生人数 506 人，其中土木工程 208 人，工程管理 292 人，安全管理 5 人，建筑学 1 人。

2. 在校学生来源分析

在校学生按性别统计，其中男生 308 人，女生 205 人。按年龄其中 20 岁以内的学生 67 人，21 ~ 30 岁的学生 283 人，31 ~ 40 岁的学生 145 人，40 岁以上的学生 18 人。

四、质量保证

（一）制度建设

根据近几年继续教育发展实际情况，有针对性地先后制定和出台了《陕西省建筑职工大学学生学籍管理规定》《陕西省建筑职工大学教学检查制度》《陕西省建筑职工大学学生实习实训安全管理规定》《陕西省建筑职工大学学生考试工作管理规定》等学籍考务管理、教学管理一系列规章制度，有效规范了我校继续教育的运行与管理，提高了教学质量，赢得了良好的社会声誉。

（二）师资保障

学校严格执行《陕建职工大学教师教学工作规范》和《陕西省建筑职工大学教学督导工作暂行条例》的有关规定，规范教师教学过程，严格教师教学纪律。学校继续教育的授课师资全部来自我校教师，学历教育授课教师中本校教师的比例为 100%。其中，副高以上职称教师 21 人，占教师总数的 38.9%，讲师职称教师为 27 人，占比为 50.0%。具有研究生学位的教师为 32 人，占比为 59.3%。

（三）资源建设

我校分年度制定各专业的人才培养计划、分学期制定教学计划，教师授课编制授课计划、教案及多媒体课件、多媒体课件包含 PPT 文档、视频、动画等；实训实习课程包含实习项目的具体教学安排、任务书、指导书、总结报告等教学资源。

（四）设施设备

目前，学校拥有 BIM 实训室、测量实训室、造价实训室、建材实训室等校内实训场所、另外也具有土木工程施工、工程管理、建筑装饰、轨道交通工程等多个专业教学实训基地。拥有测量仪器 58 台、试验设备 60 台，电脑 230 台，并配备有 REVIT，广联达等教学软件，与 2018 年度相关数据比较，测量仪器增加 8 台，电脑增加 130 台。

（五）合作办学及校外教学站点建设和管理情况

2019 年的学历继续教育中，学校与西安建筑科技大学进行土木工程、工程管理两个专升本专业的联合办学。

针对非学历继续教育，学校进行面授课程的视频的录播，与陕西省建设厅执业注册中心、陕西省人力资源与社会保障厅的继续教育网络平台合作，进行网授课程的讲授，方便学员的学习。

（六）信息化建设

在日常管理过程中，学校通过官方网站、教务管理系统、QQ 群、微信公众号（"陕建职大教学处"）与学生进行双向沟通交流，及时发布教学通知与相关信息，了解学生学习状况，并安排专业教师进行网络答疑，开通投诉、服务邮箱和电话，对学生的诉求进行及时处理。

五、教育培训

1. 总体规模

2000 年，陕西省建筑职工大学经建设部培训资质评审委员会评定为建设类一级资质培训机构；2011 年经陕西省人力资源和社会保障厅评定为陕西省建筑工程专业技术人员继续教育基地；2011 年经中华人民共和国住房和城乡建设部授予建筑工程专业一级注册建造师继续教育培训资格。

2019 年非学历继续教育的年度总班次 37 期，培训总人次 13419 人。

2019 年开设了 34 期专业技术人员继续教育面授培训班，培训人次 8331 人；2019 年网络培训人数 4983 人；二是全国住房建设领域 BIM 建模培训，开设 2 期面授班，培训人次 68 人。三是开展二级造价工程师考试培训班，共辅导 37 人。

2. 培训模式

主要是网络培训与现场教学的混合教学模式。

六、特色创新

（一）实践特色与模式创新

1. 设立教育科研立项基金，鼓励教职工开展成教研究

学校一直把理论研究作为管理和工作创新的重要手段，鼓励教师和管理人员结合工作实际，积极开展继续教育理论和教学研究，为新时期继续教育的改革发展提供良好的指导。校级课题每两年申报一次，分为校级重点课题和校级一般课题，校级重点课题学校资助经费 0.2 ~ 0.3 万元，校级一般课题学校资助经费 0.1 ~ 0.2 万元。

2. 校企合作办学，促进区域经济社会发展

截至 2019 年，学校已和陕建集团各公司实施校企合作，为陕建集团培养了近 500 名继续教育学生，大部分毕业生已成为陕建集团的技术骨干，部分毕业生已走上基层领导岗位，为陕建集团的迅猛发展做出了巨大贡献。

（二）教育教学研究与成果等情况

教育教学研究是提高教学质量的重要举措，我校要求各学科每学期至少进行 5 次教研活动，活动形式灵活多样，参观现代化工地，邀请专家来我校对目前的教育教学现状以及前景进行分析、让教研工作突出的老师将自己的教研心得和体会分享给大家，或者集体讨论有效的教研及教学方法等。教师教研热情高涨，共完成省级课题 2 项、校级课题 17 项，2019 年成功申请教育厅课题 1 项。

七、问题与对策

（一）存在的主要问题

继续教育中成人业余培养模式的人才培养质量达不到应有的教学效果，主要是建筑工程行业的学生工作紧张，学习受到各方面因素影响，出勤率低。另外，由于继续教育学生业余培养模式全部课程面授难度较大，学校开启了"以学生为导向、线上线下融合、资源众筹共享、管理运行高效"的"面授＋网络"的混合式教学模式方便学生的学习。

（二）对策建议

1.明确培养目标

继续教育要明确培养目标，从人才的社会需求分析调查和职业岗位（群）分析入手，分解出哪些是从事岗位（群）工作所需的综合能力与相关的专项能力，然后从理论教学到技能教学，从内部条件到外部环境，从教学软件到教学硬件，对专业教学进行全面系统的规划，进而培养学生的人文素质、专业素质、创新素质。

2.突出办学特色

继续教育的学校要办出行业特色，要满足社会与行业需求的紧迫性，为社会与行业的需求提供高素质人才。

3.多样化、灵活性的继续教育模式

在办好学历继续教育的同时，要发展多种非学历继续教育，比如专业技术人员继续教育，各种注册执业资格证书持有人的继续教育等。学生学习形式的机动性、应用性、衔接性方面要有所突破，比如增加网络授课的比例，增加学习的可操作性和灵活性。

4.制定品牌化发展战略

在进行继续教育项目开发时，应立足于长远发展，应立足于区域经济社会发展的特点，依托自身学科优势以及相对成熟的项目，强化研发，形成一系列具有市场竞争优势的非学历继续教育项目群。

西安市职工大学继续教育发展报告

一、学校情况

西安市职工大学是由陕西省人民政府批准成立的公办成人高等学校。办学30多年来，为全市职工提升学历层次、职业技能和综合素质提供多层次、全方位服务。

学校党总支讨论决定学校改革、管理中的重大事项和管理制度，领导学校思想政治工作；校长办公会议研究重大改革和决策的落实；并制定各项继续教育规章制度，包括学生管理、工会干部培训、职工技能培训等各项制度。招收高、初中毕业生及同等学历在职职工，以高等专科学历教育为主，同时开展职工、工会干部培训。

二、专业设置

（一）学历继续教育专业设置与调整情况

目前开设的专业有电子商务、法律事务、汉语、护理、会计、机电一体化技术、机械设计与制造、计算机信息管理、计算机应用技术、建筑工程技术、临床医学、药学、旅游管理、文秘、应用化工技术、工业过程自动化技术、学前教育、城市轨道交通运营管理和铁道通信与信息化技术共19个专业。

通过前期市场调研，2018年特申请城市轨道交通运营管理和铁道通信与信息化技术两个专业，学习形式脱产，学制3年。

（二）专业人才培养方案制定

人才培养方案的落实通过集体教研确定教学内容和实践环节，通过教学督导听课、学生座谈等形式调整教学内容，达到人才培养目标。

三、人才培养

（一）学历继续教育情况

1.总规模与具体情况

截至2019年底，学信网上可查询的大专毕业生共16136人。2019年省内招生6512人，省外招生2645人。2019年在校生9157人，分脱产和业余，学制分别为2、3年制和2.5年。城市轨道交通运营管理和铁道通信与信息化技术专业共招生3491人。

从事行政管理工作300人，企业管理工作334人，专业技术工作3454人，以医学类为主；技术辅助工作 1120 人，如技术员等；市场营销等服务工作有 1799 人；一线产业工人最多有 2000 人；其他工作的有 150 人。

2. 人才培养模式及教学基本情况

（1）知识结构

a. 掌握外语、计算机知识；专业知识等；

b. 具备良好的政治素质、思想品德修养、职业道德等基本素质；

c. 具有继续学习和适应职业变化的能力。

（2）素质结构

a. 掌握新时代中国特色社会主义理论体系知识，具有政治理论修养；

b. 有爱国主义和集体主义精神；

（3）教学基本情况

德育教育方面，成立团委、学生会，提高学生组织领导能力。

教学方面，使用国家统编教材，施行双向考勤制度，采用新调课程序。

充分利用好教学反馈制度。每学期定期组织填写《学生对教师课堂教学评价表》。

规范学籍管理工作。

（二）非学历继续教育情况

采用送教进企业，职工线上、线下相结合的培训模式，实操教学重于理论。

根据培训计划，完成计划内培训任务 17 期，共培训工会干部 1663 人。拓展计划外工会

2019 年职工技能培训 22 期，每期培训 15 天，共培训 917 人次；职业资格技能鉴定 174 人；培训孵化宣讲师 39 人；深入企业开展宣讲 24 期，共 2049 人。

为企业提供免费咨询服务。深入企事业单位，为西安 35 家会员及非会员单位提供培训服务，开展培训 47 期，培训 3157 人。

我校开设的西安老年大学工会分校 2019 年共计招收 13 个班 450 余人。

（三）学生学习效果

对学历继续教育满意率的测评在 80% 以上。

以城市轨道交通运营管理专业为例，学校与中车集团合作，输送毕业生 146 人，总体评价较高。

15 级"圆梦"学员龚宝锋就职于阿尔斯通永济电气设备有限公司，2018 年被授予劳模创新工作室，2019 年被评为西安工人先锋号。

四、质量保证

（一）制度建设与师资保障

在教学管理方面，注重理论与实践相结合；在学生管理方面，2019 年相继出台了《西安市职工大学关于在籍学生基本信息变更的通知》《西安市职工大学关于补办毕业生档案的办法》等文件解决学籍、档案等难题。

学校现有教职员工 168 人。专任教师 150 人，硕士学历 29 人，其中副高级 31 人，中级职称 95 人；教职工进行的岗前培训为业务水平提供条件。

（二）资源建设与内部质量管理

1. 资源建设

配置电子图书借阅机 3 台，可实现在线阅读、在线下载图书。

建立语音室、护理、药理实验室等实训室，高铁教学模拟舱、城轨运营教学沙盘、电工电子、电力拖动实训室，轨道供电，通信信号实训；高铁实训车厢，包括票务、运营安检等实训。拥有计算机房、电子信息类设备、电工实训室、形体室等以及多媒体教室，为学生就业保障提供先决条件。

2. 内部质量管理

组织专家授课等活动，加强师资培训。

开展教学改革，课程设置考虑学历衔接和考试要求。

加强学生管理，班主任依专业选择；成绩考核分三大模块，强化了学习过程的管理。

建立弹性学制，提供弹性学习时间。

校区也实行全网络覆盖，方便学习和教学。

（三）经费保障

经费主要来源于学费及市总工会资助。2019 年学费总收入 562 万元，市总工会资助 148 万元。收取的学费主要用于教育教学活动和改善办学条件，如学校建设、设备维护和添置等。

五、社会贡献

为推动交通服务行业发展，2019 年新增了城市轨道交通运营管理和铁道通信与信息化技术两大专业。同时服务社会，积极开展公益活动，为企业提供免费咨询服务。采用菜单式、定向式等新型培训方式，加强师资力量队伍建设的同时提高自身本领。

学校与联合西安市教育局开展的圆梦大学行动，2019 年招生学员 166 人。推进职业技能培训和鉴定工作并积极组织教师考评员考试，低压电工、城市轨道交通运营师等职业技能考试，共培训考试 2600 余人次。

六、特色创新

（一）学历教育

（1）市总工会和市教育局从2013年起每年资助高中学历或相当于高中毕业的青年职工（农民工）就读西安市职工大学成人教育大学。

（2）2019年新增了城市轨道交通运营管理和铁道通信与信息化技术专业。

（3）与南京大学、吉林大学、北京外国语大学等校合作，建立本科学历网络教育，目前在校生250余人。

（二）非学历教育

（1）2019年我校荣获全省工会创新创优工作项目一等奖。

（2）面向失业及未就业人群等开展技能培训22期，每期培训15天，涉及范围广泛，培训917人次；职业资格技能鉴定174人。

（3）成立生活垃圾分类志愿者宣讲团，招募志愿者40余名，培训孵化合格宣讲师39人，并深入企事业单位开展大讲堂24期，培训2049人；

（4）举办了就业（失业）创业培训优秀学员、优秀讲师表彰大会暨师资座谈会。并新增将大国工匠、西安工匠8名、全国、省市劳模13名、行业带头人18名到培训师资库中。

（5）调研示范性劳模创新工作室，如走进中国兵器工业集团西北工业集团有限公司朱力工作室、张新停技能大师工作室等劳模创新工作室。

（6）积极开展公益活动，在西安温馨家园养老中心举办"浓情五月 感恩母亲 关爱老人"慰问活动。

七、问题挑战与对策建议

（一）问题挑战

（1）随着教育的改革发展，我校现有条件已难以满足学历教育要求，学校只能选择合作办学的形式，隐藏着一定风险。

（2）教学活动创新不够，课程设置与安排的科学性有待研究，缺少成人教育与实际相结合的教学研究成果。

（3）工会干部培训、职工培训品牌战略实现缓慢。

（4）教职工管理队伍梯队不合理，缺乏后备人才。

（二）对策建议

（1）结合职业教育有利时机，及时改进学校教育的发展，通过强化合作办学过程的专业性和政策性指导，以实现规范化办学的基本要求。

（2）强化师资队伍建设，探索网络信息化教学的方式和途径，将完善教学效果质量考核与教学效果相结合。

（3）创建职工大学工会干部培训品牌项目，完成西安市就业失业创业定点培训机构投标重点工作。

（4）大胆引进和聘用人才，形成专、兼职教师队伍。

（5）加强人才培养模式改革。以技术应用型、实用型人才为主体，构建理论教学、实践教学和素质教育交融的三大体系。

（6）加强人才培养质量保障体系的建设，着重加强师资队伍建设、评建体系的建设、产学结合、校企合作建设等措施，保证技能型人才培养目标的落实。

西安铁路工程职工大学继续教育发展报告

一、学校情况

（一）学校概况

西安铁路工程职工大学是 1982 年经铁道部教育司批准、原国家教委备案，由中国铁路工程总公司中铁一局集团公司主办、陕西省教育厅主管的企业成人高校。属于独立设置的成人高等院校。学校成立之初，其主要功能是对中铁工程公司的员工进行学历教育和非学历继续教育培训。

2001 年作为高等职业技术教育办学点开办高职教育。同时继续开办成人学历教育和非学历继续教育至今。除面向中铁工程公司招生和服务外，也面向社会招生和服务。

学校位于西安市太白南路 189 号，地理位置优越、交通便利。占地面积 18621m²；建筑面积 73175m²；教辅助行政办公用房 31526m²（不包括生活用房、教工住宅和其他用房）。主要设备总值 4383.9 万元；馆藏图书 18.00 万余册，建有校园计算机网络和学校网站。

学校设有道路桥梁工程技术、铁道工程技术等 13 个高职高专专业和相应的成人教育专业。学校现有全日制专科在校生 1308 余人，学校教职员工 121 人，具有研究生学历 30 人，双师型教师 18 人，学校还在中国铁路工程总公司系统聘请了各类专家、技术骨干作为兼职教师、客座教授。

学校在省教育厅、中国铁路工程总公司的正确领导下，始终坚持社会主义办学方向，全面贯彻党的教育方针，遵循高等教育办学规律，主动适应经济社会发展需要，注重改革、建设与发展，突出办学特色，发挥优势，教育质量稳步提高。建校 30 多年来已为我国铁路施工企业培养出大批合格的复合型、应用型技术管理人才。学校现已成为立足铁路基建系统，面向社会进行招生的以培养交通土建施工企业应用型技术管理人才为特色的高等院校。

（二）学校继续教育总体规划与办学定位

1. 在学历继续教育方面

在学历教育方面，学校坚持社会主义办学方向，贯彻落实党的教育方针，遵循高等教育发展规律，始终坚持以"发挥行业特色，突出技能培养，注重就业导向"的办学宗旨，采用多渠道办学方式，依托行业，服务社会，以培养职业技能型人才为己任，努力成为一所专业性较强的现代职业教育院校。

学校根据社会发展和行业企业发展需要，合理确定，调整专业设置。根据社会和学校实际，确定办学规模，拟定招生计划，按教育部门规定公平、公正、公开择优录取普通高等教育学生和成人高等教育学生。根据社会和企业发展需要，开展职业技能培训和岗位资格培训。

2. 在非学历继续教育方面

遵照股份公司《中国中铁股份有限公司关于进一步加强技能人才队伍建设指导意见的通知》将所属院校工作纳入中国中铁技能人才队伍建设 5 年发展规划的精神，我校围绕股份公司 5 年发展规划，制定了学校 5 年发展规划。明确了在做好学历教育的同时，把工作目标定位在服务企业上，把教学资源集中在提高技能人才队伍建设上，切实落实上级企业有关培训的新要求，加强和集团公司职工培训中心联系，积极构建面向企业的教学培训机制，积极建设各类鉴定机构，强化专兼职"双师型"教师队伍建设，完善培训场所设施、设备的配备，探索开展职业培训的新思路、新方式，积极开展多渠道、多形式的各类培训工作。

（三）学校继续教育办学体制与管理机制的情况

我校为公办非营利性事业组织，具有独立法人资格，依法享有办学自主权，独立承担法律责任。

学校实行中国共产党西安铁路工程职工大学委员会（以下简称"校党委"）领导下的校长负责制。校党委支持校长依法独立负责的行使职权，保证教学、科研、行政管理等各项任务的完成。

学校每年分别召开一次党员代表大会和职工代表大会，讨论和决定学校发展规划及其他重大事项。

学校定期或根据需要不定期召开校长办公会，研究和解决学校教育教学中的问题。

学校历来重视规章制度的建设。先后制定了学校发展纲要、学校教学管理、学生管理、学校教师教学质量管理体系、学校制度管理汇编、部门管理流程汇编等一系列的规范性文件，为学校的发展起到了制度保障。

二、专业设置

（一）学历继续教育专业设置情况

学校学历继续教育专业设置主要包括：铁道工程技术、道路桥梁工程技术、城市轨道交通工程技术、地下与隧道工程技术、建筑工程施工技术、铁道信号自动控制、工程造价、工程机械运用技术等 8 个专业。

学校隶属于中铁一局集团公司，依托中铁一局集团公司办学，宗旨在为企业服务。

中铁一局集团公司是属于中国中铁的大型国有企业，主要从事铁路（含高铁、地铁）、公路（含高速公路）、桥梁、隧道、机场、水利水电等大型基础设施的建设工作。故从学校建立之初，其专业设置就是围绕集团公司的工作范围而设置的。

优势在于：

（1）我校规模不太大，几个专业的相近，有利于教学资源配置的充分使用。

（2）这几个专业都集中在土木工程范围内，有利于满足行业、企业人才需求和学生就业。学校依托企业，为企业服务，这是我校在人才培养方面的出发点，也是落脚点。由于企业的工程施工性质，我校在建校的30多年里专业设置的始终围绕行业、企业的运行和发展进行。在传统专业方面积累了丰富的办学经验，保持了优势专业的持续发展。所以不论是高职生，或是成招生，其毕业后都受到企业的欢迎。为企业培养了大批能够扎根企业一线的应用性技术人才。

（3）继续教育专业设置与高职教育专业设置的重合，也有利于学校总体教学安排。由于成人学历教育的人数与高职教育的人数比，在学校总的学生中相对较少，为了保证质量和资源的有效利用，学校在教学资源和学生管理上都是统一安排，与高职学生一起按照教学目标要求进行同步教学和管理。既节约了资源，又保证了教学质量。

（4）双师型教师和从企业聘请的专家、骨干进行教学，有利于学生的理论学习与实际的结合，有利于学生对企业工作性质及环境的认识，有利于学生顶岗实习、就业的顺利进行。

（二）学历继续教育专业调整情况

随着社会的发展和集团公司的发展，为了满足企业用人的需要，在2015年，我校在传统专业的基础上申报了工程机械运用技术专业。满足了现代施工机械在大量使用后，机械维护维修方面人才的培养。

随着电子技术的发展和应用，建筑行业BIM技术的应用也发展迅速。为了更好地为企业服务，满足企业对BIM技术人才的需求，我校在调查研究的基础上，结合我校BIM技术服务中心开展情况，我校又新增了建筑动画与模型制作专业。

同时，为了满足企业不同形式的学习，我校在成人继续教育以脱产学习的基础上，在我校传统脱产学习专业的基础上新增了铁道工程技术、工程造价两个业余学习的专业。

（三）专业人才培养方案制定及调整情况

我校人才培养方案的制定及调整的依据是：

一是铁道部劳动和卫生司所编的《高等职业教育专业教学指导方案》和全国高职高专教育土建类专业教学指导委员会编制的《高等职业教育专业教育标准和培养方案及主干课程教学大纲》。

学校培养层次是高起专。人才的培养目标是企业生产和服务一线的应用性人才。所以人才培养的目标上我们设置了四个方面的素质要求。即学生毕业时所要达到的政治素养、科学文化素养、专业业务知识素养和其他方面的素养。

要求学生在毕业时，要对马克思主义、毛泽东思想、邓小平理论、"三个代表"、科学发展观及习近平新时期理论等基本原理的理解和掌握。要热爱祖国、拥护中国共产党。要遵守社会道德和具有良好的职业道德。要具有较为扎实的人文社会基础和管理科学基础，较好的自然科学基础，较强的语言文字表达能力、计算机应用能力，掌握科学的思维方法，养成严谨求实的科学态度和追求真理的科学精神，具有创新精神和独立获取知识的能力。社会一般一定的科学文化精神。掌握本专业必需的基础理论，基本知识和基本技能；具有较强自学能力；了解本专业科学发展趋向；有分析解决专业方面实际问题的能力，具备从事专业生产、管理的素质。具有一定的体育和军事基本知识，掌握科学锻炼身体的基本技能；具有正确的审美观念，懂得日常社交礼仪；养成良好的生活习惯；具备健全的心理和健康的体魄，良好的心理承受能力和自控能力，能适应紧张的工作和变化的环境。

二是行业、企业各类专家的意见和建议。

学校依托于企业，学校的发展依赖与企业的发展。学校培养出来的人才是否是行业、企业需要，起决定作用的是其培养方案是否具有前瞻性。特别是学历教育中，从学生入校到企业就业，时间是 3 年。所以，要想培养出来的学生在 3 年之后能够满足企业需要，就要从培养方案制定时就要邀请相关行业、企业专家，听取他们对于 3 年及 3 年之后行业、企业发展前景和人才需求做出预测。我校的培养方案就是在广泛听取行业、企业专家建议和意见的基础上制定的。

三是根据企业和用人单位实际需要增设必要的课程。任何好的方案都需要实践的检验，更何况学历教育的人才培养方案往往是提前制定的，在现代经济、技术迅猛发展的今天，适时根据企业和用人单位的实际需要调整部分课程是十分必要的。比如，我校大部分专业都开设《工程测量》这门课。该门课除了理论课开设 85 课时以外，还有 4 周的校外实训。这对于一般的铁道工程专业、路桥专业来说是足够了，但有的企业在我校招聘的学生是要去专门从事测量工作的。又如 BIM 技术，我校的 BIM 技术服务中心，除为企业直接服务外，我们一方面增加开设相关课程，同时让学生直接参与 BIM 技术中心的相关工作，这为学生新知识的接受和实践能力的培养提供了教学方面的条件和准备。所以，有针对性地为一部分有就业倾向性的学生提前增开一些专题性的内容，是提高学生就业竞争力和满足企业用人的需要的重要手段。

三、人才培养

（一）学历继续教育情况

1. 学历继续教育的年度招生人数、在学人数及当年毕业生人数

我校目前主要以高职高专和成人脱产。起点都是高起专。在校总人数 1308 余人。2019 年成人在学人数 267 人。其中铁道工程技术专业 51 人，道路桥梁工程技术专业 145 人，工程造价专业 33 人，其他专业，在学人数 38 人。

2. 在学学生来源分析（性别、年龄、职业、户籍、专业等分布情况）

学生来源主要来自陕西。其中陕西学生占 97%。在校男生占 87%，女生占 13%。学生年龄都在 20 岁以内。绝大部分来源于农村。专业偏向于铁道工程技术、道路桥梁工程技术、工程造价 3 个专业。

3. 人才培养模式与教学基本情况

我校学历继续教育人才培养模式是全日制脱产学习。学制 3 年，理论课 2.5 年，顶岗实习半年。

学历继续教育教学与我校高等职业技术教育教学同步进行。即我校是把学历继续教育的学生与高职教育的学生统一纳入高职教学体系，与高职学生一起组织教学和教学管理的。

（二）非学历继续教育情况

学校非学历教育工作主要依托企业，本着"主动适应、主动服务"的培训理念开展工作。

（1）2019 年度，学校非学历教育的总班次为 43 期，总人次为 3153 人。其中党校培训 903 人次。

（2）学校主要面向两类人群开展非学历教育。一是对在校生。共四期，545 人次。另一类是在职员工，共 39 期，2608 人次。

（3）对于非学历教育的招生，对于在校生是属于用人单位的岗位需求。对于在职员工，是受集团公司的委托进行培训。也有个别其他单位委托培训的情况。

（4）我校非学历继续教育的教学模式主要是面授。

（三）人才培养的思想教育工作

作为隶属于中铁一局的西安铁路工程职工大学，同时是中国共产党中铁一局集团公司党校。不仅肩负着为中铁一局集团公司培养技术性人才的任务，还肩负着为局集团公司培训轮训各级党员领导干部及后备干部，培养理论干部；承办集团公司党委举办的专题研讨班；针对改革开放和社会主义现代化进程中的重大理论和现实问题，开展马克思主义中国化最新成果的理论宣传，开展党的路线、方针、政策的宣传的任务。

学校历来坚持政治思想挂帅，坚定理想信念、广泛开展学习十九大精神和习近平新时代中国特色社会主义重要思想理论，在政治上与中央保持一致。始终坚持正确的办学方向，始终把党的理论教育和党性教育作为党校教学的首要任务，充分发挥党校在党的理论教育上的主阵地作用和在党性教育上的大熔炉作用。2019年，我校开展党员干部培训达903人次。

在学历和非学历教育中坚持以德树人，特别是在学历教育中，把政治素养作为毕业生四个素养（政治素养、科学文化素养、业务素养、身体及其他素养）之一放在首位。在课程设置中开足课时，使学生能够系统掌握马列主义、毛泽东思想、邓小平理论、"三个代表"、科学发展观和习近平新时代中国特色社会主义重要思想的基本原理；对培养学生热爱社会主义，拥护中国共产党的领导；树立科学的世界观、人生观、价值观；具有勤奋敬业、遵纪守法、廉洁奉公、诚实守信的思想品德、社会公德和职业道德起积极作用。

学校加强学生支部建设，定时开展支部活动。对青年党员进行理想信念教育、吃苦奉献教育，对毕业生能够扎根企业、从事施工一线生产、服务发挥了积极作用。指导和加强团组织工作能力，开设党课，积极引导学生向党组织靠拢，为吸收新党员做准备。

（四）学生学习效果。

1.学生学习满意度

我校把服务学生放在首位，在生活中关心、在教学中严格，毕业生就业率一直在92%以上，且都在中国中铁、中国铁建、中国铁路公司各局这样的大型国有企业就业，所以我校学生在我校学习的满意度非常高。

2.社会用人单位对毕业生的反馈评价

各公司连年到我校进行招聘，并提前到校预先圈定学生，就说明了我校用人单位对我校毕业生的评价。

我校学生在用人单位签约后，流失和违约情况较少。原因是我校学生能够吃苦耐劳，能够适应施工单位工作环境，能够胜任企业一线生产和服务的工作。

3.毕业生成就

从我校毕业生的情况看，他们已经成为各用人单位生产和服务一线的主力军，经过他们的努力工作，绝大多数已经成为集团公司管理和技术方面骨干。一部分还成为企业高管。

四、质量保证

（一）制度建设

学校严格执行教育行政部门相关政策和规定，规范招生，从未委托社会其他单位或个人代为招生。也没有校外办学机构。学校从无校外校，也从点外设点，从无中介招生、违规收费、虚假承诺和宣传等现象。

在学生管理方面，我们制定了《学生管理规定》《学生学籍管理规定》《学生团体组织管理办法》《学生三好学生、优秀学生干部和先进班集体评先办法》《学生行为准则》《学生违纪处分办法》《学生公寓管理办法》《学生考勤与请假制度》等一系列制度进行管理。

在考试方面，严格按照学校各专业《教学计划》《学生学习成绩评定管理办法》《考场规则》《考试工作人员规则》《学生考试违纪处理规定》《学生升留级管理规定》等制度进行管理。

在毕业生管理中，学校严格按照《学生实验、实习管理规定》《毕业设计（论文）、毕业答辩管理办法》《毕业生上岗实习的规定》《学生毕业实习、毕业设计规定》等制度进行管理，学生除进行顶岗（毕业）实习、毕业设计以外，学校还要求实习单位或签约单位在学生顶岗实习期结束后从德、能、勤、绩四个方面给予考核评价。

学校集数十年办学经验，建立了一整套服务管理制度与建设标准。在工作中开启流程对接模式，有力地提高了工作效率，取得了良好的效果。

（二）学校师资

学校现有专职教师61，兼职教师23，管理人员37人。其中学历教育授课教师本校教师占96%。其中高级职称占33.8%，中级职称占42.1%。

（三）资源建设

在学历教育方面，学校教材的选取都选择规范性教材。以国家正规出版社如人民教育出版社、铁道出版社、中国建工出版社等为主。

在非学历继续教育方面，学校以铁道出版社、中共中央党校出版社为主。

学校是脱产全日制学校，学校的教学模式主要是面授。在数字化教学方面，具有常规性的教学课件、教学视频作为面授教学补充。

（四）设施设备

我校是独立设置成人高校，学费收入及使用统一由学校财务管理，由学校统筹安排。学校的一切设施设备皆为教学、培训服务。

学校具有足够学历学员和非学历学员学习和住宿的教学楼、实验室、宿舍楼。

学校在继2018年投入近200万元对机房更新、对学历学员宿舍、对培训宿舍进行改造后，2019年，又进一步投入资金100余万元装修了2个培训教室。

（五）合作办学及校外教学站点建设和管理情况

我校无合作办学，也无校外教学站点。

（六）学习支持服务

在学习软件方面，学校分别建立了铁路工程造价软件，公路工程造价软件，建筑工程造价软件，BIM 学习软件等演练室。

学校在加强课堂教学多媒体教学的同时，建立了学校网站、微信公众号、教务管理系统、微课、微信群、qq 群等信息化教学手段。促进了教学手段的更新，保证了教学和教学管理中信息及时沟通和疑难的解决。

（七）内部质量管理

学校历来注重教育教学质量，为了保证教学质量，建立了常规性的教务部门、教研室方面的常规检查制度；建立了包含教学管理、教研室和学生评价 3 个方面的教师教学工作质量评价体系；建立了实习单位（签约单位）的评价体系。这一系列的机制建设，对于保证学校的教育教学质量起到了良好的促进效果。

学校建立了一整套教育教学管理的规章制度，以保证人才培养方案的落实。

在教务管理方面：学校建立了教学计划制定（修订）规则、素质教育纲要、教学大纲编制规程、教材管理规程、校历编制规程、教学进程表编制规程、课程表编制规程、教师授课任务及其他工作任务分配办法、外聘（兼职）教师聘用规则、学期授课计划编制办法等保证教务管理规范化。

在教学过程中通过教学管理规程、体育教学规程、教学质量常规检查制度、关于调课、停课、补课的规定、教学事故处理办法、学生实验、实习管理规定、毕业设计（论文）、毕业答辩管理办法、毕业生上岗实习的规定、学生毕业实习、毕业设计规定、学生学习成绩评定管理办法、考场规则、考试工作人员规则、学生考试违纪处理规定等保证教学效果。

在学生管理方面，通过高等学校学生行为准则、学生管理规定、学生考勤及请销假制度、学生违纪处理办法、优秀班级评定办法、学生思想品德考核评定办法、三好学生优秀干部优秀毕业生评选办法、辅导员管理制度、优秀辅导员评选办法等进行管理。

（八）外部质量评估

学校接受省教育厅主管部门的管理与检查，也接受中铁一局集团公司的管理与检查。两个上级单位分别每年进行一次常规性检查，另有不定期的专业性检查。每一次检查对我校的工作都起到了指导和促进作用。

（九）信息建设

学校建立了学校网站、微信公众号、教务管理系统、微课、微信群、qq 群等信息化信息平台。

（十）经费保障

我校是独立设置成人高校，所以其学费收入及使用统一由学校财务管理。其使用也由学校统筹安排。学校的一切设施设备皆为教学、培训服务。

五、社会贡献

（一）学校继续教育服务国家战略、经济社会发展与学习型社会建设的情况与经验

学校属于企业主办，学校的发展和服务理应顺应国家战略和企业的发展并为其服务。办学以来，学校为社会、为企业，特别是中铁系统施工企业输送了大批技能型应用型人才，为企业的发展做出了应有的贡献。

为了建设学习型企业，集团公司党委在我校先后举办了学习十九大精神处级干部学习班 5 期，纪委书记班 3 期，"不忘初心牢记使命"主题教育 5 期，分别对集团公司下属分公司党委书记、纪委书记、党务工作人员等进行了分批次轮训，极大地促进了学员学习积极性，提高了学员政治思想觉悟，增进了集团公司干部员工凝聚力。

为了主动适应社会经济的发展，学校广泛与企业合作，先后与中铁一局一公司、四公司、五公司、桥梁公司、电务公司、新运公司、建安公司等签订了校企合作协议。进一步加紧了校企之间的联系。为学校的发展奠定了良好的基础。

（二）继续教育资源面向校内、社会开放情况

学校继续教育资源，不仅是继续教育或学校高职学生所共享，也对社会全面开放。以我校 BIM 技术服务为例。它不仅是我校学生学习的一个平台，还是中国图学学会授权的 BIM 技能考评点、中国建设教育协会 BIM 技能考评点。

六、特色创新

学校除在常规性成人学历教育和非学历教育培训的专业以外，还在非学历继续教育及从其他方面拓展办学之路。

一是除一般非学历继续教育以外，我校还牢牢坚守集团公司党校这块阵地。特别是十九大之后，我校承接了集团公司学习十九大精神处级领导干部轮训班、纪委书记轮训班、"不忘初心牢记使命"学习班。这不仅为建设学校型社会、学习型企业培训了党政干部，也为学校办学开拓出了新的发展途径。

二是进行技术服务，开展校企合作。2019 年，我校 BIM 服务中心，一方面不断拓展自身业务空间，开展校企合作，提供技术服务；另一方面也进行开展技能学习和培训。2019 年校企合作新签合同额 300 多万元。BIM 技能学习和取证培训 3 批次，共 230 人次，在校学生培训 2 次，120 人次。

我校 BIM 技术服务，不仅是我校学生的学校平台，吸引校内学生积极参与，还走向社会、服务社会。学校 BIM 技术服务中心成立的兴趣小组，先后参加了各类相关 BIM 比赛，

取得了优异的成绩。不仅提高了学生实践能力，也拓展了学生的视野和就业空间，为学生走向社会、适应社会需要打下了良好的基础。

表 1　2019 年我校参加的相关比赛列表

序号	名称	等级	赛事	主办方	时间	获奖单位
1	BIM 技术基于兰考县中心医院迁建项目的使用	三类成果	施工组	中国建筑业协会	2019.12	中铁一局集团第四工程有限公司 / 西安铁路工程职工大学
2	二塘双线特大桥（90+180+90m) 拱加劲连续梁 BIM 技术应用	三等奖	施工组	陕西省建筑业协会	2019.12	中铁一局集团第三工程有限公司
3	二塘双线特大桥（90+180+90m) 拱加劲连续梁 BIM 技术应用	铜奖	施工组	工业与信息化部人才交流中心	2019	中铁一局集团第三工程有限公司 / 西安铁路工程职工大学
4	西昌市瑶山棚户改造安置点项目	三等奖	施工组	陕西省建筑业协会	2019.12	中铁一局集团第四工程有限公司 / 西安铁路工程职工大学
5	郑州西四环段施工一标段斜拉桥 BIM 技术应用与研究	铜奖	施工组	工业与信息化部人才交流中心	2019	中铁一局集团第四工程有限公司 / 西安铁路工程职工大学
6	基于西法北城际铁路—韩中村特大桥 BIM 技术应用	三等奖	施工组	陕西省建筑业协会	2019.12	中铁一局集团第四工程有限公司 / 西安铁路工程职工大学
7	BIM+ 智慧工地平台信息化建设应用	三等奖	施工组	铁路 BIM 联盟	2019	中铁一局市政环保工程有限公司

三是积极参与集团公司相关活动。鉴于学校位于西安，与集团公司较近的优势（集团公司也在西安），积极参与集团公司所组织的各类技术比武活动，促使学生更深入地了解企业活动、融入企业生活、体会企业精神和文化。如集团公司组织的工程测量、实验技能比赛，都放在我校举办。由我校教职员工和学生提供相关服务。大量学生因此有机会参加这些活动，从而能接触到集团公司技术精英们所展示的技术和风采，并由此具体了解到企业工作的部分内容，感受到企业文化和企业精神。

八、问题与对策

（一）学校继续教育发展与人才培养质量方面存在的问题及对策。

近几年以来，学校在人才培养方面做出了一些成绩，但也面临一些问题。比如，在学历教育方面，由于我校是高起专，培养层次较低，因为近几年总体生源下降和高职高专院校的挤压，成人学历的考生数量也大幅度下降。对此，我们考虑一是拓展招生范围，比如外省（区）的一些地方，二是寻求联合办学，在本科层次上有所作为。

由于考生数量的减少，录取到学校的学生学习基础较差，进而影响到人才质量有所下降。对此，我们将进一步引导学生，一是抓好学风建设，促进其理论学习。二是抓好实践性教学环节，让学生在实践中多动手，为他们走向工作岗位奠定基础。

另外，尽管我校毕业生就业率很高。但随着社会经济的发展、就业渠道的畅通，社会工作环境的改变，以及年轻一代家庭条件的优越，对就业单位及岗位也就提出了更高的要求。所以，我校也有个别毕业生在签订就业协议以后出现解约的现象。这种现象虽然属于个别，也能理解，但仍然需要引起注意。对此，我们要进一步加强德育教育、诚信教育和吃苦耐劳精神教育，使学生能够安心于岗位工作。同时，也积极与用人单位沟通，多注意学生的思想动态、关心他们的生活。

（二）学校下一步开展继续教育工作的思路、目标和举措

学校努力继续保持学历教育现有规模，进一步拓展非学历教育培训渠道，既保持传统施工、管理等非学历企业员工培训，又要抓住机遇，拓展培训范围，开展企业党员教育培训、团员教育培训、工会人员培训以及其他在职员工培训。进一步加强校企合作，扩大合作规模、延伸服务空间，做好技术服务。

（三）对"办好继续教育"的建议

高等继续教育是终身学习体系的重要支柱，应充分发挥成人高校举办高等继续教育的主渠道作用，稳步推进继续教育发展。贯彻落实《国家中长期教育改革和发展规划纲要（2010—2020年）》及《中共陕西省委办公厅、陕西省人民政府办公厅关于深化改革推进高等教育内涵式发展的意见（2014—2020年）》精神，以观念更新、机制创新为突破，继续拓宽继续教育办学渠道，鼓励成人高校与本科院校继续教育、网络教育的合作发展，推进普通高校、成人高校学习成果积累与转换工作，建立学分互认制度，实现不同类型学习成果的互认、衔接以及资源共享，实现函授、业余教育与现代远程教育的融合发展。

陕西航天职工大学继续教育发展报告

一、学校继续教育办学定位和管理体制

（一）学校概况

陕西航天职工大学由中国航天科技集团有限公司第六研究院举办，隶属西安航天弘发实业有限公司，位于西安国家民用航天产业基地内，属企业办学，是一所独立设置的成人院校。学校立足航天，面向社会，开拓进取，办学规模逐年扩大，办学条件日益改善，办学功能不断延伸，目前已发展成为一所集继续教育（成教专科）和员工岗位职业培训等为一体的职业教育院校。建校40余年来，学校秉承航天传统精神，把握时代脉搏，为航天、为社会培养了大批的技术人才和优秀管理者。

（二）学校继续教育工作的指导思想和办学定位

学校继续教育工作的指导思想是：以习近平新时代中国特色社会主义思想为指引，贯彻党的教育方针，围绕航天科技主业的发展，传承历史使命，发扬航天精神，弘扬航天文化，切实推进航天产教融合，供给航天六院及在陕航天企业技能人才需求。

学校已经明确发展方向，将通过产教融合和校企合作的途径，致力于整合在陕航天职业教育资源，完善基础保障，建设特色专业，培养优质学生，将学校打造成为一所具有航天特色的高端装备制造技能人才示范性职业院校，力争为我国建设成世界航天强国提供一定的技能人才支撑。

学校继续教育工作的办学定位是：围绕应用型人才培养目标，积极探索具有成人特点的多样化人才培养模式的改革与创新，立足陕西，辐射全国，稳固发展学历教育，大力开展非学历继续教育，为服务地方经济建设提供人才支撑，更好地服务区域经济社会发展和航天事业发展。

二、学历继续教育办学情况

（一）总体规模

2019年，学校13个专科层次的继续教育专业总计招生1827人，在学总计3079人，毕业人数763人。

表1 2019年计划招生基本情况表

序号	专业名称	培养层次	修业年限	学习形式	招生人数
1	数控技术	高起专	2	脱产	23
2	机电一体化技术	高起专	2	脱产	175
3	工业机器人技术	高起专	2	脱产	7
4	物联网应用技术	高起专	2	脱产	12
5	供用电技术	高起专	2	脱产	40
6	建筑工程技术	高起专	2	脱产	314
7	工程造价	高起专	2	脱产	89
8	物业管理	高起专	2	脱产	67
9	动漫制作技术	高起专	2	脱产	36
10	护理	高起专	2	脱产	446
11	会计	高起专	2	脱产	367
12	电子商务	高起专	2	脱产	196
13	酒店管理	高起专	2	脱产	55

（二）基本建设情况

学校继续教育在服务航天事业和陕西区域经济社会发展的过程中，已形成以"机电一体化""数控加工技术"等专业为核心的航天装备制造专业群；以"电子商务""物业管理"等专业为核心的现代服务专业群；以"工业机器人技术"等专业为核心的智能制造专业群。专业布局清晰，发展方向明确。

学校始终坚持以服务航天科研、生产和区域经济发展为方向，以改善知识结构和优化航天企业人才配置、提升航天职工综合素质及业务水平为中心。为适应企事业单位的岗位特征、人才培养需求，学校改革现行的单一人才培养模式，从培养理念、专业与课程设置、教学模式与教学规范、学生管理模式、教学评价和教学质量保障体系等五个方面着手，提出应用型人才培养方案、建立"学习者为中心"的课程体系。坚持"实践需求为主、职业能力为本"的课程体系开发，遵循职业发展规律、兼顾学科知识体系，依据发展阶段确定专业课程设置顺序；通过项目或任务驱动式学习，突出应用型人才培养。

学校新建成15000平方米的综合楼已投入使用，新建现代化培训教室10间，多功能报告厅1间，挂牌成立"何鸿燊重型火箭发动机现代产品人才培养基地"；新购买10台数控车和5台5轴四联动加工中心，从而达到具备加工中心9台，数控车床22台，普通车床 22 台，线切割 4 台，普通铣床 4 台，各种磨床 4 台，钳工工作台 80 个工位，完成实训中心的数字化升级改造，建成数控机床维修实训区、工业机器人实训区；通过设施重新布设和智能物联，建成陕西省标杆性的智能制造教学竞赛基地：CAXA 智能制造一体化车间和智能制造一体化体验中心；并以建成且全面投入使用的"航天六院安全体感培训教育中心""航天科普馆""航天工匠馆"作为素质教育的有力抓手，厚植航天精神，落实习近平总书记"旗帜鲜明加强思想政治教育、品德教育，加强社会主义核心价值观教育"的教育精神。

三、非学历继续教育发展情况

学校紧扣时代脉搏，抓住机遇、深化改革，在当前航天职工非学历继续教育和职业培训方面，基本形成全方位现代化航天技能技术人才培训教育体系。全年开展非学历继续教育项目 131 个，举办管理、技能、社区教育等各类培训班 157 期，总培训人数 14375 人。

（一）梯段订制、终身培训

在中共中央办公厅、国务院办公厅印发的《关于提高技术工人待遇的意见》中明确提出"加强终身职业技能培训"，学校践行"终身培训"理念，分析职工职业生涯发展规律，按照"新员工—技能青工—中级技能人员—高级技能人才"的段位，开展阶梯式分层订制培训方案研究，形成对应的培训项目产品。

1. 技能青工

加强基础理论知识和基本操纵技能的培训，进行"技能人员岗前培训""青工培训""技能人员强基工程"等。

2. 中级技能人员

提升理论知识，强化操作技巧，进行"技能人员回炉再造""准技师培训""技能名师讲座"等。

3. 高技能人才

提升综合能力，培养带徒能力，进行"高级技师研修""技师论坛""技能培训师培训"。

（二）创新引领、科技当先

（1）针对日常生活安全防范教育及制造业生产环节安全生产两个领域，开展科普性体验式安全培训教育和专业性安全生产制造体验式培训。

（2）开展"质量意识"、"检测技术"等专题培训，补齐部分技能人员的短板。达到质量观念深入人心和质量控制技术到位的培训目的。

（三）产教融合、军民共享

航天职工教育和职业培训与航天装备制造产业可以有效统筹融合、良性互动，在发挥航天企业的主体作用的前提下，完善以产业需求为导向的人才培养模式，实现技术技能人才培养供给侧和航天事业发展的产业需求侧结构要素的全方位融合，解决当前供给侧与需求侧的矛盾问题。学校坚持校企合作、工学结合，航天企业以各种方式参与到培训规划、教材开发、教学设计等环节，促进企业需求融入职工培养工作。在师资队伍建设方面，特聘航天技能大师为我校教师，并进一步聘请企业技术和管理人才到学校任教。学校以国防军工行业的企业培训模式，再吸收社会培训的优秀经验，服务于非国防军工企业的社会企业培训，将更加有利于军民融合、优势共享，也进一步为陕西省区域经济社会全方位的追赶超越发展贡献有效力量。

四、社会贡献与改革创新情况

学校创建之初，其目的就是为满足我国液体火箭发动机制造领域对技能人才的需求。数十年来，学校不忘初心、牢记使命，为驻陕航天及其他军工单位输送技能人才5000余人，其中，供职于西安航天发动机有限公司和西安航天动力研究所的学生达到3000余人，供职于航天六院其他单位及驻陕的航天四院、五院、九院，驻陕的航空、兵器、电子等单位的学生总计达到约2000人，充分保证了我国航天事业，特别是液体动力事业的发展需要。

仅在航天六院内部，我校毕业生已有1人获得中华技能大奖，2人获批成立国家级技能大师工作室，2人获批成立集团公司级技能大师工作室，17人获得全国技术能手，11人获得航天技能大奖，30余人获得航天技术能手，一大批毕业生成长为高级技师、技师等技能骨干人才。其中，以杨峰、张勇峰、曹玉玺等同志为代表的优秀校友更是在我国"载人航天""探月工程"等诸多重大项目的发动机制造方面为我国航天事业发展做出了重要贡献，堪称"大国工匠"。

陕西航天职工大学在继续教育领域不断探索、实践的过程中，致力于结合航天产业发展，建立人才继续教育体系。今后将一如既往，为航天液体动力事业培养和储备后备技能人才，为航天强国建设培养技能和技术人才而不懈努力。

后　记

　　根据《教育部职业与成人教育司关于开展 2019 年度高等学校继续教育发展报告工作的通知》（教职成司函〔2020〕8 号）要求，各高校于今年 5 月向教育部提交了学校的继续教育发展报告。为了进一步提升我省高等继续教育管理水平和人才培养质量，促进高校继续教育交流和进步，省教育厅决定开展《陕西高等学校继续教育发展研究（2019）》编制工作。在省教育厅的指导下，经各高校的共同努力，《陕西高等学校继续教育发展研究（2019）》现在与大家见面了。

　　《陕西高等学校继续教育发展研究（2019）》是各高校在向教育部提交的 8000 字报告的基础上，经过各学校整理编撰，以 3000 字篇幅体现学校继续教育办学特色特点的文稿。学校送交的文稿，编委会仅对题目做了统一，去掉了前言、落款和附件，整体内容未做改动。

　　《陕西高等学校继续教育发展研究（2019）》是我省正式编印的首份报告汇编，省教育厅高教处领导对本书编印做了精心的指导，陕西省高等继续教育学会主持了全省报告的整理编写工作和各高校汇编文稿的统筹工作，陕西省广播电视大学做了文稿的收集整理工作，各高校继续教育学院领导和编撰人员为汇编文稿做了大量细致工作，西北大学出版社为《陕西高校继续教育发展研究（2019）》编辑出版做出了辛勤努力，在此一并表示感谢。

　　编印工作疏漏之处，欢迎大家提出宝贵意见。

编者

2020 年 9 月